IAS
@
हिंदी माध्यम

केशवेंद्र कुमार, IAS

प्रकाशक

प्रभात प्रकाशन प्रा. लि.

4/19 आसफ अली रोड, नई दिल्ली-110002

फोन: 011-23289777 • हेल्पलाइन नं. : 7827007777

इ-मेल : prabhatbooks@gmail.com ❖ वेब ठिकाना : www.prabhatexam.com

संस्करण

2025

पेपरबैक मूल्य

चार सौ रुपए

मुद्रक

आर-टैक ऑफसैट प्रिंटर्स, दिल्ली

IAS @ HINDI MADHYAM

by Keshvendra Kumar, IAS

Published by **PRABHAT PRAKASHAN PVT. LTD.**

4/19 Asaf Ali Road, New Delhi-110002

ISBN 978-93-5521-777-6

₹ 400.00 (PB)

"You will not have a united India, If you have not a good all-India service which has the independence of mind, to speak out its mind, which has the sense of security...this constitution is meant to be worked by a ring of service which will keep the country intact."

– Sardar Vallabhbhai Patel

"अखंड भारत नहीं टिकेगा यदि एक ऐसी अखिल भारतीय सेवा न हो जिसके पास स्वतंत्र बुद्धि और प्रज्ञा हो, जो अपनी बात आजादी के साथ रख सके, जिसके पास सुरक्षा की भावना हो... यह संविधान ऐसी ही सेवाओं के समुच्चय द्वारा क्रियान्वित किया जाना है जो इस देश को अखंड और सुरक्षित रखें। "

- सरदार वल्लभभाई पटेल

प्रस्तावना

***IAS आसमान से नहीं टपकते

साथियो, आप सिविल सेवा में आना चाहते हैं, अपने लिए एक मुकाम बनाना चाहते हैं, देश की इस सबसे प्रतिष्ठित सेवा में आकर समाज और देश की तस्वीर को बदलना चाहते हैं। खुशी की बात है कि आपके मन में ये अरमान है। दुःख की बात है कि आप परेशान हैं, हैरान हैं, आपको स्वयं पर विश्वास नहीं हो रहा है कि आप अपने सपने को हकीकत में बदल सकते हैं या नहीं? आपकी परेशानी कई तरह की हो सकती है, आपके मन में कई तरह के प्रश्न हो सकते हैं। जैसे–

- क्या हिंदी माध्यम से मैं अच्छा रैंक लाकर आईएएस/आईपीएस/आईएफएस/सिविल सेवक बन सकता हूँ?
- क्या इंग्लिश मीडियम वालों को ज्यादा नंबर मिलते हैं?
- क्या कोचिंग करने से ही सफलता मिलती है? सारे टॉपर्स किसी–न–किसी कोचिंग की सिफारिश करते दिखते हैं!
- क्या जॉब करते हुए इस परीक्षा की तैयारी की जा सकती है?
- इस परीक्षा के बारे में जानकारी कहाँ से मिलेगी?
- क्या सीसैट के चक्रव्यूह से पार पाना मुमकिन है?
- समसामयिकी की तैयारी कैसे की जाए?
- निबंध और साक्षात्कार की तैयारी कैसे की जाए?
- हिंदी माध्यम के छात्रों से क्या साक्षात्कार में अंग्रेजी में प्रश्न पूछे जा सकते हैं?

- सामान्य अध्ययन के विस्तृत पाठ्यक्रम को कैसे तैयार किया जाए ?
- मुख्य परीक्षा में प्रश्नों के उत्तर कैसे लिखे जाएँ ?

अपने ब्लॉग iashindi.blogspot.com पर इनमें से अधिकांश विषयों पर मैंने अपने अनुभवों को 2009 से लगातार आप से साझा किया है, जिससे हिंदी माध्यम से इस परीक्षा की तैयारी कर रहे लाखों अभ्यर्थियों को इस परीक्षा के संबंध में फैले मिथकों-भ्रांतियों के जाल से निकलने में मदद मिली। इस ब्लॉग की लोकप्रियता का आलम यह था कि इससे मिलते-जुलते नाम वाले ब्लॉग व वेबसाइट की भरमार-सी हो गई। इस ब्लॉग ने हिंदी माध्यम से सिविल सेवा की दुकान चलानेवालों को सिविल सेवा के संबंध में मूलभूत जानकारी अपनी वेबसाइट पर डालने को प्रेरित या कहिए मजबूर किया। इस ब्लॉग के iashindi नाम को बहुत से सिविल सेवा के लोगों ने अपनी वेबसाइट के नाम के लिए कॉपी भी किया। साथ ही, 'इसके सामान्य अध्ययन की पुस्तक सूची' एवं अन्य लोकप्रिय आलेखों को कुछ लेखकों ने बिना कोई श्रेय दिए अपनी पुस्तकों में तथा सोशल मीडिया में भी प्रयुक्त किया है। खैर, उन्होंने जाने-अनजाने इन आलेखों को जरूरतमंद लोगों तक पहुँचाने में मदद की है। नैतिक ईमानदारी दिखाते तो ब्लॉग का संदर्भ देना और कॉपीराइट के संबंध में उनका अनुमति लेना वांछनीय था। अपनी कार्यव्यस्तता या यूँ कहूँ व्यक्तिगत कार्यों के प्रति अपने आलस की वजह से इसके पुस्तकाकार रूप में आने में काफी लंबा वक्त लगा है। पर आशा है कि इस पुस्तक से हिंदी माध्यम से सिविल सेवा की तैयारी में लगे सभी छात्रों को एक नई प्रेरणा और ऊर्जा मिलेगी। आप सबका साथ इस प्रयास में मिले और यह पुस्तक अपने उद्देश्य की प्राप्ति में सफल हो, यही शुभ-मंगलकामना है।

केशवेंद्र कुमार, IAS

विषय-सूची

अनुभव खंड

हिंदी माध्यम में सिविल सेवा की तैयारी का मेरा अनुभव

अध्याय

1

स्वप्न सच होते हुए

साथियो, इस बार मैं मुखातिब हो रहा हूँ उन लोगों से जो सिविल सेवा में आने का सपना तो देखते हैं पर अपनी परिस्थितियों के आगे मजबूर हैं। जिन्हें लगता है कि जमाने की बाधाओं से वे अपने इस सपने को पूरा करने में सफल नहीं हो पाएँगे। मैं आपको सुनाता हूँ अपनी कहानी-सपनों के सच होने की कहानी।

केशवेंद्र, यानी मैं बिहार के सीतामढ़ी जिले के एक मध्यमवर्गीय परिवार से आता हूँ। बचपन से ही अपने गुरुदेव नागेंद्र सिंह के आशीर्वाद से हिंदी साहित्य में मेरी गहरी रुचि रही और बचपन प्रेमचंद, जयशंकर प्रसाद, शरतचंद्र, रवींद्र, दिनकर, निराला के साहित्य के सान्निध्य में गुजरा। माता-पिता की आँखों में सपना था कि उनके तीनों बच्चे अच्छी सरकारी नौकरी में आएँ और जो संघर्ष उन्हें जीवन में करना पड़ा है, वह उनके बच्चों को ना करना पड़े।

मेरे बाबूजी प्राइवेट प्रैक्टिस करने वाले आयुर्वेदिक डॉक्टर हैं और आयुर्वेद के उत्थान-पतन के साथ हमारे घर ने भी अच्छे-बुरे दिन देखे हैं। माँ गृहस्थ महिला हैं, बहुत ज्यादा पढ़ी-लिखी नहीं हैं, पर हमेशा उनके होठों से हम बच्चों के लिए यही दुआ निकली कि बेटा, पढ़-लिख कर बड़ा ऑफिसर बन जा। पिताजी की दूरदर्शी सोच ने शिक्षा को सबसे ज्यादा महत्व दिया और हम तीन भाइयों की पढ़ाई के लिए उन्होंने हमारे गाँव के शिक्षक नागेंद्र सिंह को घर पर रखकर बच्चों की पढ़ाई की व्यवस्था आर्थिक संघर्षों के बावजूद की। बाबूजी का यह भी कहना रहा कि अगर पैसे कम भी हों तो भी पढ़ाई और खाने-पीने में कमी नहीं आने देनी चाहिए, महँगे कपड़ों, जूतों और अन्य गैर-जरूरी खर्चों में कमी

हो तो कोई बात नहीं। गुरुजी की तारीफ में यही कहूँगा कि उन्हें बच्चों को पढ़ाने की कला बखूबी आती थी और वो बच्चों को बच्चा बनकर पढ़ाने में यकीन रखते थे। साथ ही साहित्य और अध्यात्म से उनके लगाव ने हम तीनों भाइयों को गहरे तक प्रभावित किया। भगवद् गीता, हनुमान चालीसा और रामचरितमानस का सुंदरकांड गुरुजी की दुआ से हमारे जीवन का अभिन्न अंग बने।

मेरे जीवन को प्रभावित करने वाले एक और व्यक्तित्व के तौर पर मैं अपने नानाजी श्री उमेश चंद्र ठाकुर का नाम लेना चाहूँगा। नानाजी पुस्तकों के बहुत प्रेमी थे और बचपन में मैं जब भी ननिहाल जाया करता था, पुस्तकों के ढेर के साथ लौटता था। राजेंद्र प्रसाद की आत्मकथा का 1947 का संस्करण, भगवद् गीता एज इट इज, सोमनाथ, भारतेंदु के संपूर्ण नाटक, निराला की 'अनामिका' और 'अपरा' का शुरुआती संस्करण, दिनकर जी की 'हुंकार' का बाँकीपुर पुस्तकालय से छपा 1939 का संस्करण, गाँधीजी का दक्षिण अफ्रीका के सत्याग्रह का इतिहास, गीता प्रेस से छपे भक्त बालक प्रह्लाद, भक्तराज विदुर जैसी कितनी पुस्तकें उनके यहाँ से लाकर पढ़ी होंगी मैंने। आज भी 75–80 साल पुरानी इन कुछ पुस्तकों को नानाजी की धरोहर की तरह मैंने सँजोकर रखा है। उनसे पुस्तकों का यह प्रेम मुझे विरासत में मिला और इसने मेरे जीवन को कितना खुशहाल बनाया है यह मैं बता नहीं सकता। नानाजी की धर्म के प्रति तार्किक दृष्टि और वेद, उपनिषद्, गीता की उनकी सटीक व्याख्या ने भी सभी धर्मों के प्रति एक आलोचनात्मक और स्वस्थ दृष्टिकोण बनाने में योगदान दिया।

पुस्तकों का यह प्रेम बच्चों की कहानी की पत्रिकाओं नंदन, बालहंस, चंदामामा, लोटपोट, सुमन सौरभ, कॉमिक्स से होता हुआ कादम्बिनी, विज्ञान प्रगति और ढेर सारी पत्रिकाओं के प्रति रहा। समाचार पत्रों के शनिवार और रविवार के विशेषांक भी काफी दिलचस्पी से पढ़ा करता था और संकलित करके रखता था। बड़े भैया से बीबीसी सुनने की आदत लगी जो लंबे समय तक कायम रही, अभी भी ऑनलाइन बीबीसी हिंदी को पढ़ना जारी है। चिल्ड्रेंस नॉलेज बैंक की सीरीज और विश्व प्रसिद्ध श्रृंखला की रोचक पुस्तकों को भी हम लोग अपनी जेबखर्च की बचत को जोड़कर खरीदा करते थे। रीगा मध्य विद्यालय के पुस्तकालय से भी हरिकृष्ण देवसरे एवं अन्य ख्यातनाम बच्चों के लेखकों की 'बच्चों की सौ कहानियाँ', 'बच्चों के सौ नाटक' जैसी पुस्तकों को पढ़ना जारी रहा।

बचपन से ही भाषण, वाद-विवाद, विज्ञान प्रदर्शनी में मेरी काफी रुचि रही और इन सबके लिए बाबूजी और गुरुजी की तरफ से काफी प्रोत्साहन भी मिला। इन सबमें सबसे

बड़ी उपलब्धि मैं 1998 में बाल विज्ञान कांग्रेस, चेन्नई में राष्ट्रीय स्तर पर भागीदारी को मानता हूँ। अन्नामलाई विश्वविद्यालय में आयोजित इस प्रतियोगिता में सहभागिता ने अपने को निरंतर माँजने की सीख दी। वहाँ के एक शिक्षक/शोध छात्र की याद अभी भी मन में है जिन्होंने अंग्रेजी बोलने की हिचक और डर को जीतने की सलाह दी थी। सरकारी स्कूलों में पढ़कर भी इन उपलब्धियों की चमक ने मेरे आत्मविश्वास को हमेशा बुलंद रखा। यही वो समय था जब जिला स्तर की प्रतियोगिताओं में आईएएस, आईपीएस अधिकारियों के हाथ से पुरस्कार ग्रहण करते हुए मेरे मन में आता था कि एक दिन मैं भी इसी तरह बच्चों को पुरस्कार दे रहा होऊँगा। जिले में कार्यरत एसपी श्री परेश सक्सेना, आईपीएस ऊर्जस्वलता एवं जिला पदाधिकारी श्री रामनंदन यादव की विनम्रता एवं आत्मीय व्यवहार भी सिविल सेवा में आने की शुरुआती प्रेरणा रहे थे।

बचपन से सातवीं कक्षा तक मैं रीगा मध्य विद्यालय का छात्र रहा, आठवीं कक्षा बभनगामा उच्च विद्यालय में गुजरी जो अपने अतीत के गौरव की जर्जर निशानी भर रह गया था। फिर नौवीं कक्षा में मैंने जिला स्कूल डुमरा में दाखिला लिया। आठवीं- दसवीं कक्षा को मैं अपने शैक्षणिक जीवन के लिए बहुत अच्छा नहीं मानता। इन दो सालों में बहुत सारी बातों की वजह से मेरा प्रदर्शन बहुत अच्छा नहीं रहा, पर यही वो समय रहा जब मैंने अपने जीवन की दिशा निर्धारित की। बिहार के मध्यमवर्गीय परिवारों में सामान्य चलन है कि मैट्रिक की परीक्षा पूरी करने के बाद अगर बच्चा मेधावी है तो उसे इंजीनियर/डॉक्टर बनाने की कवायद चालू हो जाती है। वहाँ पर मैंने लीक से हटकर कुछ नया सोचा।

यह वो समय था जब मेरे मन में सिविल सेवा की तैयारी कर आईएएस बनने की बात कहीं-न-कहीं आ चुकी थी। पर मैं यह तैयारी अपने पैरों पर खड़े होकर करना चाहता था। अपने परिवार की आर्थिक स्थिति मैं देख रहा था और अपने माता-पिता पर और बोझ नहीं बढ़ाना चाहता था। अत: जो राह मैंने चुनी, वह थी नौकरी करके सिविल सेवा की तैयारी करने की राह।

उस समय रेलवे में एक वोकेशनल कोर्स हुआ करता था-"वोकेशनल कोर्स इन रेलवे कमर्शियल।" रेलवे के उस समय के 9 जोन रेलवे रिक्रूटमेंट बोर्ड के जरिये हर वर्ष इस कोर्स की 40 सीटों के लिए परीक्षा आयोजित किया करते थे जिसमें मैट्रिक की परीक्षा में उस साल शामिल होने वाले छात्र शामिल हो सकते थे। लिखित और मौखिक परीक्षा को पास करने और मैट्रिक की परीक्षा में 55% अंक लाने पर इस कोर्स में एक जोन में 40 छात्रों को दाखिला मिलता था। फिर आपको सीबीएसई से आई-कॉम की परीक्षा 55% अंकों के साथ उत्तीर्ण करने पर रेलवे में टिकट कलेक्टर या कमर्शियल क्लर्क के रूप में नियुक्ति मिलती थी।

मेरे मँझले भैया इस परीक्षा को पास कर यह कोर्स कर रहे थे। मैंने भी निश्चय किया कि मैं इस जॉब को हासिल करने के बाद फिर अपने सपनों को पूरा करने के कदम आगे बढ़ाऊँगा। अत: मैट्रिक परीक्षा की तैयारी के साथ-साथ मैंने इस परीक्षा की भी तैयारी शुरू कर दी। इस परीक्षा की तैयारी मुझे मेरे आगे की तैयारियों के लिए तैयार कर रही थी- मैं अपनी रणनीति बनाकर पूरे सिलेबस को तैयार कर रहा था और फिर पूर्व रेलवे की इस परीक्षा में सफलता पाकर मैं बिहार से बाहर कलकत्ता के बैरकपुर में भोलानंदा नेशनल विद्यालय में अपनी आगे की पढ़ाई पूरी करने आ गया।

बैरकपुर के दो साल मस्ती के नाम रहे। बिहार से बंगाल का यह सफर काफी बदलाव भरा था। हालाँकि, बैरकपुर में बिहार और उत्तर प्रदेश के ढेर सारे लोग भरे हुए थे, फिर भी बांग्ला भाषा से तो पाला पड़ ही रहा था। बिहारी पहचान की विडंबना का साक्षात्कार भी हुआ, मगर अपनी पहचान और जड़ों की तलाश में इससे मदद ही मिली। शुरू से ही अपनी पहचान पर हमेशा गर्व ही किया और यह मन में रहा भी कि नए बिहार एवं नए भारत को बनाने में भविष्य में अपना योगदान देना है। ऊपर से अंग्रेजी नहीं आने से स्कूल में भी शुरू में काफी संघर्ष करना पड़ा। पर, इन दो सालों ने ठीक-ठाक अंग्रेजी लिखना-पढ़ना सिखा दिया। हिंदी माध्यम से अंग्रेजी माध्यम में आना, यह बदलाव भी अच्छा ही रहा। अब भी टाइम्स ऑफ इंडिया अखबार से दो-दो घंटे जूझने के दिन याद आते हैं तो खूब हँसी आती है। बैरकपुर की मस्ती में सिविल सेवा की तैयारी का लक्ष्य आँखों से थोड़ा ओझल-सा हो गया। हाँ, इस दौर में डायरी लिखने और कविताएँ लिखने में खूब दिल लगाया। यही वह समय था जब कोलकाता के पुस्तक मेलों से परिचय हुआ। दीवानों की तरह दो-दो दिन घूमकर पुस्तकों का ढेर अपने संग्रह के लिए खरीदना मेरे जीवन के सबसे यादगार अनुभवों में से एक है। इसी समय हिंदी साहित्य की कई अच्छी पत्रिकाओं से नाता बना जो अब तक चल रहा है। दुर्गा पूजा की धूम, गोलगप्पों का स्वाद, साथियो के साथ हुगली नदी में रात में नौका भ्रमण, शांतिनिकेतन और कोलकाता भ्रमण की यादें अब भी मन को लुभाती हैं। सिनेमा भी कम नहीं देखे वहाँ पर। इसके अलावा जब मन करे बैग उठाकर घर चल देना, ट्रेन तो अब अपनी ही थी। गाँधी संग्रहालय, साइंस म्यूजियम, विक्टोरिया मेमोरियल, दक्षिणेश्वर, बेलूर मठ, तारापीठ, कालीघाट, इंडियन म्यूजियम भुलाने की चीजें नहीं हैं।

रेलवे के VCRC के अपने साथियों और सीनियर्स के बारे में कहने को बहुत कुछ है पर वो अपने आप में एक पुस्तक का विषय है। रेलवे के लगभग 3500 लोगों के इस अखिल भारतीय छोटे-से समुदाय का अपनापन ऐसा है कि इससे बाहर आने के बाद भी लोग जुड़े रहते हैं। एक बृहत् परिवार का अनुभव देता है यह परिवार। अभी भी खेल-कूद और सांस्कृतिक कार्यक्रमों के साथ हर साल इस परिवार का वार्षिक मिलन चलता रहता है जिसमें पूरे भारत से सदस्यों की सहभागिता होती है। वर्ष 2001 के

बाद यह प्रयोगात्मक कोर्स बंद हो गया। अगर यह चलता रहता तो शायद भारत के सबसे प्रभावशाली समूहों में एक निर्विवाद रूप में बनता। अभी भी यह एक प्यारा संयुक्तोत्तर परिवार है।

बैरकपुर से VCRC वोकेशनल कोर्स इन रेलवे कमर्शियल (ICom) पूरा करने के बाद घर आया तो नौकरी में आने तक के 5–6 महीने का मैंने तैयारी हेतु सदुपयोग किया। इस समय में मैंने सनातन धर्म पुस्तकालय से ढेर सारी हिंदी साहित्य की पुस्तकें पढ़ीं और अरुण सर की कोचिंग में अंग्रेजी बोलने का अभ्यास किया। अरुण सर की ब्रिटिश स्कूल ऑफ़ स्पोकन इंग्लिश से जुड़ाव से छोटे समय में ही बहुत कुछ मिला। अंग्रेजी बोलने की जो झिझक हिंदी माध्यम के बच्चों में आ जाती है, वह दूर हुई। साथ ही पढ़ाई को कैसे सहभागी और रोचक बनाया जा सकता है, इसका भी एक रूप देखने को मिला। कुछ काफी अच्छे दोस्त मिले–मृत्युंजय, एजाज, सरिता, मनीष आदि। साथ ही IGNOU से हिंदी स्नातक में दाखिला भी ले लिया। स्नातक हेतु हिंदी विषय लेने पर घर–समाज के लोगों ने थोड़ी हाय–तौबा मचाई, पर मैंने तो यह निर्णय काफी सोच–समझ कर लिया था और वैसे भी किसी के कहने–सुनने से अपने निर्णय को ना बदलना शुरू से ही मेरी फितरत रही है। उस समय की डायरी में लिखी हुई मेरी कुछ पंक्तियाँ–

अँधेरी रात में तूफान से लड़ता दिया हूँ मैं।
मुझे बुझना गवारा नहीं, तूफान को थमना होगा।

27 अप्रैल, 2004 में 18 वर्ष की उम्र से मैंने सरकारी सेवा में अपने जीवन की शुरुआत की। छोटी–सी ट्रेनिंग के बाद मुझे कोलकाता के बीरभूम जिले में सिउरी रेलवे स्टेशन पर बुकिंग क्लर्क के रूप में नियुक्ति मिली। शुरुआत में भाषा की वजह से थोड़ी दिक्कतें आईं, पर फिर धीरे–धीरे सब कुछ सही हो गया। स्टेशन पर 12 घंटे का रोस्टर था, बीच में नियमानुसार ब्रेक होने चाहिए थे, पर नई गाड़ियों के कारण थे नहीं। ड्यूटी के साथ–साथ जो पहली प्राथमिकता थी, वो थी समय पर अपनी स्नातक डिग्री को पूरा करना और वो मैंने किया।

हिंदी साहित्य से मेरा बचपन से ही लगाव रहा था। अत: मैंने वर्ष 2003–2006 की अवधि में हिंदी साहित्य से IGNOU से स्नातक ऑनर्स भी पूर्ण किया। इस प्रकार, सिविल सेवा में एक विषय के तौर पर हिंदी को चुनने के बारे में तो मैं शुरू से ही निश्चिंत था, पर दूसरे विषय के तौर पर इतिहास या राजनीति विज्ञान को चुनने में मैं काफी समय तक दुविधा में रहा। खैर, अंततः मुख्य परीक्षा में राजनीति विज्ञान से सामान्य अध्ययन में काफी सहायता मिलती देख मैंने उसे ही चुनने का निर्णय लिया। कोलकाता पुस्तक मेला और पटना में अशोक राजपथ की पुस्तक की दुकानों में घूम–घूमकर लगभग सारी पुस्तकें जुटाईं। साथ ही सिउरी में विवेकानंद ग्रंथागार तथा जिला पुस्तकालय का

सदस्य बनकर भी काफी जरूरी पुस्तकों और साहित्य का अध्ययन किया। Clash of Civilisations, पुश्किन की कविताएँ, तारसप्तक, एन फ्रैंक की डायरी जैसी कई पुस्तकें पढ़ीं इस दौर में।

इस बीच एक और बात ने मुझे सिविल सेवा की तैयारी करने को प्रेरित किया। पास के स्टेशन दुबराजपुर में मुझे काफी लंबे समय तक ड्यूटी करने जाना पड़ा (2006 की शुरुआत से), जहाँ 12 घंटे के रोस्टर की वजह से मैं सुबह 5 बजे ट्रेन से जाकर शाम में 7 बजे के आस-पास लौट पाता था। उसमें भी रेस्ट बस एक ही दिन का था। इस मुद्दे को मैंने रेल प्रशासन के सामने कई बार उठाया, पर उनका असंवेदनशील रवैया देख गुस्से में मन जल-भुन उठा। मैंने इस गुस्से को भी अपनी तैयारी की प्रेरणा बनाया। प्यार तो इस तैयारी की प्रेरणा था ही।

यह मेरी तैयारी का मुख्य समय था, सिउरी में स्टेशन प्रबंधक सुभाष दा के रूप में मुझे एक काफी अच्छे इंसान मिले थे जिनके साथ मैं अपनी भावनाओं को शेयर कर पाता था और जो मेरा हौसला भी बढ़ाते थे। बादल दा और उनकी मंडली के तौर पर भी अच्छे साथी मिले जिनके साथ शाम में लौटते हुए अच्छा मनोरंजन होता था। साथ ही सिउरी स्टेशन पर अनंत दा की 'तितली की पाठशाला,' जो बाल श्रमिकों और यौन कर्मियों के बच्चों के लिए थी, से जुड़कर भी काफी अच्छा लगा।

जून, 2006 तक तो अपनी तैयारी जैसी-तैसी ही रही, पर उसके बाद गंभीरता का स्तर बढ़ना शुरू हुआ। हालाँकि, बीच में उतार-चढ़ाव आते रहे, नौकरी करते हुए हिंदी साहित्य से स्नातकोत्तर और सिविल सेवा की तैयारी का तिहरा बोझ कभी-कभी असहनीय लगता। पर, अंदर से बार-बार आवाज आती कि मैं साहित्य सेवा और समाज सेवा के अपने जीवन लक्ष्य को IAS बनकर भलीभाँति पूरा कर सकता हूँ और, हर बार मैं नए जोशोखरोश के साथ तैयारी में जुट जाता।

यह वह समय था जब मैं दो ट्रेनों के बीच के समय और ट्रेन में आने-जाने के बीच के समय में भी अपने अध्ययन में लगा रहता था। रविकांत मुझसे 1 घंटे की ट्रेन यात्रा की दूरी पर उखड़ा स्टेशन पर बुकिंग क्लर्क के रूप में कार्यरत थे। 2006 की प्रारंभिक परीक्षा में अपने प्रथम प्रयास में रविकांत की सफलता ने हम दोनों को काफी उत्साहित किया। रविकांत के आशा-निराशा के बीच झूल रहे होने के कारण वे अपने कीमती दो महीनों का समय गँवा चुके थे। खैर, हिंदी मेरा अपना विषय था और उनकी हिंदी विषय की तैयारी को और मजबूत करने हेतु तथा साथ मिलकर तैयारी हेतु सप्ताह में एक बार मिलकर साथ-साथ पढ़ाई और रणनीति के साथ तैयारी की योजना बनाई।

अपनी 2005–06 की डायरी से अभी भी गुजरता हूँ तो मन रोमांचित हो उठता है। डायरी से निरंतर संवाद में अपने हर डर, संशय एवं अवसाद को अभिव्यक्ति मिली। अपने समाज

सेवा और साहित्य सेवा के ध्येय को पूरा करने हेतु इस निरंतर संवाद ने सिविल सेवा की तैयारी के संकल्प को और मजबूत किया। वर्ष 2000 से शुरू डायरी लिखने की आदत ने आत्मविश्लेषण एवं आत्मसंवाद के सिलसिले को लगातार कायम रखा है।

तैयारी के सिलसिले में विघ्न-बाधाएँ कम नहीं थीं। एक ओर तो बुकिंग क्लर्क के रूप में लगभग 12 घंटे के आस-पास की पब्लिक डीलिंग की टफ जॉब, दूसरी ओर बंगाल के सुदूर जिले में होने के कारण हिंदी माध्यम की पुस्तकों और पत्र-पत्रिकाओं की अनुपलब्धता। हाल यह था कि सारी-की-सारी पत्रिकाएँ मैं पोस्ट से मँगा रहा था। ऊपर से प्रोत्साहित करने वाले लोग कम और टाँग खिंचाई करने वाले लोग ज्यादा थे। क्या तुम दोनों दिल्ली में दिन-रात पढ़ाई/कोचिंग करने वाले लोगों से बराबरी कर पाओगे? ऐसे हतोत्साहित करने वाले लोग बहुत थे। हमारे सपनों को शेखचिल्ली के हसीन सपने समझने वाले लोगों की कमी ना थी। खैर, उनका मुँह हम अपनी सफलता से हमेशा के लिए बंद करना चाहते थे।

तैयारी के लिए मेरी रणनीति पाठ्यक्रम, बीते सालों के प्रश्न-पत्र और फिर स्तरीय पुस्तकों से सिलेबस के सम्यक् अध्ययन पर केंद्रित थी। रणनीति के लिए एक अलग डायरी बनाकर रखी थी जिसमें अपने हर सबल और दुर्बल पक्ष का सम्यक् विश्लेषण और अपने लिए रणनीति थी। यह वह समय था जब रात को सब के सो जाने के बाद अपने क्वार्टर से बाहर निकल पीपल और बरगद के विशाल वृक्षों की छाँव और ठंडी हवा में टहलता हुआ मैं अपनी रणनीति बनाया करता था कि किस तरह मैं सिविल सेवा में टॉप कर सकता हूँ और उसके लिए किस विषय में मुझे कितने नंबर लाने होंगे। हिंदी के लिए तो धीरे-धीरे कर मैंने सारी पुस्तकें जुटा ली थीं, IGNOU के बी.ए और एम.ए की स्तरीय पुस्तकों की उपलब्धता भी एक प्लस पॉइंट था; पर राजनीति विज्ञान के लिए पुस्तकों का संकलन बहुत अच्छा ना था। सिलेबस के कुछ पॉइंट कवर नहीं हो पा रहे थे। प्रारंभिक परीक्षा के 15 दिन पहले मँझले भैया से ओ.पी. गाबा की तीन-चार पुस्तकें मँगवाईं तब जाकर राजनीतिक सिद्धांत वाले सारे मुद्दे कवर हुए। बड़े भैया की शादी भी फरवरी में हुई जिसमें लगभग 10 दिनों का समय निकल गया।

प्रारंभिक परीक्षा के लिए शायद 12 – 15 दिनों की छुट्टी ली थी और यह सारा समय मैंने मुख्यत: राजनीति विज्ञान के छूटे हुए बिंदुओं को कवर करने में लगाया था। यही वजह थी कि मैं सामान्य अध्ययन के रिवीजन पर पूरा ध्यान नहीं दे पाया। खैर, मेरी रणनीति थी 150 अंकों के सामान्य अध्ययन में 75 से ऊपर अंक लाने की और 300 अंकों के राजनीति विज्ञान में 225 अंक लाने की। 2007 में पहली बार निगेटिव मार्किंग का प्रावधान किया गया था। उसे ध्यान में रखते हुए 450 अंकों में 300 + अंक लाने का लक्ष्य पूरी तरह सुरक्षित था।

परीक्षा केंद्र मैंने कोलकाता में रखा था। परीक्षा के लिए गोले रँगने की काफी प्रैक्टिस की थी। खैर, सेंटर पर मुझे और मेरे जैसे कुछ कम उम्र लोगों को देखकर परीक्षक ने मजाक

में टिप्पणी की कि अगर ये लोग आईएस बन गए तो क्या होगा। मैंने तपाक से उत्तर दिया कि युवा हाथों में प्रशासन और भी असरदार बनेगा। खैर, परीक्षा अच्छे से गई। परीक्षा के बाद स्व-मूल्यांकन करना मेरी पुरानी आदत रही है। राजनीति विज्ञान में मेरी मार्किंग 300 में 210+ थी जो मेरी योजना के अनुसार था, मगर सामान्य अध्ययन में 150 में 61+ का मेरा अपना मूल्यांकन था। कुल योग तो सही था पर सामान्य अध्ययन पेपर में कम नंबरों को लेकर मेरे मन में चिंता थी। कहने का मतलब कि मैं प्रारंभिक परीक्षा को लेकर पूरी तरह आश्वस्त नहीं था। वैसे भी, यह मेरा पहला प्रयास था।

खैर, रिजल्ट के दिन जब धड़कते दिल से कंप्यूटर स्क्रीन पर पढ़ा कि मेरा नंबर सफल छात्रों की सूची में है तो दिल खुशी से झूम उठा। फिर तो काफी मशक्कत कर लता मैडम (Sr. DCM) के सहयोग से छुट्टी मिली तथा मैं और रविकांत अपनी तैयारियों में जुटे। साधारणत: हम लोग सप्ताह में एक या दो दिन मिलकर अपने पढ़े हुए पर चर्चा करते थे और हिंदी साहित्य तथा सामान्य अध्ययन की साझी तैयारी करते थे। निबंध के पत्र में भी हम लोगों ने कुछ महत्त्वपूर्ण मुद्दों पर निबंध की रूपरेखा बनाकर तैयारी की; पर समयाभाव के कारण हम लोग बस पढ़कर काम चला रहे थे, लिखने की प्रैक्टिस काफी कम हो रही थी। मैंने हालाँकि A4 साइज के पन्नों पर अंतरराष्ट्रीय संबध, हिंदी में साहित्यकारों पर तथा ऐसे विषयों पर नोट्स बनाए थे जिन पर जानकारी बहुत सारी पुस्तकों में बिखरी पड़ी थी।

मुख्य परीक्षा का केंद्र कोलकाता में था। परीक्षा के एक-दो दिन पहले मैं और रविकांत वहाँ पहुँचे और अपने रेलवे के दोस्तों उपेंद्र और विवेकानंद के यहाँ रुके। उपेंद्र ने भी बाद में UPSC की परीक्षा पास की और अभी बिहार में IPS अधिकारी के रूप में कार्यरत हैं। पास में ही बेलूर मठ था, शाम में तैयारी की टेंशन और थकान मिटाने तथा गंगाजी के सान्निध्य का आनंद लेने हम लोग वहाँ जाया करते थे।

थोड़ी चर्चा अपनी एक बड़ी भूल या लापरवाही की भी कर लूँ। मोबाइल के जमाने में साधारणत: लोगों में कलाई घड़ी की आदत छूट-सी गई है। ऐसा ही मेरे साथ भी हुआ था। सिउरी में याद आया तो मैंने सोचा कि कोलकाता जा ही रहे हैं, वहीं से कोई अच्छी-सी घड़ी ले लेंगे। शाम को बेलूर में खोजा तो घड़ी की कोई दुकान ना मिली। साथियों में भी किसी के पास घड़ी नहीं थी। फिर सोचा कि चलो कल सेंटर पर थोड़ा पहले जाएँगे और वहीं से ले लेंगे। तो हुआ यह कि पहले ही दिन मैं और रविकांत बस में ओवरकैरी हो गए। फिर से लौट के जब सेंटर पहुँचे तो पता चला कि समय बिलकुल नहीं बचा है। खैर, ऊपरवाले का नाम ले परीक्षा में बैठे। सामान्य अध्ययन की परीक्षा थी जिसमें समय प्रबंधन काफी महत्त्वपूर्ण होता है। हॉल में भी घड़ी नहीं लगी हुई थी। अब मैंने सोचा कि बस तेज रफ्तार में लिखना है कि कुछ छूटे नहीं। टाइम मैनेजमेंट की तो वैसे ही बिना घड़ी के वाट लग ही चुकी थी।

खैर, जब तक एग्जाम का पहला घंटा बजा तब तक मैंने दो नंबर वाले टिप्पणीपरक प्रश्नों को पूरा करते हुए 100 नंबर के प्रश्न कर डाले थे। अब मैं थोड़ा रिलैक्स होकर उत्तर लिख रहा था। प्रश्न-पत्र काफी अच्छा था और मेरी उस पर काफी अच्छी तैयारी थी। फिर कुछ देर के अंतराल के बाद एक बार और घंटा बजा। अब तक मैं लगभग 150 अंक के प्रश्न हल कर चुका था। मैं बुरी तरह से हड़बड़ा उठा। मुझे लगा कि यह दूसरा घंटा दो घंटे पूरे होने के उपलक्ष्य में लगा है। संयोग ऐसा कि उस समय परीक्षक भी पास नहीं था और पास के अभ्यर्थी से मैं इसलिए नहीं पूछ रहा था कि कहीं उत्तर पूछने का झूठा आरोप न लग जाए। खैर, मैंने सोचा कि जैसे भी हो, मुझे इस एक घंटे में सारे प्रश्न हल करने हैं। उस हड़बड़ी में मैंने दीर्घ उत्तरीय प्रश्नों को, जिनके मैं काफी अच्छे उत्तर लिख सकता था, उन्हें जैसे-तैसे लिख डाला। थोड़ी देर बाद जब फिर से घंटा बजा तो मैं पूरी तरह से कन्फ्यूज था। परीक्षक से पूछने पर पता चला कि अभी दो घंटे हुए हैं और बीच का घंटा डेढ़ घंटे का था। मैंने आधे घंटे में लगभग 100 नंबर के प्रश्न हल किए थे तो उनके स्तर का अंदाजा लगाया जा सकता है। मैंने गुस्से के मारे अपने सर पर हाथ दे मारा। फिर बचे हुए एक घंटे में बचे हुए 50 नंबर के प्रश्न हल किए और बाकी के उत्तरों के स्तर को जितना सुधार जा सकता था, सुधारा। लेकिन लिखे हुए उत्तर में आप quantity बढ़ा सकते हैं, quality नहीं। आलम यह था कि मैं दस मिनट हाथ में रहते हुए सारे प्रश्नों के उत्तर लिखकर बैठा था और अपनी उत्तर पुस्तिका को फिर से दुहराते हुए अपने दीर्घ उत्तरीय जवाबों की गुणवत्ता पर अपना सर नोंच रहा था।

पहला पेपर देकर निकला तो मैं अपने ऊपर गुस्से से जल रहा था। इतनी बड़ी लापरवाही मुझसे इतने बड़े दिन होनी थी ! पास की दुकान से एक घड़ी खरीदकर लाया, पर मैं काफी अपसेट था। सामान्य अध्ययन का दूसरा प्रश्न-पत्र मेरे लिए काफी स्कोरिंग होना चाहिए था क्योंकि राजनीति विज्ञान मेरा ऐच्छिक विषय था। लेकिन अपसेट होने की वजह से मैंने सांख्यिकी के 40 नंबर के प्रश्नों में लगभग 1 घंटा लगा दिया और फिर जो समय के लिए मारामारी शुरू हुई उसमें अंतरराष्ट्रीय संबध, अर्थशास्त्र, विज्ञान और प्रौद्योगिकी के प्रश्नों के उत्तर अपनी तैयारी की तुलना में कमतर लिखे। इस प्रकार, परीक्षा हॉल में घड़ी न ले जाने की इस गलती ने मुझे कम-से-कम 20 – 40 नंबरों का चूना लगाया। पहले पेपर में जहाँ मैं 225 या उससे ज्यादा नंबर ला सकता था, वहाँ 207 अंक आए जो फिर भी काफी अच्छा प्राप्तांक था मगर इस लापरवाही का बड़ा नुकसान सामान्य अध्ययन के दूसरे प्रश्न-पत्र में भी झेलना पड़ा। दूसरे पेपर में बस 140 अंक आए जिसमें कि मेरी तैयारी का स्तर 180–200 अंक लाने का था।

खैर, इस गलती से सबक लेते हुए मैंने निबंध के प्रश्न-पत्र में थोड़ा-सा रिस्क लिया। निबंध के 6 टॉपिक्स में दो विषय मैं काफी अच्छे से लिख सकता था- एक विषय भारत में पंचायती

राज के बारे में था जो मैं राजनीति विज्ञान वैकल्पिक विषय होने के कारण काफी अच्छे से लिख सकता था। दूसरा विषय था–"बच्चों में स्वतंत्र विचार शक्ति को शुरू से ही प्रोत्साहित करना चहिए"। मैंने सोचा कि दूसरे विषय में मेरी कल्पना के लिए काफी गुंजाइश है और इसमें संभावना है कि मैं 200 में 120 से ज्यादा नंबर ला सकूँ। मेरे इस निर्णय ने वाकई मेरा साथ दिया क्योंकि निबंध में मेरे 143 नंबर आए। सामान्य अध्ययन पेपर में जो नंबर अपनी भूल से खोए थे, उनकी थोड़ी–सी भरपाई इस तरह हुई।

सामान्य अंग्रेजी का प्रश्न–पत्र इतना आसान था कि मैंने एक घंटे में कर डाला। एग्जाम हॉल से 3 घंटे पूरा होने के पहले जाने की अनुमति ना होने की वजह से बाकी के दो घंटे आराम से लेटकर बिताए। आस–पास के अभ्यर्थी सोच रहे थे कि शायद बंदा अंग्रेजी में फेल होने की तैयारी में है। खैर, सामान्य हिंदी का प्रश्न–पत्र मैंने टाइम पास करने के ख्याल से काफी धीरे–धीरे 2 घंटे में लिखा।

फिर हिंदी साहित्य के पेपर में पहला पेपर तो सही गया, मगर एक छोटी–सी भूल वहाँ भी की। साधारणत: हम लोग पिछले साल पूछे गए प्रश्नों के बारे में मानकर चलते हैं कि वे इस साल नहीं ही आएँगे। अत: इस पेपर में पिछले साल के दो–तीन प्रश्नों के उत्तर थोड़े मध्यम हो गए। दूसरे पेपर में पेपर हाथ में आने के साथ ही मेरा मन खुश हो गया। हर प्रश्न का काफी अच्छा उत्तर मैं लिख सकता था, लेकिन अति आत्मविश्वास का शिकार तो बनना ही पड़ता है। साहित्य के पत्र में व्याख्या के प्रश्न सबसे ज्यादा अंक दिलाने वाले होते हैं और उन्हें सबसे पहले हल करना चाहिए लेकिन मुझे दीर्घ उत्तरीय प्रश्न इतने ललचाने वाले लगे कि मैंने उनसे शुरुआत कर दी और, प्रश्नों के उत्तर ज्यादा जानने की वजह से लंबे होते चले गए। नतीजा यह हुआ कि व्याख्या के लिए मेरे पास काफी कम समय बचा। जानते हुए भी गद्य खंड की व्याख्या काफी संक्षेप में लिखी और पद्य खंडों की व्याख्या भी अपनी संतुष्टि के हिसाब से नहीं लिखी। हिंदी में पहले पेपर में मेरे 300 में से 167 और दूसरे पेपर में 166 नंबर आए। दूसरे पेपर में अगर मैंने व्याख्या पहले लिखी होती तो कम–से–कम 20 नंबर ज्यादा आने की संभावना थी। वाकई, एग्जाम हॉल की आपकी रणनीति की छोटी–से–छोटी चूक आपके लिए काफी भारी पड़ सकती है।

राजनीति विज्ञान की परीक्षा देशव्यापी हड़ताल की वजह से एक महीने के लिए टल गई। लेकिन इस समय का मैंने सही सदुपयोग नहीं किया। राजनीतिक सिद्धांत मेरी कमजोर कड़ी था क्योंकि यह हिस्सा मुझे थोड़ा बोर करता था। इस समय को मुझे रिवीजन में लगाना चाहिए था, पर मैं बाकी हिस्सों पर लगा रहा। अत: राजनीति विज्ञान का दूसरा पेपर तो अच्छा गया पर पहले पेपर में मेरे पास दो दीर्घ उत्तरीय प्रश्नों में एक को लिखने का ऑप्शन था–एक था "कौटिल्य का सप्तांग सिद्धांत" और दूसरा था कि "मैकियावेली की थ्योरी संकीर्णत: कालबद्ध और स्थानबद्ध है"। पहले प्रश्न में मुझे सप्तांग सिद्धांत में राज्य

के बस 5 अंग ही याद आ रहे थे, दूसरा प्रश्न बहुत ज्यादा पकड़ में नहीं था। 12 मिनटों का समय बचा था और मैंने दूसरे प्रश्न को लिखने का फैसला लिया। यह एक गलत फैसला था, सप्तांग सिद्धांत वाले उत्तर में मैं 60 अंकों में कम-से-कम 25 अंक ला सकता था पर मैकियावेली वाले प्रश्न का मैंने जो उत्तर लिखा उसमें मैंने स्वयं को बस 13 अंक दिए थे। इस प्रश्न-पत्र में मुझे बस 132 अंक प्राप्त हुए।

खैर, मुख्य परीक्षा देने के बाद मैंने अपना स्व-मूल्यांकन किया और मैं पूरी तरह आश्वस्त था कि साक्षात्कार के लिए मेरा बुलावा जरूर आएगा। मैं अपनी ड्यूटी के साथ उसकी तैयारियों में लगा हुआ था। मैंने एक नोटबुक में अपने बायोडाटा के सारे विवरणों के बारे में जैसे-अपने गृह जिला, गृह राज्य, अपनी कर्मस्थली पश्चिम बंगाल, रेलवे, अपनी हॉबी इन सभी विषयों पर आवश्यक जानकारी जुटाई। साथ ही सारे संभावित प्रश्न तैयार कर उनके उत्तरों का अभ्यास किया।

17 मार्च, 2008 को दुबराजपुर रेलवे स्टेशन पर ड्यूटी करते समय मँझले भैया ने फोन करके रिजल्ट के बारे में बताया। पहले तो उन्होंने मजाक किया कि 077401 रिजल्ट में नहीं है मगर 02 है। मैंने कहा हो सकता है, पर एक बार और देख लीजिए। तब उन्होंने मजाक का पटाक्षेप करते हुए बताया कि रिजल्ट आ गया है। दुबराजपुर से ही तैयारी की शुरुआत की थी वहीं पर रिजल्ट का समाचार पा खुशी के मारे मन झूम उठा।

मुख्य परीक्षा के रिजल्ट के बाद मैंने और रविकांत ने आपस में मॉक इंटरव्यू की खूब प्रैक्टिस की और इसमें रेलवे के सहकर्मियों का भी काफी सहयोग मिला। अब तक हमारी सफलता के सफर को देखकर वे भी काफी उत्साहित थे और उनकी शुभकामनाएँ हमारे साथ थीं। साक्षात्कार के 10–12 दिन पहले हम दोनों दिल्ली आ गए और फिर मस्ती के साथ साथियों के साथ थोड़ी-बहुत तैयारी में लगे। मैं JNU में ठहरा था और वहाँ के अपने साथियों मासूम, वासुकि, इकबाल भैया, राजीव भैया के साथ साक्षात्कार के संबंध में नेट प्रैक्टिस भी खूब हुई। अभ्यास के लिए दो कोचिंग संस्थाओं में 500 रुपये देकर दो मॉक इंटरव्यू भी किए। हालाँकि बाद में जब इन संस्थाओं ने हमारी सफलता को अपना बताने की कोशिश की तो उनके ऊपर काफी गुस्सा आया। हमारी तैयारी का जो संदेश था, वो यह था कि अगर आप में जुनून हो तो आप जहाँ और जिस परिस्थिति में हों, सिविल सेवा या अपने मन के देखे सपनों को पूरा करने की दिशा में ईमानदार प्रयास कर सकते हैं, और सफल भी हो सकते हैं। इन कोचिंग संस्थाओं को अगर प्रचार ही करना था तो साथ में यह विवरण देना बनता था कि इन्होंने 500 रुपये देकर हमारे यहाँ एक मॉक साक्षात्कार किया है। हाँ, इस बात ने दिल्ली की कोचिंग संस्थाओं का असली चेहरा दिखा दिया कि इनके पास चरित्र नाम की चीज काफी कम है।

साक्षात्कार का विवरण साक्षात्कार खंड में विस्तार से वर्णित है। साक्षात्कार काफी अच्छा गया था और अपने साक्षात्कार से मैं पूरी तरह संतुष्ट था। अपने मूल्यांकन के हिसाब से मैं आश्वस्त था कि सफलता मुझे मिलकर रहेगी। एक बात मैं अपने स्व-मूल्यांकन के बारे में गर्व से कह सकता हूँ कि मैंने स्वयं को 1324 मार्क्स दिए थे और मेरी अंकतालिका में आए अंक 1329 थे।

हाँ, तो जब 16 मई, 2008 को पता चला कि रिजल्ट आज आने की संभावना है तो फिर पूरे दिन रिजल्ट का आतुरता से इंतजार रहा। उस आतुरता की तुलना शिशु के जन्म से पहले उसके माता-पिता के मन की आतुरता से की जा सकती है। खैर, शाम में 8 बजे के आस-पास अपने साथी उपेंद्र के फोन से जब यह पता चला कि रिजल्ट आया है और मेरा 45वाँ और रविकांत का 77वाँ स्थान है तो फिर खुशी का ठिकाना न रहा। घर-परिवार के लोगों और अपनों-बेगानों की शुभकामनाओं का लंबा सिलसिला शुरू हो गया। मेरे सभी अपनों को यह विश्वास था कि मैं सफल होऊँगा, पर इतनी जल्दी इतनी बड़ी सफलता सबके साथ मेरे लिए भी अप्रत्याशित थी और यही इस सफलता का आनंद था।

मेरी सफलता का रहस्य था-

- अदम्य इच्छाशक्ति एवं उच्चस्तरीय आत्मविश्वास
- सकारात्मक सोच, ध्यान एवं अन्त:प्रेरणा
- सफलता हेतु स्वयं की रणनीति एवं समय प्रबंधन
- अभिव्यक्ति में मौलिकता एवं रचनात्मकता

यह जीत थी संघर्ष की विपरीत परिस्थितियों पर, यह जीत थी इच्छाशक्ति और आत्मविश्वास की निराशा और हताशा पर, यह जीत थी मौलिक और रचनात्मक स्वअध्ययन की कोचिंग के छलावों पर। मैं चाहता हूँ कि मेरी इस सफलता से संघर्ष कर रहे छात्रों को बाधाओं का शीश झुका सफल होने की प्रेरणा मिले।

वाकई, यह मेरी अकेले की जीत नहीं थी। जीत कभी भी अकेले की नहीं होती, जीत हमेशा सामूहिक होती है। मेरी जीत में न जाने कितने लोगों की जीत शामिल थी। मेरे माँ-बाबूजी, मेरे गुरुजी, मेरे भैया-भाभी, मेरे परिवारवाले, मेरे दोस्त, मेरे शुभचिंतक- ये सब मेरे साथ जीते थे और उनके चेहरे पर चमकती वह खुशी ही मुझे सबसे ज्यादा आनंद दे रही थी।

अपने पहले प्रयास में पाई इस सफलता से कई मिथक ध्वस्त हुए थे-एक तो मेरी शिक्षा किसी नामी-गिरामी संस्थान से नहीं हुई थी, यहाँ तक कि अपनी स्नातक की डिग्री भी मैंने पत्राचार माध्यम से इग्नू से ली थी। दूसरी यह सफलता बिना किसी कोचिंग संस्थान की बैसाखियों के सहारे थी, साथ ही यह सफलता मैंने दिल्ली या किसी बड़े शहर में सुख-सुविधाओं के बीच रहकर नहीं पाई थी, वरन् मैं कोलकाता के एक सुदूर पिछड़े जिले में रेलवे की श्रमसाध्य नौकरी के साथ अपनी तैयारी कर रहा था जहाँ हिंदी माध्यम की पुस्तकें तो दूर, पत्र-पत्रिकाओं के लिए भी काफी पापड़ बेलने पड़ते थे। बस, मन में एक जुनून था, एक लगन थी और था कुछ हटकर करने का जज्बा।

हमारी सफलता के अनूठेपन ने मीडिया की सुर्खियाँ भी खूब बटोरीं। हिंदी, बांग्ला और अंग्रेजी के तमाम समाचार पत्रों ने पहले पन्ने पर केशवेंद्र और रविकांत की जोड़ी की सफलता की खबरें छापीं। NDTV और बांग्ला समाचार चैनलों में हमारी सफलता की कहानी आई। सहारा समय में हम दोनों का लाइव साक्षात्कार आया। इग्नू की तरफ से दिल्ली बुलाकर हमें सम्मानित किया गया। सबसे बड़ी बात कि इस सफलता ने उन सारे युवाओं को प्रेरणा दी जो नौकरी की बाध्यताओं या अपने परिवार की आर्थिक पृष्ठभूमि के कारण अपने सपनों को पूरा करने की हिम्मत हार रहे थे। इस सफलता की सारी शुभकामनाओं में सबसे मार्मिक जो शुभकामना लगी, उसे आप लोगों के साथ साझा कर रहा हूँ।

यह पत्र था दक्षिण पूर्व रेलवे के आद्रा मंडल में संथाल्दीह स्टेशन पर मुख्य बुकिंग पर्यवेक्षक मार्टिन जॉन का, जो हिंदी के अच्छे लेखक भी हैं। उनकी 31 मई, 2008 की लिखी चिट्ठी आप लोगों के सामने है-

प्रियवर द्वय,

केशवेंद्र और रविकांत,

सस्नेहभिवादन!

सिविल सेवा परीक्षा में तुम दोनों के ससम्मानित स्थान में चयन होने की खबर निश्चित रूप से भारतीय रेल के वाणिज्य संस्थान को गौरवान्वित करने वाली खबर है...अपने शैक्षणिक काल और रेल सेवा के शुरुआती दौर में हम जैसे महत्त्वाकांक्षी और स्वप्नदर्शी रेलकर्मी तुम दोनों की बुलंद कामयाबी को अपने सपनों की ताबीर होने जैसे एहसास से भरापूरा महसूस करने लगे हैं।

वाकई, तुम दोनों मिसाल हो कुछ कर दिखाने के हौसले से लैस नवागत रेलकर्मियों के लिए।

हाशिये से सुर्खियों में आने पर बधाइयों, तारीफों, शुभकामनाओं की रेलमपेल और 'अनियंत्रित भीड़' में तहे दिल से निकली हमारी बधाइयों और सद्कामनाओं को भी थोड़ी–सी जगह जरूर देना। तुम दोनों की कामयाबी पर अपनी ताजा पंक्तियाँ –

वक्त के सीने में एक निशां बनाया है तुमने
तूफां में भी एक चराग जलाया है तुमने
गुलशन है तो गुल खिलाना क्या मुश्किल,
पत्थर पे भी एक फूल खिलाया है तुमने,
किनारे खड़े समंदर के सोचते सब हैं
उतर के गहरे मोती ढूँढ लाया है तुमने।

आगे भी जंग जीतने और फतह हासिल करने की दुआ के साथ!

– **मार्टिन जॉन**

तो साथियो, यह थी मेरी कहानी! आप लोगों के सपनों और संघर्ष के लिए बस यही कहूँगा कि–

सपने सच होते हैं, होंगे सच तुम्हारे भी, यकीनन यारो
बस उनकी सच्चाई में यकीन जरा दिल से किया करो।

❑❑❑

सिविल सेवा-परिचय खंड

अध्याय

1

सिविल सेवा के बारे में संवैधानिक उपबंध एवं संघ लोक सेवा आयोग (UPSC) की भूमिका एवं कृत्य

किसी भी सिविल सेवक के लिए भारतीय संविधान एक पथप्रदर्शक के समान है। भारत के स्वाधीनता संग्राम के सबक, संविधान सभा की धारदार बहसें, संविधान की प्रस्तावना, मौलिक अधिकार, कर्तव्य, नीति निर्देशक तत्त्व, पंचायती राज एवं स्थानीय स्वशासन की व्यवस्था एवं अन्य संवैधानिक प्रावधान सिविल सेवक को कठिन निर्णयों के समय दिशा दिखाते हैं। सिविल सेवाओं की व्यवस्था भारतीय संविधान में वर्णित है।

भारतीय संविधान के 14वें भाग में सिविल सेवाओं के बारे में प्रावधान है।

अनुच्छेद 309, 310, 311, 312 में सिविल सेवाओं का वर्णन है जिसका सार संक्षेप निम्नलिखित है–

अनुच्छेद 309–सक्षम विधायिका द्वारा अधिनियम बनाने की शक्ति तथा राष्ट्रपति एवं राज्यपाल द्वारा सेवाओं की भर्ती एवं सेवा शर्तों के संबंध में नियम बनाने की शक्ति।

अनुच्छेद 310–सिविल सेवक राष्ट्रपति या राज्यपाल के प्रसादपर्यंत अपने पद पर बने रहेंगे।

(उन्हें अनुच्छेद 311 की सुरक्षा, मौलिक अधिकारों की सुरक्षा प्राप्त है। उन्हें विहित प्रक्रिया का पालन करते हुए अनुच्छेद 311 के प्रावधानों के अधीन ही पदच्युत किया जा सकता है)

अनुच्छेद 311–केंद्र एवं राज्य की सिविल सेवाओं के संरक्षण हेतु प्रावधान।

पदच्युति नियुक्ति प्राधिकार के अधीनस्थ द्वारा नहीं। पदच्युति, पदावनति, जाँच के बिना नहीं। जहाँ आरोप बताए गए हैं, उन आरोपों पर सुनवाई का पर्याप्त अवसर दिया गया है। जाँच के दौरान प्राप्त सबूतों के आधार पर दंड का अधिरोपण किया जा सकता है।

अनुच्छेद 312–अखिल भारतीय सेवा का वर्णन, नई अखिल भारतीय सेवा के निर्माण की प्रक्रिया।

अखिल भारतीय सेवा एवं केंद्रीय राजपत्रित सेवाओं हेतु परीक्षा संघ लोक सेवा आयोग द्वारा ली जाती है। इस प्रतिष्ठित आयोग ने जनमानस के मन में अपनी एक अटूट छवि और विश्वास साल–दर–साल बरकरार रखा है और इस कारण सिविल सेवा परीक्षा भारत की ही नहीं विश्व की सबसे कठिन एवं प्रतिष्ठित परीक्षाओं में से एक मानी जाती है। सिविल सेवाओं हेतु परीक्षा (UPSC) के बारे में संवैधानिक प्रावधान अनुच्छेद 315 से 323 तक हैं और इन प्रावधानों का संक्षिप्त विवरण निम्नवत है–

अनुच्छेद 315 के अनुसार संघ के लिए एक लोक सेवा आयोग होगा और प्रत्येक राज्य के लिए एक लोक सेवा आयोग होगा।

अनुच्छेद 316 के अनुसार संघ लोक सेवा आयोग के अध्यक्ष और अन्य सदस्यों की नियुक्ति राष्ट्रपति द्वारा की जाएगी। सदस्यों में लगभग आधे ऐसे व्यक्ति होंगे जिन्होंने अपनी नियुक्ति की तारीख तक भारत सरकार या किसी राज्य सरकार के अधीन कम–से–कम दस वर्ष पद धारण किया हो। संघ लोक सेवा आयोग का सदस्य अपने पद ग्रहण की तारीख से छह वर्ष की अवधि तक या 65 वर्ष की आयु प्राप्त कर लेने तक अपना पद धारण करेगा। संघ लोक सेवा आयोग का सदस्य राष्ट्रपति को संबोधित अपने हस्ताक्षर सहित पत्र द्वारा अपना पद त्याग सकेगा।

इस अनुच्छेद में राज्य लोक सेवा के अध्यक्ष एवं सदस्यों की नियुक्ति प्रक्रिया का भी वर्णन है, जिनकी नियुक्ति राज्यपाल द्वारा की जाएगी।

अनुच्छेद 317 के अनुसार संघ लोक सेवा आयोग का अध्यक्ष या कोई अन्य सदस्य यदि दिवालिया घोषित होता है, अपने पद पर रहते हुए अपने कर्तव्यों के इतर किसी सवेतन नियोजन में लगता है या राष्ट्रपति की राय में मानसिक या शारीरिक शैथिल्य के कारण अपने पद पर बने रहने के अयोग्य है, तो राष्ट्रपति अध्यक्ष या ऐसे अन्य सदस्य को आदेश द्वारा पद से हटा सकेंगे।

संघ लोक सेवा आयोग का अध्यक्ष या कोई अन्य सदस्य यदि निगमित कंपनी के सदस्य के रूप में या संयुक्त रूप में भारत सरकार या राज्य सरकार के द्वारा या निमित्त किए गए करार से संपृक्त या हितबद्ध हो या उसके लाभ, फायदे या उपलब्धि में साझीदार हो तो इसे कदाचार माना जाएगा। इस कदाचार या किसी अन्य कदाचार में राष्ट्रपति के निर्देश उपरांत उच्चतम न्यायलय द्वारा अनुच्छेद 145 के अधीन जाँच पर प्रतिवेदन दिया जाएगा जिसमें कदाचार पुष्ट होने पर राष्ट्रपति अध्यक्ष या ऐसे अन्य सदस्य को आदेश द्वारा पद से हटा सकेंगे।

अनुच्छेद 318 के अनुसार राष्ट्रपति संघ लोक सेवा आयोग के सदस्यों की संख्या और उनकी सेवा की शर्तों का विनियमों द्वारा निर्धारण करेंगे, मगर लोक सेवा आयोग के सदस्यों की सेवा की शर्तों में उनकी नियुक्ति के पश्चात कोई अलाभकारी परिवर्तन नहीं किया जाएगा। राज्य लोक सेवा आयोग के संबंध में यह शक्ति राज्यपाल के पास है।

अनुच्छेद 319 के अनुसार संघ लोक सेवा आयोग का अध्यक्ष भारत सरकार या किसी राज्य सरकार के अधीन किसी भी और नियोजन का पात्र नहीं होगा। संघ लोक सेवा आयोग के अध्यक्ष से भिन्न अन्य सदस्य संघ लोक सेवा आयोग के अध्यक्ष या राज्य लोक सेवा आयोग के अध्यक्ष के रूप में नियुक्त होने के पात्र होंगे, किंतु भारत सरकार या किसी राज्य सरकार के अधीन किसी भी और नियोजन के पात्र नहीं होंगे। राज्य लोक सेवा आयोग के सदस्य (अध्यक्ष को छोड़कर) संघ लोक सेवा आयोग के अध्यक्ष या सदस्य बनने या किसी भी राज्य सेवा आयोग के अध्यक्ष बनने के पात्र होंगे।

अनुच्छेद 320 के अनुसार संघ लोक सेवा आयोग संघ की सेवाओं के लिए परीक्षाओं का संचालन करेगा। इसके साथ ही सिविल सेवा और सिविल पदों पर भर्ती की पद्धति से संबंधित विषयों पर, इन पर नियुक्ति में, एक सेवा से दूसरी सेवा में प्रोन्नति या अंतरण में, सेवाओं से संबंधित अनुशासनिक विषयों, क्षतिपूर्ति पेंशन जैसे कई बिंदुओं पर राष्ट्रपति के निर्देश पर परामर्श देने की संघ लोक सेवा आयोग की अहम् परामर्शदात्री भूमिका है। राज्य लोक सेवा आयोग राज्य हेतु समान भूमिका निभाएगा।

अनुच्छेद 321 के अनुसार संसद संघ लोक सेवा आयोग द्वारा संघ की सेवाओं के संबंध में और किसी स्थानीय प्राधिकारी या विधि द्वारा गठित अन्य निगमित निकाय या किसी लोक संस्था की सेवाओं के संबंध में भी अतिरिक्त कृत्यों के प्रयोग के लिए उपबंध कर सकेगी। राज्य विधायिका द्वारा राज्य लोक सेवा आयोग के संबंध में भी यही भूमिका निभाई जाएगी।

अनुच्छेद 322 के अनुसार संघ लोक सेवा आयोग के व्यय भारत की संचित निधि पर भारित होंगे एवं राज्य लोक सेवा आयोग के व्यय राज्य की संचित निधि पर भारित होंगे।

अनुच्छेद 322 के अनुसार संघ लोक सेवा आयोग का यह कर्त्तव्य होगा कि वह राष्ट्रपति को आयोग द्वारा किए जानेवाले कार्यों के संबंध में वार्षिक प्रतिवेदन दे और राष्ट्रपति उन मामलों के संबंध में जिनमें आयोग की सलाह स्वीकार नहीं की गई थी, अस्वीकृति के कारणों को स्पष्ट करने वाले ज्ञापन सहित उस प्रतिवेदन की प्रति संसद के दोनों सदनों के सम्मुख रखवाएँ।

राज्य लोक सेवा आयोग वार्षिक प्रतिवेदन राज्यपाल को देंगे और इसे उपरोक्त रूप में राज्य विधानमंडल के सम्मुख रखा जाएगा।

अध्याय

2

UPSC सिविल सेवा परीक्षा-सेवाओं का संक्षिप्त विवरण

प्राचीन भारत में मौर्यकाल से सुशासन पर जोर दिया गया। कौटिल्य के 'अर्थशास्त्र' में राज्य के सम्यक् संचालन में अमात्य, मंत्री, सेना एवं गुप्तचर तंत्र के महत्त्व को दर्शाया गया है। गुप्तकाल, राजपूताना के राजाओं, दक्षिण भारत के चोल, चेर, पांड्य, विजयनगर साम्राज्य, मराठा साम्राज्य, दिल्ली सल्तनत, शेरशाह सूरी और मुगलकाल तक हम राजशाही आधारित प्रशासनिक ढाँचों को देखते हैं। यहाँ पर उच्च पदों पर चयन में वंश, कुलीनता, वफादारी, वीरता अहम् मानदंड थे और बहुधा पदों पर चयन जन्म आधारित था। यहाँ पर भी योग्यता की प्रतिष्ठा थी, पर प्रतियोगी परीक्षा जैसी व्यवस्था न थी। ईस्ट इंडिया कंपनी के समय का प्रशासनिक ढाँचा तथा उच्च पदाधिकारियों की नियुक्ति भी वफादारी आधारित संरक्षण तंत्र द्वारा होती थी।

भारत में आजादी के पूर्व योग्यता आधारित सिविल सेवा की शुरुआत 1854 में ब्रिटिश संसद की प्रवर समिति में मैकाले की रिपोर्ट से मानी जाती है। रिपोर्ट में प्रतियोगिता परीक्षा के आधार पर स्थायी सिविल सेवा की व्यवस्था की अनुशंसा की गई थी। इसके आधार पर 1854 में लंदन में सिविल सेवा आयोग की स्थापना एवं 1855 से परीक्षा की शुरुआत हुई। मॉन्टेग्यू चेम्सफोर्ड सुधार के अनुसार परीक्षा का आयोजन 1922 से लंदन के साथ-साथ भारत में भी होना शुरू हुआ। 1864 में सत्येंद्रनाथ टैगोर इस परीक्षा में सफलता प्राप्त करनेवाले पहले भारतीय बने।

इसी प्रकार स्वतंत्रता के पूर्व भारतीय शाही पुलिस अफसरों की नियुक्ति सेक्रेटरी ऑफ स्टेट द्वारा प्रतियोगिता परीक्षा के माध्यम से की जाती थी। 1893 से पहली बार पुलिस सेवा के लिए परीक्षा द्वारा 10 उम्मीदवारों का चयन किया गया।

वन सेवा के संबंध में 1867 में शाही वन सेवा का गठन किया गया। स्वतंत्रता पश्चात अखिल भारतीय सेवा अधिनियम, 1951 के तहत भारतीय वन सेवा का गठन 1966 में किया गया।

1887 में एचीसन आयोग ने आजादी के पूर्व में सेवाओं को शाही, प्रांतीय एवं अधीनस्थ तीन विभागों में बाँटते हुए पुनः वर्गीकृत किया। भारत शासन अधिनियम, 1919 पारित होने के बाद शाही सेवाओं का अखिल भारतीय सेवा एवं केंद्रीय सेवा में विभाजन हुआ। 1 अक्टूबर, 1926 को ली कमीशन की रिपोर्ट के आधार पर भारत में सर रॉस बार्कर की अध्यक्षता में पहली बार लोक सेवा आयोग की स्थापना की गई। 1935 के भारत शासन अधिनियम के आलोक में 1 अप्रैल, 1937 से इसे फेडरल लोक सेवा आयोग बना दिया गया। 26 जनवरी, 1950 को भारतीय संविधान के प्रवर्तन में आने के साथ फेडरल लोक सेवा आयोग संघ लोक सेवा आयोग के रूप में जाना जाने लगा।

UPSC सिविल सेवा परीक्षा दो अखिल भारतीय सेवाओं (IAS, IPS), भारतीय विदेश सेवा (IFS), एवं 16 ग्रुप A एवं ग्रुप B सेवाओं में नियुक्ति हेतु आयोजित की जाती है।

इन सभी सेवाओं का राष्ट्र निर्माण में अहम् योगदान है। सेवाओं के बारे में संक्षिप्त विवरण निम्नांकित है–

भारतीय प्रशासनिक सेवा–IAS

ICS(1893–1946) के उत्तराधिकारी के रूप में इस सेवा की स्थापना 1946 में की गई। DOPT की वेबसाइट पर उपलब्ध विवरण के अनुसार इस सेवा में 1 जनवरी, 2022 को उपलब्ध पद 6789 हैं जिनमें 4712 पद UPSC परीक्षा द्वारा भरे जाने हैं और 2077 पद प्रोन्नति/राज्य सिविल सेवाओं/अन्य सिविल सेवाओं के अधिकारियों द्वारा भरे जाने हैं। इनकी ट्रेनिंग LBSNAA में होती है। सीधी भर्ती द्वारा नियुक्त अधिकारियों को कैडर का आवंटन DOPT के निर्धारित नियमों के आलोक में होता है। वर्तमान में कैडर आवंटन हेतु अभ्यर्थी अपनी प्राथमिकता विभिन्न जोन के लिए दे सकते हैं।

आईएएस पदाधिकारी के दायित्वों में करियर के विभिन्न पड़ावों पर अलग–अलग जिम्मेदारियाँ होती हैं। जिम्मेदारियों के अनुसार उनके कार्य का संक्षिप्त विवरण निम्न है–

1. **SDO एवं SDM**–शुरुआती दौर में उन्हें अनुमंडल पदाधिकारी एवं दंडाधिकारी के तौर पर नियुक्त किया जाता है। राजस्व संग्रहण, राजस्व न्यायालय, SDM कोर्ट,

कानून एवं व्यवस्था, विकास से जुड़े कार्य एवं DM द्वारा आवंटित अन्य जिम्मेदारियाँ। कुछ राज्यों में SDO कुछ प्रधान सोसाइटीज के मुख्य कार्यपालक पदाधिकारी भी होते हैं, जैसे-केरल में सब-कलेक्टर सामाजिक क्षेत्र के भवन निर्माण कार्य के लिए बनी सोसाइटी जिला निर्मिति केंद्र एवं जिले में पर्यटन के सर्वांगीण विकास के लिए बने DTPC (डिस्ट्रिक्ट टूरिज्म प्रमोशन कौंसिल) के मेंबर सेक्रेटरी होते हैं।

2. **DDC/नगर आयुक्त**-बहुत से राज्यों में नगर निगम आयुक्त एवं उप-विकास आयुक्त के रूप में शहरी एवं ग्रामीण क्षेत्र विकास प्रशासन में बड़ी भूमिका निभाते हैं।

जिला कलेक्टर एवं जिला दंडाधिकारी-पूरे जिले का प्रशासन डीएम के ऊपर निर्भर करता है। वह इस सेवा का सबसे ज्यादा दिखने वाला चेहरा है। अपेक्षाओं के भारी बोझ तले दबे इस पद में युवा अधिकारियों ने हमेशा अपना बेहतरीन करने की पूरी कोशिश की है। इस सेवा का कार्यभार सोच और समझ के परे है। लगभग 250-300 समितियाँ विभिन्न विभागों की होती हैं जिनकी मासिक या त्रैमासिक या अर्धवार्षिक या वार्षिक मीटिंग की जिम्मेदारी, फिर लिए गए निर्णयों के क्रियान्वयन एवं अनुश्रवण की जिम्मेदारी कलेक्टर की होती है। चुनाव करवाना हो या जनगणना, केंद्र या राज्य सरकार की किसी भी योजना के जिले में सफलता या विफलता का जिम्मा जिला कलेक्टर के कंधों पर होता है। जिले को अच्छी तरह जानना-समझना, लोगों की आकांक्षाओं का पता लगाना, समस्याओं का गहराई से अध्ययन कर उनका समाधान देना, उसकी जिम्मेदारी है। जिले को विकास पथ पर रखना, शिक्षा-स्वास्थ्य-समाज कल्याण-नारी उत्थान-अनुसूचित जाति एवं आदिवासी कल्याण-बैंकिंग-राजस्व-भूमि सुधार-कानून एवं व्यवस्था-आधारभूत संरचना-जन सेवाएँ और इनके साथ के सभी विभागों को समन्वित करते हुए जिले को प्रगति पथ पर आगे ले जाने का चुनौतीपूर्ण उत्तरदायित्व जिला कलेक्टर के कंधों पर होता है।

निदेशक- विभिन्न विभाग के निदेशक के रूप में विभाग की योजनाओं के निर्माण हेतु सहयोग एवं उनके क्रियान्वयन द्वारा विभाग एवं राज्य के विकास में भूमिका।

सचिव/प्रधान सचिव/अपर मुख्य सचिव/मुख्य सचिव (राज्य में)

विभाग को सही दिशा में ले चलना, जनकल्याण की योजनाओं का निर्माण, क्रियान्वयन की समीक्षा, मंत्री एवं मंत्रिपरिषद् को नियमसंगत सलाह देना।

उप सचिव/निदेशक/संयुक्त सचिव/अपर सचिव/सचिव/कैबिनेट सचिव (भारत सरकार)

आईएएस पदाधिकारी केंद्र सरकार में प्रतिनियुक्त होकर अपने राज्य के विस्तृत अनुभवों के आधार पर पूरे देश के लिए योजनाओं एवं नीति निर्माण के लिए कार्य करते हैं।

निर्वाचन आयोग, सूचना आयोग, प्रशासनिक अभिकरण, संयुक्त राष्ट्र संघ एवं इसकी संस्थाएँ, वर्ल्ड बैंक एवं ऐसे कई अन्य निकायों में भी आईएएस अधिकारियों को उनकी रुचि एवं विशेषज्ञता के आलोक में कार्य करने का मौका मिलता है।

भारतीय विदेश सेवा

प्राचीन एवं मध्यकालीन भारत में भी अन्य राज्यों में राजदूत भेजने की परंपरा रही है। प्रियदर्शी अशोक ने अपने शासनकाल में राजदूत सह धर्मदूत के रूप में अपने पुत्र महेंद्र एवं पुत्री संघमित्रा को भी विदेशों में भेजा था। ब्रिटिश काल में भी 1783 से गुप्त एवं राजनीतिक कार्यों के लिए एक अलग विभाग बनाने हेतु कदम उठाए गए जिन्हें 1843 में विदेश विभाग के गठन द्वारा सुदृढ़ किया गया। 1946 से इस सेवा की शुरुआत हुई। इस सेवा के अधिकारियों की प्रारंभिक ट्रेनिंग LBSNAA में आईएएस, आईपीएस एवं भारतीय वन सेवा के प्रशिक्षुओं के साथ होती है। उसके उपरांत उनकी ट्रेनिंग दिल्ली स्थित फॉरेन सर्विस इंस्टिट्यूट में होती है। इन प्रशिक्षुओं को चुनी हुई विदेशी भाषा अनिवार्य रूप से सीखनी होती है।

नियुक्ति विदेशी दूतावासों में थर्ड सेक्रेटरी, सेकंड सेक्रेटरी, फर्स्ट सेक्रेटरी कौंसिलर, मिनिस्टर, एम्बेसडर, हाई कमिश्नर/परमानेंट रिप्रेजेंटेटिव के रूप में होती है। विदेश सेवा मंत्रालय में नियुक्ति होने पर नियुक्ति अंडर सेक्रेटरी, डिप्टी सेक्रेटरी, डायरेक्टर, जॉइंट सेक्रेटरी, एडिशनल सेक्रेटरी एवं सेक्रेटरी के रूप में होती है। वर्तमान में भारतीय विदेश सेवा की कैडर स्ट्रेंथ लगभग 600 है और हर साल लगभग 10–20 नियुक्तियाँ की जाती हैं।

विदेश सेवा अधिकारी के रूप में विदेशों में भारतीय दूतावासों एवं अन्य संस्थानों में भारत का प्रतिनिधित्व करना, नियुक्ति किए गए देश में भारत के हितों की रक्षा, भारत और नियुक्ति किए गए देश में सर्वांगीण दोस्ताना संबंधों में अभिवृद्धि, उस देश में चल रही महत्त्वपूर्ण बातों की जानकारी भारत भेजना, कौंसलर सेवाएँ प्रदान करना, निर्देशानुसार एग्रीमेंट निगोशिएट करना आदि कार्य करने होते हैं। UN एवं इससे जुड़े अन्य अंतरराष्ट्रीय संगठनों में नियुक्ति होने पर वहाँ भारत के हितों की रक्षा के साथ उन्हें बढ़ावा देने से जुड़े कार्य होते हैं। नियुक्ति के देश में भारतीय नागरिकों के हितों का ख्याल रखना एवं किसी संकट/आपदा की स्थिति में उस देश के प्रतिनिधियों द्वारा उनकी मदद करना भी विदेश सेवा अधिकारियों का एक प्रमुख कार्य है।

भारतीय पुलिस सेवा (IPS)

वर्ष 1948 में भारतीय इंपीरियल पुलिस सर्विस को भारतीय पुलिस सेवा से प्रतिस्थापित किया गया।

सेवा के प्रमुख कार्य –

- ✦ शांति एवं व्यवस्था बनाए रखना, अपराध होने से रोकना, अन्वेषण, खुफिया सूचना एकत्र करना, VIP सुरक्षा

- आपदा प्रबंधन से जुड़े कानून व्यवस्था एवं बचाव के कार्य
- आतंकवाद निरोध
- मानव एवं बाल तस्करी रोकना
- IB, CBI, रॉ जैसी संस्थाओं में सेवा
- CAPF में प्रतिनियुक्ति पर सेवा

इस सेवा की नियुक्ति भी फील्ड में ASP से शुरू होकर SP, SSP, DIG, IG, ADGP, DGP के रूप में राज्यों में होती है। इसके अलावा IB, CBI, NSG, SPG, रॉ में सेवा पूर्णकालिक या प्रतिनियुक्ति पर ली जाती है। CAPF में भी प्रतिनियुक्ति के द्वारा विभिन्न स्तरों–पदों पर सेवा ली जाती है। पुलिस कप्तान या SP, SSP का पद इस सेवा के सबसे प्रचलित चेहरे के तौर पर जनता के सम्मुख आता है जिसके ऊपर जिले की शांति व्यवस्था को बनाए रखने और अपराधों को रोकने का जिम्मा होता है। बहुत से सिविल सेवा के अभ्यर्थी ऐसे भी होते हैं जिनका इस सेवा के प्रति रुझान या लगाव जुनून की हद तक होता है और वे इसे अपनी पहली प्राथमिकता में चुनते हैं।

आईपीएस सेवा का प्रारंभिक प्रशिक्षण LBSNAA, मसूरी में आईएएस, आईएफएस, एवं भारतीय वन सेवा के अधिकारियों के साथ होता है। तदुपरांत, वे हैदराबाद में स्थित सरदार वल्लभभाई पटेल नेशनल पुलिस अकादमी में प्रशिक्षण प्राप्त करते हैं।

भारतीय राजस्व सेवा (IRS)

यह ग्रुप 'क' की एक प्रमुख केंद्रीय सेवा है जिसका काम राजस्व संग्रह है। सीधी भर्ती के बाद करियर की शुरुआत असिस्टेंट कमिश्नर ऑफ़ इनकम टैक्स से करते हुए कमिश्नर एवं उसके ऊपर के पदों पर नियुक्ति होती है। सर्वोच्च स्तर पर सेंट्रल बोर्ड ऑफ़ डायरेक्ट टैक्सेज एवं उसके नीचे क्षेत्रीय कार्यालयों द्वारा भारत में डायरेक्ट टैक्स प्रशासन को सँभाला जाता है। प्रत्यक्ष कराधान की नीति निर्धारण से लेकर उसके संग्रहण तक के सभी कार्य इस सेवा के कार्यक्षेत्र में आते हैं। काले धन के मामलों का पता लगाकर उस पर कार्यवाही करना भी इनका कार्य है। इनकी ट्रेनिंग नागपुर में स्थित NADT (नेशनल एकेडमी फॉर डायरेक्ट टैक्सेज) में होती है।

IRTS/IRPS/IRAS/भारतीय रेलवे सुरक्षा बल सेवा/भारतीय रेल प्रबंधन सेवा/भारतीय रेलवे खाता सेवा (ग्रुप 'क')

ये भारतीय रेलवे की ग्रुप **'क'** की सर्विसेज हैं। इन सेवाओं के अधिकारियों का काम भारतीय रेल के विभिन्न प्रशासनिक पहलुओं को सँभालना है। IRTS के कार्यक्षेत्र में रेलवे के ऑपरेशन एवं कमर्शियल कार्यों की कमान सँभालना आता है। IRPS रेलवे कार्मिकों के प्रबंधन को तथा IRAS रेलवे के अकाउंट से जुड़े कार्यों को देखती है। भारतीय सुरक्षा

सेवा रेलवे एवं रेल यात्रियों तथा सामान की सुरक्षा का जिम्मा सँभालती है। रेलवे से जुड़ी सभी सेवाओं के लिए समाहित रूप में भारतीय रेल प्रबंधन सेवा ग्रुप 'क' में भर्ती की पहल की गई है।

भारतीय डाक सेवा (IPOs)

इस सेवा का गठन 1948 में हुआ था। इस सेवा के अंतर्गत पूरे देश की डाक सेवाओं का प्रबंधन शामिल है। इस सेवा में डाक अधीक्षक से चीफ पोस्टमास्टर जनरल एवं मेंबर, पोस्टल सर्विसेज बोर्ड तक के कई पड़ाव शामिल हैं।

भारतीय सिविल लेखा सेवा

भारत सरकार के वित्तीय प्रबंधन में इस सेवा की महती भूमिका है। कंट्रोलर जनरल ऑफ एकाउंट्स इस सेवा के प्रमुख होते हैं। यह सेवा केंद्र एवं राज्य के लेखा की व्यवस्था का निर्धारण करती है एवं उसके लिए आवश्यक नियमों-विनियमों का निर्माण करती है। यह केंद्र सरकार के मुद्रा भंडार की निगरानी एवं मिलान करती है। साथ ही केंद्र सरकार के कर्मचारियों के पेंशन का निर्धारण एवं वितरण, सेंट्रल प्लान स्कीम मॉनीटरिंग, वित्तीय रिपोर्टिंग जैसे अनेक कार्य इस सेवा द्वारा किए जाते हैं।

भारतीय कॉर्पोरेट विधि सेवा

इस सेवा की स्थापना 1967 में की गई थी। सेवा के अधिकारी कंपनी एक्ट, लिमिटेड लायबिलिटी पार्टनरशिप एक्ट एवं अन्य संबद्ध एक्ट से जुड़े प्रशासनिक कार्यों को देखते हैं।

भारतीय रक्षा संपदा लेखा सेवा

यह सेवा भारतीय रक्षा संपदा संगठन को अपनी सेवा प्रदान करती है। डायरेक्टरेट जनरल इस सेवा के प्रमुख हैं। सेवा का कार्य रक्षा मंत्रालय एवं सर्विस डायरेक्टरेट को कैंटोनमेंट एवं रक्षा संपदा से जुड़े सभी मुद्दों पर राय देना, कैंटोनमेंट क्षेत्रों का विकास और कैंटोनमेंट ऐक्ट 2006 तथा इसके साथ बने नियमों-विनियमों का पालन सुनिश्चित करना है।

सामान्यतः इसी प्रकार से सिविल सेवा परीक्षा में शामिल अन्य सेवाओं का ढाँचा बना हुआ है।

अध्याय

3

UPSC सिविल सेवा परीक्षा का नोटिफिकेशन और सामान्य/मूलभूत जानकारी (UPSC Notification पर आधारित)

साथियो, अपने ई-मेल और ब्लॉग पर मुझे कई साथियों के मेल मिलते हैं जिसमें सिविल सेवा के बारे में, इसके पाठ्यक्रम, परीक्षा में बैठने के लिए योग्यता, उम्र, कौन-से विषय उपलब्ध हैं, जैसे प्रश्न होते हैं। सिविल सेवा के बारे में सारी शुरुआती जानकारियों के लिए आपके सबसे काम की प्रामाणिक चीज यूपीएससी की वेबसाइट पर उपलब्ध इसका नोटिस है, जिसमें उस वर्ष के परीक्षा प्रारूप, सिलेबस और योग्यता जैसी सारी जानकारी उपलब्ध होती है।

आप http://www.upsc.gov.in/ में जाकर एग्जामिनेशन के लिंक में जाकर भी नोटिफिकेशन में Current/Archival लिंक से सिविल सर्विस एग्जाम की नोटिस पीडीएफ में देख सकते हैं या डाउनलोड कर सकते हैं।

आइए जानते हैं सिविल सेवा परीक्षा के बारे में मुख्य बातों को, जो संघ लोक सेवा आयोग एवं DOPT की वेबसाइट पर उपलब्ध विवरणों के आलोक में हैं। हालाँकि आप

सभी से अनुरोध है कि प्रामाणिक जानकारी हेतु UPSC की वेबसाइट से जानकारियों और विवरणों को स्वयं देखें।

सिविल सेवा प्रारंभिक परीक्षा का नोटिस सामान्यत: फरवरी के महीने में आता है। ऑनलाइन आवेदन UPSC की वेबसाइट https://upsconline.nic.in के माध्यम से करना होता है। उम्मीदवार के पास कोई एक फोटो पहचान पत्र उपलब्ध होना चाहिए जिसको आवेदन भरते समय अपलोड करना होता है और भविष्य में भी इस फोटो पहचान पत्र को परीक्षा साक्षात्कार के समय साथ रखने की सलाह दी जाती है। आवेदन करने की अंतिम तिथि नोटिस में उल्लिखित तिथि होती है और परीक्षा के तीन सप्ताह पूर्व ई–प्रवेश पत्र जारी किया जाता है जिसे उम्मीदवार वेबसाइट से डाउनलोड कर सकते हैं।

परीक्षा में वस्तुनिष्ठ प्रश्नों में गलत उत्तरों के लिए निगेटिव मार्किंग है। परीक्षा परिसर में मोबाइल तथा अन्य इलेक्ट्रॉनिक उपकरणों को रखना या प्रयोग करना मना है।

इस परीक्षा द्वारा जिन सेवाओं या पदों को भरा जाता है, उनकी सूची निम्नलिखित है –

1. भारतीय प्रशासनिक सेवा
2. भारतीय विदेश सेवा
3. भारतीय पुलिस सेवा

ग्रुप 'क' सेवाएँ

4. भारतीय लेखा परीक्षा और लेखा सेवा
5. भारतीय सिविल लेखा सेवा
6. भारतीय कॉर्पोरेट विधि सेवा
7. भारतीय रक्षा लेखा सेवा
8. भारतीय रक्षा संपदा लेखा सेवा
9. भारतीय सूचना सेवा
10. भारतीय डाक सेवा
11. भारतीय डाक तार लेखा और वित्त सेवा
12. भारतीय रेलवे सुरक्षा बल सेवा
13. भारतीय राजस्व सेवा (सीमा शुल्क और अप्रत्यक्ष कर)
14. भारतीय राजस्व सेवा (आयकर)

15. भारतीय व्यापार सेवा (ग्रेड 3)

16. भारतीय रेल प्रबंधन सेवा

ग्रुप 'ख' सेवाएँ

17. सशस्त्र सेना मुख्यालय सिविल सेवा (सेक्शन ऑफिसर ग्रेड)

18. दिल्ली, अंडमान एवं निकोबार द्वीप समूह, लक्षद्वीप, दमन व दीव एवं दादरा व नगर हवेली सिविल सेवा (दानिक्स)

19. दिल्ली, अंडमान एवं निकोबार द्वीप समूह, लक्षद्वीप, दमन व दीव एवं दादरा व नगर हवेली पुलिस सेवा (दानिप्स)

20. पांडिचेरी सिविल सेवा (पांडिक्स)

21. पांडिचेरी पुलिस सेवा(पांडिप्स)

भारतीय प्रशासनिक सेवा, भारतीय विदेश सेवा, भारतीय पुलिस सेवा के उम्मीदवार केवल भारतीय नागरिक हो सकते हैं। अन्य सेवाओं हेतु भारत सरकार द्वारा निर्गत पात्रता प्रमाण पत्र होने पर नेपाल, भूटान, 1962 से पहले आए तिब्बती शरणार्थी, भारतीय मूल के व्यक्ति जो भारत में स्थायी रूप से रहने को नोटिस में उल्लिखित कुछ राष्ट्रों से भारत आए हैं।

आयु सीमा

अभ्यर्थी की आयु प्रारंभिक परीक्षा वर्ष 1 अगस्त को 21 से 32 वर्ष होनी चाहिए। जन्म की तारीख मैट्रिकुलेशन/उच्चतर माध्यमिक परीक्षा प्रमाण पत्र या समकक्ष वैकल्पिक प्रमाण पत्र में दर्ज तारीख ही मानी जाएगी।

इस उम्र स.ीमा में अधिकतम छूट निम्नांकित है -

- अनुसूचित जाति या जनजाति-5 वर्ष
- अन्य पिछड़ी श्रेणियों के अर्हता प्राप्त छात्र-3 वर्ष
- भूतपूर्व सैनिक नोटिस के विवरण अनुसार-3 से 5 वर्ष
- बेंचमार्क विकलांगता वाले उम्मीदवारों हेतु नोटिस विवरण अनुसार-10 वर्ष

शैक्षिक योग्यता (न्यूनतम)

स्नातक डिग्री या समकक्ष योग्यता भारत के केंद्र या राज्य विधानमंडल द्वारा निगमित विश्वविद्यालय या संसद के अधिनियम द्वारा स्थापित या विश्वविद्यालय अनुदान आयोग

अधिनियम, 1956 के खंड 3 के अधीन विश्वविद्यालय के समकक्ष माने गए किसी अन्य शिक्षा संस्थान द्वारा।

जिन उम्मीदवारों के पास ऐसी व्यावसायिक और तकनीकी योग्यताएँ हों जो सरकार द्वारा व्यावसायिक और तकनीकी डिग्रियों के समकक्ष मान्यता प्राप्त हैं, वे भी इस परीक्षा में बैठने के पात्र होंगे।

जो विद्यार्थी स्नातक या समकक्ष परीक्षा दे चुके हैं और रिजल्ट की प्रतीक्षा कर रहे हैं, वे भी प्रारंभिक परीक्षा दे सकते हैं लेकिन मुख्य परीक्षा का फॉर्म भरने के समय परीक्षा उत्तीर्ण होने का प्रमाण पत्र देना होगा।

अवसरों की संख्या

इस परीक्षा हेतु सामान्य वर्ग के सुपात्र उम्मीदवारों को 6 अवसरों की अनुमति है। अनुसूचित जाति या जनजाति के छात्रों हेतु अवसर की कोई सीमा नहीं है। अति पिछड़ा वर्ग के उम्मीदवारों हेतु 9 अवसर हैं। बेंचमार्क विकलांगता वाले उम्मीदवारों में सामान्य/EWS/अति पिछड़ा वर्ग के उम्मीदवार हेतु 9 अवसर हैं।

प्रारंभिक परीक्षा में बैठने को सिविल सेवा परीक्षा हेतु एक अवसर माना जाता है।

नोटिस की अन्य महत्त्वपूर्ण बातें

यदि कोई छात्र विगत वर्ष की परीक्षा के आलोक में भारतीय प्रशासनिक सेवा या भारतीय विदेश सेवा में नियुक्त हो जाता है और सेवा में बना रहता है तो वह सिविल सेवा परीक्षा पुनः नहीं दे सकता। अन्य सेवाओं में आए छात्र सिविल सेवा परीक्षा दे सकते हैं। हाँ, भारतीय पुलिस सेवा के लिए चयनित और नियुक्त छात्र सिविल सेवा की परीक्षा पुनः दे सकते हैं लेकिन वो भारतीय पुलिस सेवा का विकल्प नहीं चुन सकते।

उम्मीदवारों को परीक्षा की नियमावली के नियम और विनियमों के अनुरूप शारीरिक रूप से स्वस्थ होना चाहिए। भारतीय पुलिस सेवा के लिए इच्छुक छात्रों को उस हेतु आवश्यक शारीरिक मापदंडों को विस्तार में देख लेना चाहिए।

सामान्य वर्ग के अभ्यर्थियों के लिए 100 रुपये का शुल्क है। महिला/बेंचमार्क दिव्यांग श्रेणी के उम्मीदवार/अनुसूचित जाति/अनुसूचित जनजाति के उम्मीदवार को कोई शुल्क नहीं देना है। इस संबंध में नोटिस के निर्देशों को गंभीरता से देखते हुए अक्षरशः पालन करें। मुख्य परीक्षा के लिए चयनित उम्मीदवारों को पुनः फॉर्म भरते समय अलग से शुल्क देना है।

सभी प्रमाण पत्रों के संबंध में परीक्षा नोटिस में दिए गए विवरणों को पूरी तरह पढ़कर उनका पालन करें।

उम्मीदवार को प्रश्नों के उत्तर अनिवार्यत: स्वयं लिखने होंगे। वर्तमान में, नेत्रहीन, चलने में असमर्थ (दोनों बाजू प्रभावित बीए)और प्रमस्तिष्कीय पक्षाघात श्रेणियों के अंतर्गत बेंचमार्क विकलांगता वाले उम्मीदवारों को स्क्राइब सुविधा माँग किए जाने पर उपलब्ध कराई जाएगी, ऐसा प्रावधान है। इस संदर्भ में जिस वर्ष परीक्षा दे रहे हों, उसके निर्देशों का पूर्ण अनुपालन करें। अन्य बेंचमार्क विकलांगता के उम्मीदवारों को सक्षम स्तर से निर्गत प्रमाण पत्र के आलोक में नोटिस की शर्तों के अधीन यह सुविधा दिए जाने का प्रावधान है। इस संदर्भ में नोटिस को गंभीरता से देखते हुए उसके अधीन काम करें।

आवेदन कैसे करें

उम्मीदवारों को UPSC की वेबसाइट पर दिए गए लिंक से ऑनलाइन आवेदन भरना है और इस संबंध में विस्तृत अनुदेशों का पालन अनिवार्य है।

सभी उम्मीदवार, चाहे वे पहले से सरकारी नौकरी में हों या PSU में कार्यरत हों, या किसी NGO में नियुक्त हों, उन्हें अपना आवेदन सीधे आयोग को वेबसाइट के माध्यम से समर्पित करना है। सरकारी नौकरी में स्थायी या अस्थायी रूप से कार्यरत या किसी काम के लिए विशिष्ट रूप से काम कर रहे कर्मचारी या PSU में कार्यरत व्यक्तियों को यह अंडरटेकिंग प्रस्तुत करनी होगी कि उन्होंने लिखित रूप में अपने कार्यालय/विभाग के अध्यक्ष को इस परीक्षा हेतु आवेदन करने की सूचना दे दी है। आयोग को यदि उम्मीदवार के नियोक्ता से उनके सिविल सेवा परीक्षा में बैठने से संबद्ध अनुमति रोकते हुए पत्र मिलता है तो उनका आवेदन पत्र अस्वीकृत किया जा सकता है या उनकी उम्मीदवारी रद्द की जा सकती है।

परीक्षा के नोटिस में उल्लिखित केंद्रों में से सुविधानुसार प्रारंभिक परीक्षा एवं मुख्य परीक्षा के लिए केंद्र चुनने का विकल्प होगा। केंद्र का आवंटन पहले आवेदन, पहले आवंटन की तर्ज पर होगा। बेंचमार्क विकलांगता वाले उम्मीदवार के लिए परीक्षा संबद्ध पदनामित केंद्र पर होगी। यदि उम्मीदवार आयोग द्वारा प्रेषित प्रवेश प्रमाण पत्र के दिखाए गए केंद्र से अलग किसी केंद्र में परीक्षा के लिए बैठता है तो उस उम्मीदवार के प्रश्न–पत्रों को मूल्यांकित नहीं किया जाएगा तथा उसकी उम्मीदवारी भी रद्द की जा सकती है।

सिविल सेवा प्रारंभिक परीक्षा के आवेदन में इन महत्त्वपूर्ण सूचनाओं में बाद में कोई परिवर्तन नहीं किया जाएगा, अत: इन्हें काफी सावधानी से भरें –

- ✦ सिविल सेवा (मुख्य परीक्षा)तथा भारतीय वन सेवा (मुख्य) परीक्षा के केंद्रों का विवरण

- दोनों परीक्षा के लिए वैकल्पिक विषयों का चयन
- सिविल सेवा (मुख्य) परीक्षा हेतु परीक्षा देने का माध्यम
- वैकल्पिक विषय के प्रश्न के लिए परीक्षा देने के माध्यम का चयन जब सिविल सेवा (मुख्य) परीक्षा हेतु परीक्षा देने के माध्यम में भारतीय भाषा चुनी गई हो
- सिविल सेवा (मुख्य) परीक्षा हेतु अनिवार्य भारतीय भाषा

सिविल सेवा प्रारंभिक परीक्षा उत्तीर्ण करनेवाले अभ्यर्थियों को मुख्य परीक्षा के लिए विस्तृत आवेदन प्रपत्र (DAF) में पुनः ऑनलाइन आवेदन करना होगा। मुख्य परीक्षा के लिए अभ्यर्थी को जन्मतिथि, आरक्षण हेतु श्रेणी के संबध में प्रमाण पत्र, दिव्यांग अभ्यर्थी होने पर प्रमाण पत्र, शैक्षिक योग्यता से संबंधित सर्टिफिकेट के साथ विस्तृत आवेदन पत्र-1 (DAF 1)ऑनलाइन भरना होगा।

मुख्य परीक्षा का फॉर्म भरते समय ध्यान रखें

- डिटेल्ड एप्लीकेशन फार्म UPSC की वेबसाइट पर प्रारंभिक परीक्षा में सफल अभ्यर्थियों द्वारा ऑनलाइन भरा जाता है। परीक्षा से संबंधित नियमों को खासकर योग्यता की शर्तों को UPSC की वेबसाइट पर उपलब्ध नोटिस एवं गजट नोटिफिकेशन से ध्यान से पढ़ें।
- यह सुनिश्चित करें कि सभी कॉलम सही से भरे हों।
- प्रारंभिक परीक्षा में सफल अभ्यर्थियों को सबसे पहले स्वयं को UPSC की वेबसाइट पर रजिस्टर करना है और अपना रजिस्ट्रेशन अकाउंट बनाना है। रजिस्ट्रेशन मॉड्यूल में मैट्रिकुलेशन या सेकेंडरी परीक्षा में दर्ज नाम और जन्मतिथि, प्रारंभिक परीक्षा का रोल नंबर एवं ई-मेल एड्रेस दिया जाता है। ई-मेल पता सही एवं सक्रिय होना जरूरी है क्योंकि लॉगिन के लिए जरूरी विवरण ई-मेल द्वारा ही भेजे जाएँगे।
- रजिस्ट्रेशन विवरण के सबमिशन के बाद अभ्यर्थी को स्क्रीन पर उनका नाम एवं ई-मेल पता दिखाता रजिस्ट्रेशन की सफलता का संदेश दिखेगा। साथ ही उनके रजिस्टर्ड ई-मेल पर पासवर्ड भेजे जाने की सूचना भी दिखेगी। इसके बाद अभ्यर्थी UPSC की वेबसाइट पर जाकर अपने रोल नंबर एवं पासवर्ड के साथ लॉगिन मॉड्यूल में लॉगिन कर सकते हैं।
- ऑनलाइन डिटेल्ड एप्लीकेशन फार्म में 6 मॉड्यूल हैं-व्यक्तिगत, शैक्षणिक सूचना, अभिभावक से संबंधित सूचना, नौकरी संबंधित विवरण, अपलोड डॉक्यूमेंट एवं फाइनल सबमिशन। अभ्यर्थियों को फॉर्म के फाइनल सबमिशन के पहले सभी मॉड्यूल अनिवार्य रूप से पूरी तरह भर लेना चाहिए। हर मॉड्यूल को पूरा भरने के बाद उसे

सेव कर लेना चाहिए। हालाँकि, फाइनल सबमिशन के पहले तक अभ्यर्थी किसी भी मॉड्यूल में बदलाव ला सकते हैं। फाइनल सबमिशन के बाद फॉर्म में कोई भी ऑनलाइन बदलाव संभव नहीं।

- ✦ अभ्यर्थियों को नोटिस के निर्देश अनुसार सभी वांछित सर्टिफिकेट की स्कैन कॉपी अपलोड करनी है।

मुख्य परीक्षा उत्तीर्ण करनेवाले छात्रों को पुनः विस्तृत आवेदन प्रपत्र 2 (DAF 2) भरना होगा। इसमें सिविल सेवा परीक्षा की जिन सेवाओं में वह आवंटन के इच्छुक हैं, उन सेवाओं के संबंध में अपनी वरीयता का उल्लेख करेंगे। उन्हें अति पिछड़ा वर्ग अनुलग्नक एवं EWS अनुलग्नक अनिवार्य रूप से अपलोड करना होगा। भारतीय प्रशासनिक सेवा एवं भारतीय पुलिस सेवा को चुनने वाले छात्रों को तत्कालीन संवर्ग आवंटन नीति के आलोक में अपनी वरीयता सभी क्षेत्रों/राज्यों हेतु इंगित करनी है।

ऑनलाइन आवेदन के संबंध में छात्रों को यह सलाह है कि परीक्षा नोटिस में दिए बिंदुओं को बार-बार पढ़ें और कोई भी तकनीकी गलती करने से बचें। उम्मीदवारों को आवेदन पत्र में सभी वांछित जानकारी सही-सही भरनी है। उम्मीदवारों का प्रारंभिक, मुख्य परीक्षा तथा साक्षात्कार में प्रवेश उनकी पात्रता की शर्तों को पूरा करने के अधीन है। इन परीक्षाओं के पहले या बाद में सत्यापन करने पर यदि आयोग को यह पता चलता है कि उम्मीदवार पात्रता की किसी शर्त को पूरा नहीं करते हैं तो उनकी उम्मीदवारी रद्द कर दी जाएगी। परीक्षा की नियमावली में लिखित शर्तों का उल्लंघन करने पर या परीक्षा संबंधित किसी भी गलत आचरण/कदाचार का दोषी पाए जाने पर आयोग द्वारा उम्मीदवार को परीक्षा में बैठने के लिए अयोग्य ठहराए जाने के साथ नोटिस में वर्णित अन्य कड़ी कार्यवाही की जा सकती है।

उम्मीदवारों को पुनः यह सलाह दी जाती है कि उपरोक्त जानकारी सामान्य मार्गदर्शन हेतु है। उनसे सिविल सेवा परीक्षा के अद्यतन नोटिस को विस्तार में पढ़ने की अपेक्षा की जाती है और सभी अनुदेशों/निर्देशों का अनुपालन अपेक्षित है। परीक्षा के नियमों में बदलावों पर उनकी विशेष नजर रहनी चाहिए।

❑❑❑

अध्याय

4

सिविल सेवा परीक्षा के तीन पड़ाव

सिविल सेवा की परीक्षा प्रारंभिक परीक्षा (वस्तुपरक/ऑब्जेक्टिव टाइप)एवं मुख्य परीक्षा (मुख्य लिखित परीक्षा) एवं साक्षात्कार के रूप में है। वस्तुतः देखा जाए तो प्रारंभिक परीक्षा, मुख्य परीक्षा एवं साक्षात्कार इस परीक्षा के तीन अहम पड़ाव हैं।

सिविल सेवा प्रारंभिक परीक्षा

यह परीक्षा दो प्रश्न-पत्रों की है और वस्तुपरक (बहुविकल्पीय प्रश्न) या ऑब्जेक्टिव टाइप है। यह परीक्षा क्वालीफाइंग भर है। अर्थात्, यह एक ऊँची कूद की बाधा के तौर पर है जिसे सुरक्षित ऊँचाई से बस पार कर लेना है। इसके अंक अंतिम योग्यता सूची बनाने में नहीं गिने जाते। इस परीक्षा में 200 अंकों के दो प्रश्न-पत्र हैं अर्थात् प्रारंभिक परीक्षा कुल 400 अंकों की है। पहला प्रश्न-पत्र सामान्य अध्ययन का है जिसमें 100 प्रश्नों के लिए 200 अंक हैं।

दूसरा प्रश्न-पत्र सीसैट का है जिसमें 200 अंक के 80 प्रश्न होते हैं। द्वितीय प्रश्न-पत्र में न्यूनतम अर्हक अंक 33% हैं। प्रश्न-पत्र हिंदी और अंग्रेजी दोनों भाषाओं में होता है निर्धारित समय दो घंटे का है लेकिन बेंचमार्क विकलांगता की स्थिति में कुछ अतिरिक्त समय का प्रावधान है।

प्रारंभिक परीक्षा में गलत उत्तर के लिए निगेटिव मार्किंग की व्यवस्था है। प्रत्येक गलत उत्तर के लिए एक तिहाई अंक (0.33) दंड के रूप में काटे जाएँगे। यदि उम्मीदवार एक से अधिक उत्तर देता है तो इसे भी गलत उत्तर मानते हुए दंडस्वरूप उपरोक्त बताए गए अंक काटे जाएँगे। यदि कोई प्रश्न नहीं किया जाता है तो उसके लिए कोई दंड नहीं है।

जो उम्मीदवार सामान्य अध्ययन प्रश्न-पत्र 2 (सीसैट) में 33% अंक तथा सामान्य अध्ययन प्रश्न-पत्र 1 में आयोग द्वारा निर्धारित अर्हक अंक प्राप्त करेंगे, उन्हें मुख्य परीक्षा के लिए योग्य घोषित किया जाएगा। सामान्यत: सिविल सेवा मुख्य परीक्षा में प्रवेश दिए जानेवाले उम्मीदवारों की संख्या उक्त वर्ष की रिक्तियों का लगभग 12 से 13 गुना होती है।

सिविल सेवा मुख्य परीक्षा

मुख्य परीक्षा का उद्देश्य रट्टू तोते या ज्ञान भंडार के आगार उम्मीदवारों की तलाश करना नहीं है वरन् यह उनके समग्र बौद्धिक गुणों और उनके सक्रिय ज्ञान का आकलन करने की प्रक्रिया है।

इसमें सामान्य ज्ञान के चार प्रश्न-पत्र हैं। इनका स्तर नोटिस के अनुसार ऐसा है कि कोई भी अच्छा पढ़ा-लिखा मनुष्य बिना किसी विशेष अध्ययन के इनका उत्तर आसानी से दे सके। सच्चाई सिविल सेवा के उम्मीदवार दिन-रात की मेहनत करते हुए बयाँ करते हैं। कहने का तात्पर्य सिर्फ यह है कि सामान्य ज्ञान के विषयों के बारे में सामान्य जानकारी काफी है, उन विषयों में शोध या पांडित्य का स्तर आवश्यक नहीं है। प्रश्न इस प्रकार के होते हैं जो सभी प्रासंगिक विषयों के बारे में छात्र की मौलिक समझ तथा परस्पर विरोधी सामाजिक-आर्थिक लक्ष्यों, उद्देश्यों और माँगों का विश्लेषण तथा इन पर दृष्टिकोण एवं सुसंगत निर्णय लेने की क्षमता का इम्तिहान लें। अभ्यर्थियों से संतुलित, सुसंगत, सार्थक तथा सारगर्भित उत्तर अपेक्षित हैं। सामान्य ज्ञान का प्रत्येक पत्र 250 अंकों का है। अर्थात् 1000 अंकों के कुल योग के साथ सामान्य ज्ञान इस परीक्षा का निर्णायक बिंदु बन जाता है।

इस परीक्षा में संविधान की आठवीं अनुसूची में सम्मिलित भाषाओं में से उम्मीदवारों द्वारा चुनी कोई एक भारतीय भाषा और अंग्रेजी के दो क्वालीफाइंग पत्र हैं। इन पत्रों का स्तर 10वीं कक्षा के बराबर का है।

इसमें दिए गए गद्यांँश को समझना, संक्षेपण, शब्द प्रयोग तथा शब्द भंडार, लघु निबंध तथा अंग्रेजी से भारतीय भाषा या इसके विपरीत के अनुवाद कार्य हैं। इसमें सामान्यत: 25% अंक लानेवाले छात्रों के ही अन्य प्रश्न-पत्रों का मूल्यांकन किया जाएगा।

निबंध के प्रश्न-पत्र में दो निबंध लिखने होते हैं और यह 250 अंकों का होता है। यह अपेक्षा की जाती है कि निबंध के विषय पर केंद्रित रहते हुए शब्द-सीमा के अनुसार विचारों को सम्यक् और सुनियोजित तरीके से संक्षेप में अभिव्यक्त किया जाए। अभिव्यक्ति प्रभावी, सटीक और संतुलित होनी चाहिए।

परीक्षा में दिए गए वैकल्पिक विषयों में से किसी एक वैकल्पिक विषय का चयन करना है। वैकल्पिक विषय के 250-250 अंकों के दो प्रश्न-पत्र होते हैं अर्थात् कुल

500 अंक। सही वैकल्पिक विषय चुनना और उसमें अच्छे अंक लाना परीक्षा में आपको सफलता के और नजदीक लाता है। वैकल्पिक विषयों के चयन हेतु सुझाव मुख्य परीक्षा खंड में विस्तार में वर्णित हैं।

वैकल्पिक विषयों की सूची

1. कृषि विज्ञान
2. पशुपालन एवं पशु चिकित्सा विज्ञान
3. नृविज्ञान
4. वनस्पति विज्ञान
5. रसायन विज्ञान
6. सिविल इंजीनियरिंग
7. वाणिज्य शास्त्र तथा लेखा विधि
8. अर्थशास्त्र
9. विद्युत इंजीनियरिंग
10. भूगोल
11. भू-विज्ञान
12. इतिहास
13. विधि
14. प्रबंधन
15. गणित
16. यांत्रिक इंजीनियरिंग
17. चिकित्सा विज्ञान
18. दर्शन शास्त्र
19. भौतिकी
20. राजनीति विज्ञान एवं अंतरराष्ट्रीय संबंध
21. मनोविज्ञान
22. लोक प्रशासन

23. समाजशास्त्र

24. सांख्यिकी

25. प्राणी विज्ञान

26. निम्नलिखित भाषाओं में से किसी एक भाषा का साहित्य

असमिया, बंगाली, बोडो, डोगरी, गुजराती, हिंदी, कन्नड़, कश्मीरी, कोंकणी, मैथिली, मलयालम, मणिपुरी, मराठी, नेपाली, उड़िया, पंजाबी, संस्कृत, संथाली, सिंधी, तमिल, तेलुगु, उर्दू और अंग्रेजी।

वैकल्पिक विषयों के पाठ्यक्रम का स्तर इंजीनियीरिंग, चिकित्सा विज्ञान और विधि के लिए स्नातक स्तर और अन्य वैकल्पिक विषयों हेतु ऑनर्स डिग्री स्तर (स्नातक एवं स्नातकोत्तर के मध्य का स्तर) का होता है।

सिविल सेवा मुख्य (लिखित) परीक्षा की भाषा

अर्हक भाषाओं के दोनों प्रश्न-पत्रों को छोड़कर उम्मीदवार अन्य सभी प्रश्न-पत्रों का उत्तर संविधान की आठवीं अनुसूची की किसी भी भाषा का चयन कर उस भाषा में दे सकते हैं। उम्मीदवार सामान्य अध्ययन के चारों प्रश्न-पत्र एवं निबंध संविधान की आठवीं अनुसूची की किसी भी भाषा में लिखते हुए भी यदि चाहें तो वैकल्पिक विषय अंग्रेजी में लिख सकते हैं।

जो उम्मीदवार सिविल सेवा मुख्य परीक्षा के लिखित भाग में आयोग द्वारा विवेकानुसार निर्धारित न्यूनतम अर्हक अंक प्राप्त करते हैं, उन्हें व्यक्तित्व परीक्षण (साक्षात्कार) हेतु बुलाया जाएगा। साक्षात्कार हेतु 275 अंक निर्धारित हैं और इनका अभ्यर्थियों की सफलता या उनकी रैंक में एक अहम योगदान है। साक्षात्कार के लिए बुलाए जानेवाले अभ्यर्थियों की संख्या कुल रिक्तियों की संख्या से लगभग दोगुनी होती है।

परीक्षा का तीसरा पड़ाव साक्षात्कार या व्यक्तित्व परीक्षण है। साक्षात्कार एक बोर्ड द्वारा होता है जिसके पास आपके द्वारा भरे आवेदन के अनुसार आपका बायोडाटा उपलब्ध होता है। सामान्य वार्तालाप की शैली में लोक सेवा हेतु व्यक्तित्व की उपयुक्तता जाँची जाएगी। बौद्धिक गुणों, सामाजिक लक्षणों, सामाजिक घटनाओं में रुचि का मूल्यांकन किया जाएगा। विशेष या सामान्य ज्ञान की जगह आपकी बुद्धि, विवेक, जिज्ञासु वृत्ति का आकलन किया जाएगा। इसमें उम्मीदवार की आलोचनात्मक ग्रहण शक्ति, स्पष्ट और तर्कसंगत निष्कर्ष निकालने की क्षमता, सम्यक् और संतुलित निर्णय लेने की शक्ति, सतर्क प्रज्ञा, रुचि की गहराई, नेतृत्व की शक्ति, संगठन की क्षमता तथा समग्र ईमानदारी की जाँच की जा सकती है।

❑❑❑

अध्याय

5

रणनीति की जरूरत

सिविल सेवा परीक्षा में सफलता के लिए जो सबसे जरूरी चीज है, वो है आपकी रणनीति। यह ऐसी परीक्षा है जिसे आप किसी के सहारे उत्तीर्ण नहीं कर सकते। आपका आत्मविश्वास, आपकी इच्छाशक्ति, आपकी अन्त:प्रेरणा ही आपको सफलता तक ले जा सकती है। इस सेवा में सफलता के पीछे अगर आप कोई बड़ी प्रेरणा लेकर चल रहे हैं तो वो जरूर आपको मदद पहुँचाएगी। यह प्रेरणा अपने माता-पिता को खुशी देने की हो सकती है, समाज सेवा की हो सकती है, देश के लिए कुछ करने की हो सकती है, अपने आपको समाज की नजरों में साबित करने की जरूरत की हो सकती है, या फिर अपने प्रेम को पाने की हसरत आपको इस सेवा में सफलता के लिए प्रेरित कर सकती है।

चलिए, अब ठोस सुझावों पर आया जाए। आपकी रणनीति तो आपको स्वयं बनानी है, मैं बस कुछ सुझाव दे रहा हूँ-

- एक नोटबुक लेकर उसमें आप सिविल सेवा के बारे में आपको जो भी जानकारी पत्र-पत्रिकाओं से या सफल लोगों के साक्षात्कार से या इंटरनेट से मिलती है, उसे नोट करते चलें। जानकारी प्रासंगिक होनी चाहिए।
- यूपीएससी की वेबसाइट http://www.upsc.gov.in/ को अपने लिए ध्रुवतारे की तरह मानें। इस वेबसाइट से एग्जामिनेशन खंड में जाकर परीक्षा की नोटिफिकेशन और सुधार को ध्यान से पढ़ें और डाउनलोड कर लें, यदि आपके पास रोजगार समाचार का संबद्ध अंक नहीं है। इसके साथ ही इस वेबसाइट से पिछले साल के प्रश्न-पत्र

और उनके उत्तर (कुछ ही पत्रों के लिए उपलब्ध) देखें। यह आपको इस परीक्षा के बारे में सबसे प्रामाणिक जानकारी प्राप्त करने में मदद करेगा।

- परीक्षा के सिलेबस एवं क्वेश्चन बैंक से अपने कंपास की तरह व्यवहार करें, जो सिविल सेवा की तैयारी की भटकन भरी राह में आपको दिशाबोध कराएगा।
- अपने ऑप्शनल विषय को पूरी सतर्कता के साथ अपनी रुचि, पाठ्य सामग्री की उपलब्धता, प्रश्नों की प्रकृति, स्कोरिंग जैसे मुद्दों को ध्यान में रखकर चुनें। सुझाव सबसे लें, पर करें अपने मन की। हमेशा ध्यान रखें कि विषय महत्त्वपूर्ण नहीं है, महत्त्वपूर्ण है आपकी उस पर पकड़ और आपकी सफलता।

नए पैटर्न के अनुसार अब एक ही वैकल्पिक विषय चुनना होता है, अत: वही विषय चुनें जिस पर आपकी अच्छी पकड़ हो या जिसमें आपकी रुचि हो।

- प्रारंभिक और मुख्य परीक्षा के हर अंग के लिए अपनी रणनीति तैयार करें और देखें कि आपकी मजबूती क्या है, आपकी कमजोरी क्या है। अपनी मजबूतियों पर ध्यान केंद्रित कर अपनी रणनीति बनाएँ और अपनी कमजोरियों को धीरे-धीरे घटाते हुए उन्हें भी अपनी मजबूतियों में बदलने का प्रयास करें। उदाहरण के लिए, कुछ छात्रों के लिए सामान्य अध्ययन या वैकल्पिक विषय का कोई अंश कमजोर हो सकता है। ऐसी स्थिति में आप उसे मजबूत करने की कोशिश करेंगे और यदि ऐसा नहीं हो सकता हो, तो देखें कि क्या आप उस कमजोर हिस्से की भरपाई अपने मजबूत हिस्सों से कर सकते हैं या नहीं।
- उदाहरण के लिए, मैं आपको अपनी रणनीति बता रहा हूँ, अपनी तैयारी के समय (2007-08), मैं रेलवे में कार्यरत था। इसलिए, मुझे कम समय में अपनी तैयारी पूरी करनी थी। मैंने प्रारंभिक परीक्षा में ऑप्शनल विषय पर अपना ध्यान केंद्रित करने की योजना अपनाई। मेरा लक्ष्य था कि मुझे ऑप्शनल विषय में 300 में 225 और सामान्य अध्ययन में 150 में से कम-से-कम 75 अंक लाने हैं। प्रारंभिक परीक्षा के लिए 450 में से 300 का लक्ष्य काफी सटीक और सुरक्षित लगा था मुझे। इसी तरह से आप भी अपने लिए लक्ष्य तय कर उसे प्राप्त कर सकते हैं।
- परीक्षा के नए बदलावों के अनुसार अब प्रारंभिक परीक्षा में 200 अंकों का सामान्य अध्ययन और 200 अंकों का सीसैट का प्रश्न-पत्र होता है। मुख्य परीक्षा में सामान्य अध्ययन के चार प्रश्न-पत्र 1000 अंकों के होते हैं और वैकल्पिक विषय के 500 अंकों के लिए दो प्रश्न-पत्र होते हैं। इसके अलावा निबंध के 250 अंक काफी महत्त्वपूर्ण हैं। मुख्य परीक्षा में सफल होने पर 275 अंकों का साक्षात्कार है। इनमें आप सफल उम्मीदवारों के अंकों को देखते हुए अपना लक्ष्य निर्धारित करें।

- निबंध के लिए भी शुरू से ही तैयारी करते चलें। सामान्य अध्ययन के काफी विषय जो सामाजिक मुद्दों से संबध रखते हैं, को आप निबंध के रूप में तैयार कर सकते हैं। इससे आपको 'एक पंथ दो काज' का फायदा मिलेगा। एक तरफ तो आप निबंध के लिए तैयार रहेंगे और दूसरी तरफ सामान्य अध्ययन के कुछ विषय काफी गुणवत्ता के साथ तैयार हो जाएँगे।
- तैयारी करते हुए आपका पूरा ध्यान मुख्य परीक्षा पर होना चाहिए। सिविल सेवा की परीक्षा के लिए आपकी परिस्थितियों को मद्देनजर रखते हुए एक से दो वर्ष के समय की आवश्यकता होती है। इस समय में आपका ध्यान मुख्यतः मुख्य परीक्षा पर केंद्रित होना चाहिए। प्रारंभिक परीक्षा के लिए परीक्षा के पहले के 6 महीने काफी हैं। वैसे यहाँ भी अपनी जरूरत के अनुसार जरूरी फेरबदल कर सकते हैं, पर इस बात का ध्यान जरूर रखें कि प्रारंभिक परीक्षा के पहले आप एक बार मुख्य परीक्षा की तैयारी कर चुके हों। यह आपको जरूरी आत्मविश्वास देगा।
- अपनी जरूरत के अनुसार महत्त्वपूर्ण मुद्दों के लिए शॉर्ट नोट्स तैयार करें। मैंने अपने तथा अन्य कई लोगों के अनुभव से देखा है कि अपने मौलिक संक्षिप्त नोट तैयार कर पढ़ने वाले लोग हमेशा इस परीक्षा में एडवांटेज में रहते हैं।
- समय बहुत ही मूल्यवान है। आपका समय कहाँ नष्ट हो रहा है, यह जानने के लिए एक सप्ताह तक आप रोज उन बातों को एक कॉपी में लिखें जिनमें आपका समय बरबाद हो रहा है।
- सिक्के के दोनों पहलुओं को देखना सीखें। हर बात पर संतुलित आलोचनात्मक दृष्टि (सकारात्मक एवं नकारात्मक दोनों पहलू देखने की क्षमता) का विकास करें।
- अपने जोश, उत्साह, ऊर्जा में कोई कमी न आने दें। महर्षि वाल्मीकि की इस सीख को याद रखें –

उत्साहो बलवानार्य, नास्त्युत्साहातपरं बलम।
सोत्साहस्य हि लोकेषु न किञ्चिदपि दुर्लभं।।

–वाल्मीकि रामायण

हे आर्य, उत्साह ही बलशाली बनाता है। उत्साह से बढ़कर दूसरा कोई बल नहीं। उत्साही व्यक्ति के लिए संसार में कुछ भी दुर्लभ नहीं।

बार-बार आने वाले प्रश्न FAQ

प्रारंभिक एवं मुख्य परीक्षा से संबंधित

1. सिविल सेवा की तैयारी के लिए हिंदी में कौन-सा समाचार पत्र पढ़ें? क्या 'द हिंदू' समाचार पत्र पढ़ना अनिवार्य है?

नहीं, अंग्रेजी माध्यम से सिविल सेवा की तैयारी करनेवाले अधिकांश छात्र 'द हिंदू' समाचार पत्र का अध्ययन करते हैं। यह एक अच्छा समाचार पत्र है जो समसामयिकी एवं निबंध के लिए उपयोगी है। लेकिन आपकी अंग्रेजी अच्छी है और आप 'द हिंदू' पेपर पढ़ने में कोई दिक्कत महसूस नहीं करते हैं तो इसे पढ़ना अच्छा है। लेकिन यदि आपको भाषा की दिक्कत आ रही है तो आप किसी भी अच्छे हिंदी समाचार पत्र जैसे-हिंदुस्तान, प्रभात खबर, दैनिक भास्कर, राजस्थान पत्रिका, जनसत्ता जो कि आपके राज्य में उपलब्ध है, को पढ़ सकते हैं। इतना ध्यान रखें कि आपको पेपर सिविल सेवा की तैयारी के लिए पढ़ना है। अपना ध्यान देश-विदेश की प्रमुख घटनाओं, संपादकीय एवं आलेखों और साक्षात्कार की दृष्टि से महत्त्वपूर्ण अपने प्रदेश की घटनाओं पर केंद्रित करें।

2. समसामयिकी/करंट अफेयर कितने दिनों का पढ़ें?

सामान्यत: प्रारंभिक परीक्षा के सवा वर्ष (उदाहरण के लिए-मई में यदि प्रारंभिक परीक्षा हो तो पिछले वर्ष की जनवरी तक) पहले तक की समसामयिकी पर ध्यान केंद्रित करना काफी है।

3. मैं 10वीं/12वीं कक्षा में हूँ, सिविल सेवा की तैयारी कैसे करूँ?

अपना ध्यान 10वीं/12वीं की परीक्षा अच्छे तरह से उत्तीर्ण करने पर लगाएँ। अपनी लेखन शैली पर ध्यान दें। अच्छी पुस्तकें पढ़ने की आदत डालें। समाचार पत्र के साथ कुछ पत्रिकाएँ जैसे-कॉम्पिटिशन सक्सेस रिव्यू, योजना, कुरुक्षेत्र, विज्ञान प्रगति पढ़ना अभी काफी है। स्नातक के द्वितीय या तृतीय वर्ष से गंभीरता से सिविल सेवा की तैयारी आरंभ करना सही होगा।

4. सामान्य अध्ययन और वैकल्पिक विषय में क्या पढ़ें और क्या छोड़ें?

सामान्य अध्ययन एवं वैकल्पिक विषय की तैयारी करते हुए यह बात ध्यान में रखें कि आपने सिलेबस तैयार करना है और पूरी समझ के साथ, रट्टा मारकर नहीं। साथ-ही-साथ इस बात का भी ध्यान रखें कि ज्ञान अनंत और अथाह है। ज्ञान प्राप्ति के लिए हम जीवन भर पढ़ सकते हैं और पढ़ते रहेंगे। अत: अपना सारा ध्यान चिड़िया की आँख अर्थात् सिविल सेवा में अच्छे रैंक के साथ सफलता पाने पर लगाएँ। पुस्तकों पर नहीं टॉपिक पर अपना ध्यान केंद्रित करें। जब आप सारे टॉपिक कुछ चुनिंदा स्तरीय पुस्तकों से तैयार कर लेते हैं तो फिर अन्य स्तरीय पुस्तकों से दुहराते हुए कोई नई बात मिलने पर उसे नोट कर लें।

5. नोट्स बनाएँ या नहीं? नोट्स बनाएँ तो कैसे बनाएँ?

यह आपके पास उपलब्ध समय पर निर्भर करता है। सिलेबस के हिसाब से जिस टॉपिक को आप पुस्तक से पूरी तरह से तैयार नहीं कर पा रहे हैं, उसके लिए सटीक, संक्षिप्त नोट्स बनाएँ जो आपकी दुहराने में मदद करेंगे। किसी भी विषय पर एक अच्छी पुस्तक को मुख्य पुस्तक के तौर पर प्रयोग करें और उस विषय पर उस पुस्तक के अलावा कुछ भी अच्छी सामग्री मिले तो नोट्स ले लें।

6. समसामयिकी के लिए क्या हो रणनीति?

हिंदी के दो अच्छे समाचार पत्र संक्षेप में पढ़ें, सटीक नोट्स लें। निबंध के लिए कुछ अच्छा मिले तो उसे अलग रख लें। कोई भी दो सिविल सेवा की पत्रिकाओं (प्रतियोगिता दर्पण/सिविल सर्विसेज क्रॉनिकल/सिविल सर्विसेज टाइम्स/कॉम्पिटिशन सक्सेस रिव्यू इत्यादि) को पढ़ने से लगभग काफी अंश कवर हो जाएगा। 'योजना' एवं 'कुरुक्षेत्र' पढ़ें। बीबीसी हिंदी की वेबसाइट देखें और संक्षिप्त नोट्स बना लें। सप्ताह में एक या दो दिन इंटरनेट से भी प्रमुख राष्ट्रीय/अंतरराष्ट्रीय महत्त्व की संस्थाओं के वेबसाइट से नोट्स बना लें।

7. कैसे चुनें वैकल्पिक विषय?

आपने जिस विषय से स्नातक या परास्नातक किया है, उसके पिछले वर्षों के प्रश्न-पत्र UPSC की वेबसाइट पर देखें, अगर संतुष्ट हैं तो उसे ही अपने वैकल्पिक विषय के रूप में रखें।

अगर नहीं, तो फिर उपलब्ध वैकल्पिक विषयों में से अपनी रुचि के चार-पाँच विषयों को छाँटें। उनका पाठ्यक्रम एवं पिछले वर्षों के प्रश्न-पत्र UPSC की वेबसाइट पर देखें। उसमें जो आपको अच्छा लगे और सामान्य अध्ययन एवं निबंध के प्रश्न-पत्र में भी लाभदायी लगे, उसे वैकल्पिक विषय के रूप में रखें।

किसी भी विषय को चुनने पर आपके लिए उसके फायदे-नुकसान इस परीक्षा की तैयारी के संबंध में होंगे। अत: तराजू के दोनों पलड़ों को देखते हुए व संतुलन बनाते हुए दृढ़ निर्णय लें। एक बार विषय चुनने के बाद उसे बदलना बेवकूफी होगी, इस बात का ध्यान रख अपना समय लेते हुए सही निर्णय लें। प्रशासन में आपकी सही निर्णय लेने की क्षमता एक महत्त्वपूर्ण अंग है और सही वैकल्पिक विषय का चयन आपकी निर्णय क्षमता का परीक्षण भी है।

8. क्या निबंध प्रश्न-पत्र अंग्रेजी में लिखना होता है?

अगर आप सिविल सेवा की परीक्षा हिंदी माध्यम में दे रहे हैं तो आप हिंदी माध्यम में निबंध लिखेंगे।

9. *क्या नौकरी करते हुए आईएएस/आईपीएस/सिविल सेवा की तैयारी हो सकती है?*

बिलकुल, बहुत से लोगों ने नौकरी के साथ इस परीक्षा की तैयारी की है और मैं स्वयं उनमें से एक हूँ। हाँ, आपको समय का प्रबंधन अच्छे से करना होगा और नौकरी व तैयारी में सम्यक् संतुलन साधना होगा। आप तैयारी के लिए छह से आठ घंटे तक निकाल सकें तो यह संभव है।

सामान्य अध्ययन के लिए समाचार पत्र एवं पत्रिकाओं को ऑफिस में, अगर काम करने के बाद खाली समय मिले तो उसमें पढ़ें। अगर ऑफिस में लाइब्रेरी हो तो उसका उपयोग करें। वैकल्पिक विषय के लिए लगभग दो-तीन घंटे डेली एवं सामान्य अध्ययन के लिए तीन घंटे का समय निकालने की कोशिश करें। सटीक तैयारी करें-क्या पढ़ें, क्या छोड़ें, इसमें संतुलन रखें।

10. *क्या सिर्फ सिविल सेवा की तैयारी करें या उसके साथ किसी और नौकरी की तैयारी भी करें?*

अगर आपकी आर्थिक पृष्ठभूमि अच्छी है तो आप अपनी उच्चतर शिक्षा को जारी रखते हुए सिविल सेवा की तैयारी करें।

अगर नहीं तो फिर बैंक/एसएससी/रेलवे/शिक्षक/लेक्चरर/एवं ऐसी किसी भी अच्छी नौकरी की परीक्षा पर भी ध्यान दें जिसमें आने के बाद भी आप सिविल सेवा की तैयारी कर सकें। पोस्ट ग्रेजुएशन के बाद आप नेट/JRF परीक्षा का भी विकल्प रख सकते हैं।

11. *आईएएस/आईपीएस/सिविल सेवा के लिए क्या शैक्षणिक योग्यता चाहिए?*

किसी भी मान्यताप्राप्त यूनिवर्सिटी से स्नातक में उत्तीर्ण होना काफी है। स्नातक के अंक या डिवीजन बाधा नहीं है, स्नातक उत्तीर्ण होना चाहिए।

12. *सामान्य अध्ययन की पुस्तक सूची कहाँ से मिलेगी?*

मैंने अपनी तैयारी के लिए सामान्य अध्ययन की जिन पुस्तकों की सहायता ली थी, उनके बारे में मैंने विस्तार से अपने ब्लॉग पर लिखा है। यह आलेख कई लोगों यहाँ तक कि कोचिंग संस्थाओं द्वारा भी काफी उद्धृत किया गया है और मेरे एवं ब्लॉग के संदर्भ के साथ या उसके बिना भी सोशल मीडिया में एवं सिविल सेवा की तैयारी की पुस्तकों में काफी शेयर भी किया गया है। इस पुस्तक सूची में मैंने समयोचित बदलाव किए हैं। हालाँकि, इस सूची के अतिरिक्त भी कई स्तरीय पुस्तकें उपलब्ध हो सकती हैं जो आप स्वयं के नीर-क्षीर विवेक से चुन सकते हैं।

13. *मुख्य परीक्षा में शब्द-सीमा का क्या महत्त्व है?*

शब्द-सीमा का पालन आवश्यक है। वर्तमान में प्रश्न एवं उत्तर पुस्तिका साथ-साथ आती है और दी गई जगह में ही आपको उत्तर लिखना होता है। साथ ही, यदि आपने शब्द-

सीमा का पालन न किया तो कुछ प्रश्नों के छूटने की आशंका होती है। अतएव यथासंभव शब्द-सीमा का पालन करें। सामान्यत: एक पृष्ठ को 75-85 शब्द की सीमा मानकर प्रश्न के साथ ही उत्तर लिखने की जगह दी गई है।

14. *क्या आपकी पृष्ठभूमि/आपकी पढाई/आपका माध्यम महत्त्वपूर्ण है ?*

आप गाँव से आते हैं या शहर से, आप अंग्रेजी माध्यम में पढ़े हैं या हिंदी एवं भारतीय भाषाओं में, आप प्रसिद्ध कॉलेज में गए हैं या पत्राचार से स्नातक किया है, आप गरीब हैं या अमीर-UPSC को इनमें से किसी बात से फर्क नहीं पड़ता। उसके अनुसार आप में अपने देश-समाज-विश्व की सेवा का जुनून होना चाहिए, आपके पास ज्ञान और आत्मविश्वास की दौलत होनी चाहिए, आप में सकारात्मक सोच और प्रश्नों को सुलझाने की दृष्टि होनी चाहिए और होनी चाहिए कड़ा परिश्रम करने की क्षमता। बस इतना ही काफी है।

15. *किस माध्यम में तैयारी करें ?*

आपको वैकल्पिक विषय एवं निबंध प्रश्न-पत्र में सहज रूप में जो माध्यम सही लगे, वही आपके लिए सही है। UPSC की परीक्षा आप हिंदी एवं अन्य भारतीय भाषाओं में दे सकते हैं और बड़ी सफलता प्राप्त कर सकते हैं। साथ ही, सामान्य अध्ययन एवं निबंध को संविधान की आठवीं अनुसूची में शामिल भारतीय भाषाओं में लिखते हुए भी वैकल्पिक विषय उस भाषा या अंग्रेजी में भी लिख पाने की सुविधा उपलब्ध है। हिंदी माध्यम से सभी वैकल्पिक विषयों में पुस्तकें भी उपलब्ध हैं।

साक्षात्कार से संबंधित

1. *साक्षात्कार किस भाषा में दे सकते हैं ?*

जिस भाषा में आपने सिविल सेवा की मुख्य परीक्षा दी है, आप उसी भाषा में साक्षात्कार दे सकते हैं। हिंदी एवं अन्य भारतीय भाषाओं के माध्यम से सिविल सेवा मुख्य परीक्षा देने वाले अभ्यर्थी उसी भाषा का चयन साक्षात्कार के लिए कर सकते हैं।

2. *क्या हिंदी माध्यम से परीक्षा देने वाले छात्रों का साक्षात्कार हिंदी में होता है ?*

जी हाँ। हालाँकि, बोर्ड में ऐसे एक या दो मेंबर हो सकते हैं जिन्हें हिंदी न आती हो, इसलिए अगर आप अंग्रेजी बोल और समझ लेते हैं तो और भी अच्छा है। साक्षात्कार बोर्ड का कोई सदस्य जानबूझकर भी अंग्रेजी में प्रश्न कर सकता है, लेकिन आप उसका उत्तर हिंदी में देने के लिए स्वतंत्र हैं।

3. *क्या साक्षात्कार में अंग्रेजी के प्रचलित शब्दों का प्रयोग कर सकते हैं ?*

अंग्रेजी के ऐसे शब्द जो हिंदी की बोलचाल में प्रचलित हैं और जिनका हिंदी में उत्तम विकल्प मौजूद नहीं है, उनके लिए अंग्रेजी शब्दों का प्रयोग उचित है। उदाहरण के

लिए, SAARC सम्मलेन के लिए आप हिंदी में दक्षेस सम्मेलन या सार्क सम्मलेन शब्द किसी का भी उपयोग कर सकते हैं क्योंकि दोनों ही हिंदी की शब्दावली में समान रूप से प्रचलित हैं।

कट ऑफ मार्क्स

यूपीएससी द्वारा हर वर्ष प्रारंभिक एवं मुख्य परीक्षा हेतु कट ऑफ मार्क्स का निर्धारण किया जाता है। प्रारंभिक परीक्षा का कट ऑफ मार्क केवल GS Paper–I से तय होता है। GS Paper–II में बस 33% अंक लाना काफी है। वहीं, सिविल सेवा मुख्य परीक्षा में सामान्य अध्ययन के चार प्रश्न–पत्रों, वैकल्पिक विषय के दो प्रश्न–पत्रों एवं निबंध के प्रश्न–पत्र में 10% अंक लाना अनिवार्य है।

वर्ष 2020 की सिविल सेवा परीक्षा के लिए प्रारंभिक परीक्षा का कट ऑफ मार्क्स सामान्य श्रेणी हेतु 92.51, EWS हेतु 77.55, OBC हेतु 89.12, SC हेतु 74.84, ST हेतु 68.71 था। सिविल सेवा मुख्य परीक्षा में कट ऑफ मार्क क्रमशः 736, 687, 698, 680, एवं 682 था। साक्षात्कार के बाद फाइनल कट ऑफ मार्क्स क्रमशः 944, 894, 907, 875, एवं 876 रहा।

इसी प्रकार, वर्ष 2021 की सिविल सेवा परीक्षा के लिए प्रारंभिक परीक्षा का कट ऑफ मार्क्स सामान्य श्रेणी हेतु 87.54, EWS हेतु 80.14, OBC हेतु 84.85, SC हेतु 75.41, ST हेतु 70.71 था। सिविल सेवा मुख्य परीक्षा में कट ऑफ मार्क्स क्रमशः 745, 713, 707, 700, एवं 700 था। साक्षात्कार के बाद फाइनल कट ऑफ मार्क्स क्रमशः 953, 916, 910, 886, एवं 883 रहा।

(यह आलेख मूल रूप से मैंने अपने ब्लॉग iashindi.blogspot.com पर तीन अगस्त 2009 को लिखा था। कुछ स्वनामधन्य लेखकों ने इसे अपनी किताब में अपने नाम से भी प्रयोग किया है। आलेख को मैंने वर्तमान परीक्षा के पैटर्न में अद्यतन किया है।)

❑❑❑

प्रेरणा खंड

आप क्यों बनना चाहते हैं आईएएस

अध्याय

1

आशा के उजले दीप जलाए हमने फिर से

सिविल सेवा की तैयारी तपस्या की तरह है। इस राह पर चलते हुए कई बार मन संशय, दुविधा और भय से ग्रस्त हो उठता है। इसलिए स्वयं को प्रेरित करते रहना एवं आशावादी बने रहना अति आवश्यक है। तैयारी के इस दुर्गम पथ पर चलने वाले मुसाफिरों को प्रेरित एवं आशान्वित रखने हेतु कुछ आशा के उजले दीप आपकी राहों में सजा रहा हूँ–आशा है कि इनके टिमटिमाते उजाले से आप सब को निराशा की घड़ियों में संबल मिलेगा और मिलेगा अपने उसूलों पे टिके रहने का माद्‌दा।

मुझको चलने दो, अकेला है अभी मेरा सफर।
रास्ता रोका गया तो काफिला हो जाऊँगा।।

शिकस्तें खाता रहा और मुस्कुराता रहा।
मैं वो उजाला हूँ जो तीरगी से कम न हुआ।।

मुसीबतों में उभरती है शख्सियत यारो।
जो पत्थरों से न उलझे, वो आईना क्या है।।

ये रौशनी के इरादों की बात थी, वरना।
हवा के सामने नन्हा-सा एक दिया क्या है?

परों में सिमटा, तो ठोकर में था जमाने की
उड़ा, तो एक जमाना मेरी उड़ान में था।

–वसीम बरेलवी जी

स्वयं की लिखी

उजाला बाँटते जो चलते हैं;
उनकी जिंदगी में कभी अँधियारा नहीं हुआ करता।
लाख अँधेरा क्यूँ न हो, पर नन्हा दीया;
हँस के जलता है, मायूस नहीं हुआ करता।

तपस्या की सफलता वरदान पाने में है, प्रयत्न की सफलता परिणाम पाने में है।

–2008 डायरी

लक्ष्य की ओर जाता हुआ तीर अकेला होता है, उसे किसी को अपने साथ लेने का अवकाश नहीं होता। वैसा अकेलापन और लक्ष्य के प्रति एकाग्रता सर्वश्रेष्ठ है।

–दिसंबर, 2005 डायरी

घोंसले उनके जला डाले कुछ दरिंदों ने।
फिर भी उड़ना कभी छोड़ा नहीं परिंदों ने।

ठोकरें खाकर हम चाहे कितनी बार भी क्यों न गिरें,
अपने मनोबल को एक बार भी न गिरने दें।

जिंदगी में बहुत बार मन में निराशा और दिल में हताशा छा जाती है;
पर हर बार इन काले बादलों को चीर आत्मविश्वास, मनोबल और
संकल्पशक्ति के सूर्य को बाहर आना होगा।

–27 अगस्त, 2004 डायरी

अँधेरी रात में तूफान से लड़ते हैं ये दीए।
इन्हें बुझना गवारा नहीं, तूफान को ही झुकना होगा।

लक्ष्य प्राप्ति के लिए सबसे आवश्यक है लक्ष्य को पाने की अदम्य इच्छा (Burning Desire); ऐसी स्थिति जहाँ लक्ष्य प्राप्ति ही जीवन का एकमात्र ध्येय रह जाए। लक्ष्य को पाने की ऐसी अदम्य लालसा जहाँ लक्ष्य के सिवा कुछ न दिखे, बाकी की सारी दुनिया

आँखों के आगे से ओझल हो जाए। वैसे ही जैसे चिड़िया की आँख को भेदने के प्रसंग में अर्जुन के सामने बस चिड़िया की आँख ही थी, जबकि अन्य पांडवों-कौरवों को वृक्ष, पत्ते, टहनियाँ, पंख आदि के साथ चिड़िया दिख रही थी।।

लक्ष्य प्राप्ति की आपकी प्रेरणा ऐसी होनी चाहिए जो आपके अस्तित्व को स्पंदित कर दे, आप में एक अनोखी ऊर्जा भर दे, शरीर शीतल अग्नि में तप उठे, तन-बदन रोमांचित हो उठे, आँखों से आनंदाश्रु छलक पड़ें और आप नए जोश से अनवरत कर्म में लीन रहें।

हमें विवेकानंद को अवतार या भगवान का अंश मानने जैसी भूल नहीं करनी चाहिए। वे एक साधारण मनुष्य नरेन से असाधारण मनुष्य विवेकानंद बने।

-विवेकानंद ग्रंथागार, सिउरी

"उत्तिष्ठत जाग्रत प्राप्य वरान्निबोधत।"

(उठो, जागो और सद्पुरुषों के मार्गदर्शन में लक्ष्य प्राप्ति करो।)

-कठोपनिषद् से विवेकानंद का आह्वान

शनैः पन्थाः शनैः कंथा शनैः पर्वतलंघनं।
शनैः विद्या शनैः वित्तं पञ्चैतानि शनैः शनैः।।

(धीरे-धीरे लक्ष्य की ओर बढ़ें, धीरे-धीरे कंथा सिएँ, धीरे-धीरे पर्वत लाँघें। धीरे-धीरे विद्या और धन अर्जित करें। ये पाँच काम धीरे-धीरे करें।)

अति सर्वत्र वर्जयेत।

-चाणक्य नीति

एकै साधे सब सधे सब साधे सब जाए।

-रहीम

सर्वस्तरतु दुर्गाणि सर्वो भद्राणि पश्यतु।
सर्वः कामानवाप्नोतु सर्वः सर्वत्र नन्दतु।

(सभी दुर्गम अवस्थाओं को पार करें, सभी कल्याणकर चीजों को देखें, सभी की सद्कामनाएँ पूर्ण हों, सभी सब जगह आनंदित रहें।)

-विक्रमोर्वशीयम्

ऊँ विश्वानि देव सवितर्दुरितानि परा सुव।
यद् भद्रं तन्न आ सुव।।

(हे विश्व देव, हमारे सारे दुर्गुण और अकल्याणकारक भाव दूर करें तथा जो श्रेय और कल्याणकारक है, उसे हमारे लिए और हमें उसके लिए प्रेरित कीजिए।)

–ऋग्वेद

असफलता यही बताती है कि सफलता का प्रयास पूरे मन से नहीं हुआ है।

–आचार्य श्रीराम शर्मा

उत्साह से भरे मनुष्य के लिए संसार में कुछ भी दुर्लभ नहीं है।

–वाल्मीकि रामायण

चलने का नाम जिंदगी, रुक जाना जड़ता है

–अज्ञात

हवाएँ जोर कितना भी लगाएँ आँधियाँ बनकर।
मगर जो घिरके आता है वो बादल छा ही जाता है।

–जोश मलीहाबादी

वो इंसान नहीं हालात बदल दें जिसको
इंसान वो है जो हालात बदल देता है।

–अज्ञात

वह पथ क्या, पथिक कुशलता क्या
जिस पथ में बिखरे शूल न हों।
वह नाविक क्या, नाविक की धैर्य परीक्षा क्या;
यदि धाराएँ प्रतिकूल न हों।

इस पथ का उद्‌देश्य नहीं है श्रांत भवन में टिक रहना।
किन्तु पहुँचना उस सीमा तक जिसके आगे राह नहीं।

–प्रसाद

होके मायूस न यूँ शाम से ढलते रहिए।
जिंदगी भोर है सूरज से निकलते रहिए।

–अज्ञात

कदम चूम लेती है स्वयं आकर मंजिल ;
मुसाफिर अगर अपनी हिम्मत न हारे।

–स्व. गोपालदास 'नीरज'

मायूस होके बैठना तौहीने–ज़ीस्त है।
मुमकिन नहीं है, उसे मुमकिन बनाइए।

–अज्ञात

अप्प दीपो भव।

–बुद्ध

एक चिंगारी कहीं से ढूँढ लाओ दोस्तो।
इस दिये में तेल से भीगी हुई बाती तो है।

–दुष्यंत कुमार

सफर में धूप तो होगी जो चल सको तो चलो।
सभी तो भीड़ में होंगे निकल सको तो चलो।।

–निदा फाज़ली

देख हम फिर जला रहे हैं चिराग।
ऐ हवा! हौसला निकाल अपना।।

–शहरयार

चलने का नाम चेतना, रुक जाना जड़ता है।
दीपक को देखो अंधकार से रात–रात लड़ता है।

कर्मवीर दुनिया के अंदर कभी नहीं घबराते हैं।
बाधाओं के शीश कुचलकर अपनी राह बनाते हैं।

हार गया जो हिम्मत साथी, जीती बाजी हार गया।
साहस करके कूद पड़ा जो, वह सागर के पार गया।

बार–बार गिरकर उठता है, उठकर कदम उठाता है।
मंजिल की छाती पर झंडा वही वीर लहराता है।

कठिनाई से घबरा जाना, भूल भयंकर भारी है।
कोशिश जारी रखो निरंतर, अंतिम विजय तुम्हारी है।

–अज्ञात

चहार सिम्त से घेरा है तेज आंधी ने।
किसी चराग की लौ फिर भी जलती जाती है।

–शहरयार

असफलता एक चुनौती है, स्वीकार करो,
क्या कमी रह गई, देखो और सुधार करो।
जब तक न सफल हो, नींद-चैन को त्यागो तुम।
संघर्ष का मैदान छोड़ मत भागो तुम।
कुछ किए बिना ही जय जय कार नहीं होती,
कोशिश करनेवालों की हार नहीं होती।

–हरिवंश राय बच्चन

जो दिल में हौसला हो तो कोई मंजिल नहीं मुश्किल।
बहुत कमजोर दिल ही बात करते हैं थकानों की।

–कमलेश भट्ट 'कमल'

जो रास्तों के अँधेरों से हार जाते हैं,
वो मंजिलों के उजाले को पा नहीं सकते।

–अज्ञात

मेरे नदीम, मेरे हमसफ़र, उदास न हो।
कठिन सही तेरी मंजिल, मगर उदास न हो।

–साहिर लुधियानवी

नर हो, न निराश करो मन को
कुछ काम करो, कुछ काम करो,
जग में रहकर कुछ नाम करो।
यह जन्म हुआ किस अर्थ अहो,
समझो जिससे यह व्यर्थ न हो।
कुछ तो उपयुक्त करो तन को,
नर हो, न निराश करो मन को।

–मैथिलीशरण गुप्त

तू शाहीं है, परवाज है काम तेरा।
तिरे सामने आशियाँ और भी हैं।

–इकबाल

करत-करत अभ्यास ते, जड़मति होत सुजान।
रसरी आवत-जात ते सिल पर पड़त निसान।।

–लोकोक्ति

कर बहियाँ बल आपनी, छाँड़ि बिरानी आस।
जाके आँगन है नदी, सो कत मरत पियास।।

–रहीम

ब्रह्मा से कुछ लिखा भाग्य में मनुज नहीं लाया है ;
अपना सुख उसने अपने भुजबल से पाया है।
नर(नारी) समाज का भाग्य एक है, वह श्रम, वह भुजबल है।

-दिनकर

काल करै सो आज कर, आज करै सो अब्ब।
पल में परलै होएगी, बहुरि करैगो कब्ब।।

-कबीरदास

उद्यमेन हि सिद्धयन्ति कार्याणि न मनोरथैः।
न हि सुप्तस्य सिंहस्य प्रविशन्ति मुखै मृगा।।

-हितोपदेश

लक्ष्य को ही अपना जीवन कार्य समझो। हर क्षण उसी का चिंतन करो, उसी का स्वप्न देखो, उसी के सहारे जीवित रहो तथा उसे प्राप्त करने के लिए कठिन परिश्रम करो।

-स्वामी विवेकानंद

❑❑❑

अध्याय

2

क्या है आईएएस/ सिविल सेवक बनने की आपकी प्रेरणा

- यदि आप प्रेम करते हैं तो उसे अपनी सफलता की प्रेरणा बनाएँ। यह भी सोचें कि आपके माता-पिता, भाई-बहन, प्रेमी/प्रेमिका, दोस्त व शुभचिंतक आपकी सफलता से कितने खुश होंगे।
- हर रोज आधे घंटे का समय सकारात्मक चिंतन की पुस्तकों या पत्रिकाओं को दें। अहा जिंदगी, नवनीत रीडर्स डाइजेस्ट जैसी पत्रिकाएँ और प्रेरक जीवन चरित्र तथा विवेकानंद, ए. पी. जे. अब्दुल कलाम की जीवनी और अपनी पसंद की अन्य प्रेरक पुस्तकें पढ़ सकते हैं।
- सफलता के लिए बस एक ईमानदार प्रयास काफी है। अपने हर प्रयास को अपना अंतिम प्रयास मानकर अपना सर्वोत्तम देने का प्रयास करें।
- पढाई का आनंद लें। तैयारी को बोझ की तरह न लें वरन् उसे आनंददायक बनाएँ। मौलिक, सृजनात्मक और नवीन बनने की कोशिश करें।
- दूरदराज के इलाकों में रहनेवाले, नौकरी करनेवाले या आर्थिक रूप से कमजोर अभ्यर्थियों को मैं कहना चाहूँगा कि हिम्मत न हारें। यदि आप में प्रतिभा, संकल्प शक्ति और आत्मविश्वास है और आप सही दिशा में परिश्रम करते हैं तो आप जरूर सफल होंगे।

- हिंदी या अन्य भारतीय भाषाओं को सिविल सेवा के माध्यम के रूप में चुनने में मन में कोई भ्रांति न पालें। हिंदी के साथ अधिकांश भारतीय भाषाओं में तैयारी करनेवाले छात्रों ने सिविल सेवा में सफलता के झंडे गाड़े हैं। आपकी सफलता आपके कड़े परिश्रम और भाषा माध्यम पर गहरी पकड़ से सुनिश्चित होती है। अंग्रेजी में लिखने से ही सिविल सेवा में सफल होने की संभावना ज्यादा होगी, यह एक अनावश्यक हौवा है। वही माध्यम चुनें जिसमें आप ज्यादा सहज हों और अपने को अच्छे से अभिव्यक्त कर सकते हों।
- अपने आपको एक प्रशासक मानें और तदनुरूप अपने व्यक्तित्व को निखारने में लगे रहें। धीरे-धीरे आपकी चाल-ढाल, व्यवहार, बातचीत, निर्णय लेने में सकारात्मक परिवर्तन परिलक्षित होंगे।
- अपने लिए गलत आदर्श न चुनें। सामान्यत: वर्तमान समाज में लोग आसानी से ग्लैमर की चमक से चकाचौंध हो जाते हैं। आपके आदर्श पुरुष/स्त्री संघर्ष करके सफलता पानेवाले, दीन-दुखियों की सेवा में नि:स्वार्थ अपनी जिंदगी लगानेवाले, अन्याय-अत्याचार का प्रतिरोध करनेवाले, धरती को सुंदर-सुखद और सार्वभौमिक प्रेम युक्त बनाने में लगे मनुष्य होने चाहिए।
- जब आप अन्त:प्रेरित होते हैं तो आप वह सफलता प्राप्त करते हैं जो असफलता के अँधेरों से जूझते संघर्षरत लोगों के लिए प्रेरणा की मशाल का काम करती है।
- जनता की सच्ची सेवा करने में जो सुख और आत्मसंतुष्टि है, वह कहीं और नहीं। ऐसी अभिरुचि वाले लोगों के लिए सिविल सेवा से बेहतर विकल्प ढूँढना शायद मुश्किल हो। प्राइवेट सेक्टर की नौकरी पैसे दे सकती है मगर संतुष्टि नहीं।
- हिम्मत कभी न हारिए। संघर्षों के बाद जो सफलता मिलती है, उसका स्वाद काफी मीठा होता है।
- कभी भी असफलता के लिए भाग्य को मत कोसें। निदा फाजली की ये पंक्तियाँ याद रखें-

  कोशिश भी कर, उम्मीद भी रख, रास्ता भी चुन।
फिर उसके बाद थोड़ा मुकद्दर तलाश कर।
- तैयारी के क्रम में जीवन जीने या इसका आनंद उठाने को कल के लिए स्थगित न करें। जीवन का आनंद उठाते हुए और स्वास्थ्य का पूरा ध्यान रखते हुए तैयारी में लगें।
- महापुरुषों के जीवन संघर्ष एवं विचारों से प्रेरणा लें। भारतीय मनीषियों, विश्व के महान मानवतावादियों, भारतीय स्वाधीनता संग्राम के सेनानियों तथा विवेकानंद, गाँधी, नेहरू, अरविंद घोष, भगत सिंह, नेताजी, बाबा साहब अंबेडकर, कलाम साहब एवं

ऐसे अन्य युगपुरुषों एवं आम जनता के निःस्वार्थ कृत्यों से प्रेरणा लें, ईमानदार एवं कठिन परिश्रम कर राष्ट्रनिर्माण में लगे लोगों, समाज के वंचित तबकों की सेवा में अपना सर्वस्व अर्पण करनेवाले लोगों के जीवन से मार्गदर्शन प्राप्त करें।

✦ When going gets tough, tough gets going. विपरीत परिस्थितियों से कभी भी डरें नहीं। अपनी पूरी शक्ति से लड़ें। अगर आपके हृदय में समाज के हाशिये के लोगों, समाज, देश, मानवता की सेवा करने जैसे बड़े लक्ष्य हों तो यह आपको अंदर से प्रेरित करेगा।

✦ अपने आपको सकारात्मक विचारों से भर लें, अपनी इच्छाशक्ति को मजबूत करें और इस विश्व को सभी प्राणियों के लिए बेहतर बनाने के संकल्प के साथ आगे बढ़ें। अपनी तैयारी के संघर्षों का आनंद लें, तभी आप सफलता की मिठास का आनंद ले पाएँगे।

अर्जुन की भाँति बस चिड़िया की आँख पर नजर हो तो सफलता को आपके कदम चूमने से कोई नहीं रोक सकता।

अध्याय

3

सिविल सेवा की तैयारी में कोचिंग संस्थाओं की भूमिका

सिविल सेवा की तैयारी में लगे अभ्यर्थियों के सामने ये प्रश्न बहुत बार उठता है कि कोचिंग करें या न करें, या करें तो किस कोचिंग में जाएँ? हर साल UPSC के रिजल्ट के बाद पत्र-पत्रिकाओं में कोचिंग संस्थाओं के बड़े-बड़े विज्ञापनों की टैग लाइन होती है-"सफलता का पर्याय, इस बार के सफल अभ्यर्थियों में आधे से ज्यादा हमारी कोचिंग से, टॉप 50 और टॉप 100 में हमारे इतने छात्र इत्यादि।" क्या वाकई ऐसा है, क्या कोचिंग सफलता दिलाने में इतनी अहम् हैं, क्या कोचिंग के बिना सफलता प्राप्त नहीं की जा सकती, क्या सारे TOPPERS जिनके बारे में कोचिंग संस्थान दावा करते हैं, उन्होंने उनके यहाँ से कोचिंग की होती है ?

चलिए, मैं अपने और अपने साथी रविकांत के उदाहरण से अपनी बात को आगे बढ़ाता हूँ। हम दोनों ने सिविल सेवा की 2007-08 की परीक्षा की तैयारी रेलवे में जॉब करते हुए साथ-साथ की थी। हमारे मन में सीधी-सीधी बात थी कि हमें किसी कोचिंग संस्थान की बैसाखी की जरूरत नहीं और हम अपने बलबूते तैयारी करेंगे। दूसरी बात यह भी कि नौकरी की व्यस्तताओं के कारण न हमारे पास कोचिंग करने का समय था और न ही हम अपने पैसे कोचिंग में बरबाद करना चाहते थे। इसलिए, एक अहिंदीभाषी राज्य पश्चिम बंगाल के सुदूर जिलों बर्धमान और बीरभूम में रेलवे में बुकिंग क्लर्क की नौकरी करते हुए हमने हिंदी माध्यम से सिविल सेवा की तैयारी की। पत्र-पत्रिकाओं की उपलब्धता का यह आलम था कि मैंने लगभग सारी पत्रिकाएँ डाक से मँगाई होंगी या फिर पुस्तकों के लिए महीने-दो महीने

में एक बार पटना जाकर पुस्तकें लीं। इन सबके बावजूद मैंने अपने पहले प्रयास में 45वाँ और रविकांत ने अपने दूसरे प्रयास में 77वाँ स्थान पाया। Interview के पहले हम लोगों ने दिल्ली में चाणक्य और Discovery संस्थान से एक-एक mock interview किया था। अब सुनिए रिजल्ट के बाद की कहानी, चाणक्य कोचिंग संस्थान ने शालीनता बरतते हुए अपनी पत्रिका में लिखा कि हम लोगों ने उनका साक्षात्कार का course किया था, पर Discovery ने बेशर्मी की सारी हदों को पार करते हुए The Hindu पेपर और सिविल सेवा की सारी पत्रिकाओं में मेरी और रविकांत की फोटो तक छापते हुए हमें अपना छात्र घोषित किया। ट्रेनिंग की व्यस्तताओं के कारण मैं इस संबंध में कुछ नहीं कर पाया नहीं तो मैं उनके विरुद्ध कानूनी कदम उठाने की सोच रहा था। मौखिक चेतावनी देने के बाद विज्ञापनों में हमारे नाम और फोटो का प्रयोग करना बंद किया गया। इसलिए, 500 रुपये देकर आधे घंटे का mock interview करने से जब कोई कोचिंग संस्थान किसी व्यक्ति की सफलता को अपनी कोचिंग के प्रचार में भुनाने का साहस कर सकता है तो फिर आप इन विज्ञापनों की विश्वसनीयता को स्वयं जाँच सकते हैं।

आप स्वयं देख सकते हैं कि हर साल के रिजल्ट के बाद टॉप 50-100 की सूची में आने वाले अधिकांश छात्रों की सफलता के दावे लिए कम-से-कम 10-15 कोचिंग संस्थान सामने आते हैं। होता यह है कि अपनी तैयारी के क्रम में लड़के भटकते हुए कई कोचिंग्स को ट्राई करते हैं, तो अगर आप एक बार भी किसी कोचिंग में गए और आपने अपनी फोटो के साथ उसका फॉर्म भर दिया तो फिर भले ही आपने एक दिन के बाद ही उस कोचिंग को छोड़ दिया हो, आपकी सफलता को भुनाने में वो कोचिंग पीछे नहीं रहेगा। कोचिंग कोई सेवा नहीं, शुद्ध व्यवसाय है मेरे भाई और यह व्यवसाय अरबों रुपए का है। कोचिंग की फीस को देखो तो 50,000 से लेकर दो लाख या उससे भी ज्यादा चार्ज करने वाले कोचिंग आपको दिख जाएँगे।

खैर, मूल प्रश्न पर वापस लौटें, 'क्या कोचिंग किसी को आईएएस बना सकती है ?' मेरा मानना है-नहीं। जब तक आपके अंदर वो जज्बा और जुनून नहीं होगा तब तक कुछ नहीं हो सकता। और अगर कोई व्यक्ति किस्मत से पूरी तरह कोचिंग के सहारे आईएएस बन भी जाता है तो वो आपने करियर में क्या करेगा, राम जाने। आइए, लगे हाथ कोचिंग के फायदे और नुकसान के बारे में एक निष्पक्ष विश्लेषण कर लें-

कोचिंग के फायदे

1. अगर विज्ञान विषय का कोई छात्र किसी बिलकुल नए मानविकी विषय को चुनता है तो प्रारंभ में कोचिंग उसे थोड़ी मदद पहुँचा सकती है।

2. अगर किसी छात्र ने परीक्षा के बारे में जानने का अपना बेसिक होमवर्क पूरा नहीं किया है तो यह जानकारी उसे कोचिंग से मिल सकती है।
3. अगर छात्र किसी अन्त:प्रेरणा से नहीं बल्कि घर-समाज के दबाव में इस परीक्षा की तैयारी कर रहे हैं तो कोचिंग इस परीक्षा के प्रति रुझान बनाने में उनकी मदद कर सकती हैं।
4. कोचिंग आपको एक ग्रुप से मिलाती हैं जो आपकी तरह ही आशाओं-निराशाओं के झूले में झूलता इस परीक्षा की तैयारी में लगा है।
5. कोचिंग कुछ रोमांटिक अभ्यर्थियों को प्रेमकथाएँ बनाने के मौके भी देती हैं।

कोचिंग के नुकसान

1. कोचिंग आपके अभिभावकों की जेब पर एक अच्छा-खासा बोझ डालती हैं। कोचिंग ज्यादातर दिल्ली या बड़े शहरों में केंद्रित हैं इसलिए छात्र दूरदराज से दिल्ली आकर छोटे-छोटे कमरों में अस्वास्थ्यकर जीवन बिताते हुए चिंता-तनाव-अवसाद भरी दुनिया में जीते हुए परीक्षा की तैयारी करते हैं।
2. कोचिंग आपको शॉर्ट-कट की आदत लगाती हैं, और याद रखें कि यदि जिंदगी में कुछ बड़ा करना है तो शॉर्ट-कट से बचते हुए अपने रास्ते स्वयं तैयार करने चाहिए।
3. UPSC अपनी तरफ से कोचिंग को बढ़ावा न देने के लिए हर संभव कदम उठाती है। हर साल प्रश्न-पत्रों की बदलती प्रकृति से आप देख सकते हैं कि कोई भी कोचिंग इस बात का दावा नहीं कर सकती कि क्या पूछा जा सकता है।
4. कोचिंग का एक सबसे बड़ा घाटा यह है कि एक जैसे नोट्स पढ़कर सैकड़ों लड़के जब परीक्षा में उत्तर लिखते हैं तो अनुभवी परीक्षक उनके नंबर काटने में कोई हिचकिचाहट नहीं करते हैं।
5. कोचिंग आपको स्तरीय पुस्तकों की जगह नोट्स पढ़ने की आदत लगाती हैं, एग्जाम की बदलती प्रकृति के मद्देनजर यह बात आपकी सफलता के लिए खतरनाक हो सकती है।

अगर कोचिंग करनी ही पड़ जाए तो!

1. कोचिंग के नोट्स पर पूरी तरह निर्भर नहीं करें, उनको सहायक सामग्री की तरह इस्तेमाल करते हुए आपने विशिष्ट नोट्स तैयार करें।

2. अपनी रचनात्मकता और विशिष्टता को कोचिंग की भीड़ में नहीं खोने दें।

दोस्तो, मेरा संदेश यही है कि आप स्वयं पर भरोसा करें, Question Bank, Syllabus, library और स्तरीय पत्र–पत्रिकाओं तथा पुस्तकों को अपने अध्ययन की आधारशिला बनाएँ। कोचिंग करना, न करना आपकी पसंद, जरूरत और उनके बारे में आपकी राय पर निर्भर करता है। हाँ, मेरा अपना व्यक्तिगत मानना है कि अगर आप ईमानदार रणनीतिक मेहनत करते हैं तो आपको किसी कोचिंग की आवश्यकता नहीं है। जिनमें सिविल सेवा को निकालने का जुनून और जज्बा नहीं, उनको दुनिया के सारे कोचिंग सेंटर मिलकर भी आईएएस नहीं बना सकते। स्वयं पर और स्वाध्याय पर भरोसा करें और यह याद रखें कि सिविल सेवा की तैयारी में कोचिंग ऐच्छिक है, अनिवार्य नहीं। UPSC की परीक्षा में मौलिकता की दृष्टि से कोचिंग न करनेवाले कोचिंग करनेवालों से हमेशा बीस रहते हैं। हमेशा याद रखें कि–

गगन को झुका के धरा के चरणों पर धर सकता है
इंसान ठान ले तो फिर क्या नहीं कर सकता है।

❑❑❑

अध्याय

4

नौकरी के साथ सिविल सेवा की तैयारी

बहुत से लोगों ने नौकरी के साथ इस परीक्षा की तैयारी की है और मैं स्वयं उनमें से एक हूँ। नौकरी करते हुए सिविल सेवा की तैयारी आपकी पारिवारिक-आर्थिक स्थिति की वजह से भी हो सकती है या फिर आपकी आत्मनिर्भर होकर तैयारी करने की जिद। कई बार हम लोग ऐसे परिवारों से आते हैं जहाँ सिविल सेवा की 2-3 साल की तैयारी की अवधि दिल्ली या सिविल सेवा की तैयारी के अन्य तथाकथित अड्डों पर करने हेतु संसाधन उपलब्ध नहीं होते या परिवार पर उससे असहनीय आर्थिक दवाब पड़ेगा। ऐसी स्थिति में कोई भी कम दवाब या समय लेने वाली नौकरी करना उचित है। दूसरी स्थिति तब आती है जब परिस्थितिवश आप किसी सरकारी या प्राइवेट जॉब में आ जाते हैं, पर आपका सपना सिविल सेवा का है। एक अन्य परिस्थिति तब आती है जब आप मेडिकल या इंजीनियरिंग जैसा कोई प्रोफेशनल कोर्स करके तदनुरूप नौकरी कर रहे हों।

हाँ, आपको समय का प्रबंधन अच्छे से करना होगा और नौकरी और तैयारी में सम्यक् संतुलन साधना होगा। छह से आठ घंटे तक आप तैयारी के लिए निकाल सकें तो यह संभव है।

याद रखें कि आपको समय के हर क्षण का सदुपयोग करना है। आपके पास जॉब एवं फाइनेंशियल सिक्योरिटी है लेकिन आपके पास समय बिलकुल नहीं है। आपको ऑफिस के काम के अलावा बचे समय के हर पल का सदुपयोग करना है। समाचार पत्र एवं पत्रिकाओं को ऑफिस में अगर काम करने के बाद खाली समय मिले तो उसमे पढ़ें। फायदा यह है कि सामान्यत: हर अच्छे ऑफिस में आपको समाचार पत्र और समसामयिकी से जुड़ी पत्रिकाएँ आसानी से मिल जाएँगी। अगर ये उपलब्ध न हों और आप अपने समाचार पत्र

और समसामयिकी से जुड़ी पत्रिकाएँ ले जाएँ तो उन्हें भी भोजनावकाश या अन्य बचे हुए समय में पढ़ सकते हैं। अगर ऑफिस में लाइब्रेरी हो तो उसका समुचित उपयोग करें।

वैकल्पिक विषय के लिए लगभग दो-तीन घंटे प्रतिदिन एवं सामान्य अध्ययन के लिए तीन घंटे का समय निकालने की कोशिश करें। सटीक तैयारी करें-क्या पढ़ें, क्या छोड़ें, इसमें संतुलन रखें।

नौकरी करते हुए यदि आपको सहयोगी बॉस और सहकर्मी मिले हैं तो उनसे तैयारी की बात साझा कर सकते हैं। इससे आपको कार्यस्थल पर आवश्यक सहयोग मिल पाएगा।

नौकरी के साथ सिविल सेवा की तैयारी का मेरा अनुभव

रेलवे में वर्ष 2002 तक (लगभग 10 वर्षों तक) एक वोकेशनल कोर्स हुआ करता था VCRC (Vocational Course in Railway Commercial)। इसमें उस समय के 9 रेलवे जोन में प्रत्येक जोन के लिए मैट्रिकुलेशन के छात्रों हेतु रेलवे भर्ती बोर्ड द्वारा लिखित परीक्षा और साक्षात्कार के उपरांत हर जोन में 40 बच्चों का चयन इस कोर्स हेतु किया जाता था। चयनित बच्चों को मैट्रिकुलेशन की परीक्षा में 55% से ज्यादा अंक लाने पर रेलवे द्वारा प्रत्येक जोन में चयनित विद्यालयों में सीबीएसई से +12 की डिग्री (कॉमर्स) जिसमें रेलवे के भी दो विषय अलग से होते थे, को कम-से-कम 55% अंकों के साथ पूरा करना पड़ता था। यह परीक्षा अपने समय की लोकप्रिय परीक्षाओं में एक थी जिसमें हर जोन में से 40 सीटों पर लाखों बच्चे अपना भाग्य आजमाते थे। मैंने भी वर्ष 2000 में पूर्व रेलवे हेतु यह परीक्षा दी। चयन उपरांत वर्ष 2001-2003 तक भोलानंदा नेशनल विद्यालय, बैरकपुर से VCRC कोर्स को पूरा किया और कॉलेज जाने की अल्हड़ उम्र (18 साल में वर्ष 2004-2008 तक सिविल सेवा में अपने पहले प्रयास में चयन के बाद मसूरी अकादमी ज्वाइन करने तक) में पूर्व रेलवे के आसनसोल डिवीजन के अंतर्गत अंडाल-सैंथिया लाइन में सिउरी स्टेशन पर कमर्शियल क्लर्क के रूप में अपनी सेवा दी।

रेलवे की नौकरी ज्वाइन करने के साथ मेरी पहली प्राथमिकता थी IGNOU से Distance Education से शुरू किए अपने हिंदी भाषा एवं साहित्य के स्नातक पाठ्यक्रम को पूरा करना, जिसे मैंने नियत समय में जून 2006 में 70% अंकों के साथ पूरा किया। हिंदी साहित्य मेरा वैकल्पिक विषय था और स्नातक पाठ्यक्रम से मुझे वैकल्पिक विषय को पूरा करने में मदद मिली। वर्ष 2006 में ही मैंने IGNOU से हिंदी साहित्य से MA पाठ्यक्रम हेतु दाखिला भी ले लिया था और यह हिंदी साहित्य वैकल्पिक विषय के लिए सोने पर सुहागे जैसा था।

नौकरी करते हुए पाठ्यक्रम के अनुरूप हिंदी माध्यम की पाठ्य पुस्तकें एवं पत्र-पत्रिकाएँ जुटाना एक अहिंदीभाषी प्रदेश में पहली समस्या थी। दूसरी थी अपनी जिद कि दुनिया को यह दिखाना है कि IAS में सफलता नौकरी करते हुए बिना किसी कोचिंग के कंधों का सहारा लिए संभव है। बंगाल के अंतरराष्ट्रीय पुस्तक मेले ने इसमें बहुत बड़े मददगार की भूमिका निभाई। मेरी सिविल सेवा की तैयारी की अधिकांश पुस्तकें मैंने पुस्तकों के इस महापर्व से जुटाईं। पुस्तकों के प्रति बंगाल में जो प्रेम है, उसे देखना आह्लादित करनेवाला अनुभव है। एक बार पुस्तक मेले से लौटते हुए के अनुभव को बाँटने का लोभ संवरण नहीं कर पा रहा हूँ। मैं हाथों में 10-12 पुस्तकों के बैग लेकर वापसी यात्रा हेतु बस में चढ़ा। बस में कोई सीट खाली न थी। लिहाजा मैं पुस्तकों को हाथ में लिए खड़ा था। एक लगभग 60 साल के भद्रमानुष ने अपनी सीट से उठकर मुझे बैठने की पेशकश की। शुरू में मैंने इंकार किया, पर फिर उनकी जिद के कारण मुझे बैठना पड़ा। यह एक पुस्तकप्रेमी का दूसरे पुस्तकप्रेमी के प्रति अनुराग और सद्भाव का प्रदर्शन था।

खैर, प्रतियोगिता दर्पण, योजना, कुरुक्षेत्र जैसी पत्रिकाएँ या तो मैं रेलवे के अंडाल, आसनसोल बुकस्टॉल से लेता था या डाक के द्वारा मँगवाता था। कभी-कभी तो पत्र-पत्रिकाओं के लिए धनबाद तक की यात्रा भी की है। सिउरी जिला ग्रंथागार के छोटे-से हिंदी संग्रह एवं अंग्रेजी पुस्तकों के संग्रह का पूरा प्रयोग किया। कुछ पुस्तकें बड़े और मँझले भैया द्वारा भी मँगवाईं।

वर्ष 2004 और 2005 का फोकस स्नातक को पूर्ण करने पर रहा। वर्ष 2006 से थोड़ी गंभीरता बढ़ाई, पर असली पढ़ाई तो वर्ष 2007 में ही हुई। बीच में (2006-2008) एक-डेढ़ वर्ष दुबराजपुर स्टेशन पर ड्यूटी करनी पड़ी। सुबह 5 बजे की ट्रेन से सप्ताह में छह दिन जाना और फिर शाम 6:30 की ट्रेन से वापस सिउरी लौटना। सहकर्मियों का तो सहयोग रहा, पर उनमें से अधिकांश को इस बात का भरोसा नहीं था कि रेलवे बुकिंग क्लर्क की श्रमसाध्य नौकरी करते हुए उन लोगों से टक्कर ली जा सकती जो दिल्ली में सालों से बढ़िया कोचिंग करते हुए तैयारी कर रहे हैं। खैर, शरतचंद्र और रवींद्र के उपन्यासों में वर्णित शस्य श्यामल ग्रामीण बंगाल की खूबसूरती के बीच रेलवे ड्यूटी के अंतराल का उपयोग करते हुए अपनी तैयारी चलती रही।

रेलवे की 12 घंटे की ड्यूटी के बीच 4 घंटे का अंतराल, सुबह-शाम ट्रेन में आने-जाने के समय और लौटने के बाद के खाली समय को मिलाकर लगभग छह से आठ घंटे का समय मैं पढ़ाई के लिए निकाल पा रहा था। अपने आपको अपनी सफलता के स्वप्न से प्रेरित करता हुआ। प्रारंभिक, मुख्य परीक्षा और साक्षात्कार के पहले एक-एक महीने की छुट्टी भी ली जिससे परीक्षा पूर्व दुहराव में मदद मिली। और जब अपने पहले प्रयास में 45वीं रैंक आई तो शायद वह सिविल सेवा का स्वप्न देखनेवाले लाखों नौकरीपेशा लोगों के लिए नई आशा बनकर आई।

नौकरी के साथ सिविल सेवा की तैयारी करने हेतु समय प्रबंधन

कार्यालय की अनावश्यक बातों में न उलझें, आपके पास काम और पढ़ाई के अलावा इतना समय भर बचेगा जिसमें आप अपनी नींद पूरी कर सकें। याद रखें, आप उनके साथ प्रतियोगिता कर रहे हैं जिनके पास काम का कोई बोझ नहीं है। यदि आप अपने 10% अतिरिक्त समय को भी मनोरंजन, नाते-रिश्तेदारी, यारी-दोस्ती, सामाजिक औपचारिकताओं में लुटाएँगे तो शायद आप भी उन बहुत से लोगों में एक होंगे जो मुख्य परीक्षा या अंतिम चयनित सूची में बस थोड़े से अंकों से पीछे रह जाते हैं।

यदि आपका कार्यालय छुट्टी देने के मामले में उदार हो तो प्रारंभिक परीक्षा के 1 महीने पहले, मुख्य परीक्षा के 2 महीने पहले और साक्षात्कार के 1 महीने पहले छुट्टी ले लें। यह आपको पाठ्यक्रम को दुहराने और तनावमुक्त होकर अपनी तैयारी को धार देने का अवसर देगा।

नौकरी के साथ सिविल सेवा परीक्षा एक तपस्या जैसी है। आपको अपने समय को बरबाद करनेवाली हर चीज को त्यागना होगा। मगर, जब आप सफल होंगे तो आपकी सफलता कइयों के लिए प्रेरणा का स्रोत बनेगी।

अध्याय

5

DISTANCE EDUCATION से भी आप बन सकते हैं आईएएस

दोस्तो, मेरे ब्लॉग iashindi.blogspot.com पर एक प्रश्न बहुत बार लोगों ने पूछा है कि उन्होंने IGNOU से स्नातक किया है, क्या वे IAS की परीक्षा दे सकते हैं। उत्तर है–हाँ। मैंने स्वयं भी स्नातक और परास्नातक की डिग्री इग्नू से ली है। विगत 15 वर्षों में बहुत से ऐसे विद्यार्थियों ने सिविल सेवा परीक्षा पास की है जिन्होंने स्नातक की डिग्री IGNOU या किसी अन्य प्रतिष्ठित मान्यताप्राप्त दूरस्थ शिक्षा कोर्स से ली है।

दूरस्थ शिक्षा प्राप्ति के बाद भी आईएएस बन सकते हैं

UPSC के वर्ष 2022 के सिविल सेवा के नोटिस में शैक्षणिक योग्यता के संबंध में निम्नलिखित प्रावधान हैं–

स्नातक डिग्री या समकक्ष योग्यता भारत के केंद्र या राज्य विधानमंडल द्वारा निगमित विश्वविद्यालय या संसद के अधिनियम द्वारा स्थापित या विश्वविद्यालय अनुदान आयोग अधिनियम, 1956 के खंड 3 के अधीन विश्वविद्यालय के समकक्ष माने गए किसी अन्य शिक्षा संस्थान द्वारा।

जो विद्यार्थी स्नातक या समकक्ष परीक्षा दे चुके हैं और रिजल्ट की प्रतीक्षा कर रहे हैं, वे भी प्रारंभिक परीक्षा दे सकते हैं लेकिन मुख्य परीक्षा का फॉर्म भरने के समय परीक्षा उत्तीर्ण होने का प्रमाण पत्र देना होगा।

IGNOU भारत की संसद द्वारा स्थापित विश्वविद्यालय है और इसकी स्नातक डिग्री के साथ आप गर्व से सिविल सेवा परीक्षा में बैठ सकते हैं। इग्नू की कई विषयों की पुस्तकें सिविल सेवा की तैयारी के लिए सबसे बेहतरीन पुस्तकों में गिनी जाती हैं।

यहाँ तक कि जो छात्र कॉलेज से स्नातक की डिग्री लेकर UPSC सिविल सर्विस परीक्षा की तैयारी कर रहे हैं और कहीं से PG की पढ़ाई अभी नहीं कर रहे हैं, उनके लिए भी तैयारी के साथ अपने वैकल्पिक विषय से PG कोर्स में एडमिशन IGNOU या किसी अन्य प्रतिष्ठित मान्यताप्राप्त दूरस्थ शिक्षा कोर्स में लेना वैकल्पिक विषय की तैयारी को मजबूत करने के साथ PG डिग्री हासिल करने के हिसाब से बेहतरीन रणनीति है।

एक प्रश्न यह भी आता है कि क्या IGNOU या किसी अन्य प्रतिष्ठित मान्यताप्राप्त दूरस्थ शिक्षा कोर्स से स्नातक करनेवालों की रैंक पर इसका कोई प्रभाव पड़ता है। उत्तर है बिलकुल नहीं। आपकी रैंक मुख्य परीक्षा में आपके प्रदर्शन से निर्धारित होती है, आपकी डिग्री कहाँ से है, इससे नहीं।

इस तरह, दूरस्थ शिक्षा के कारण यदि आपके मन में कोई भी संशय हो तो उसे निकाल फेंकें और नए विश्वास के साथ लग जाएँ सिविल सेवा की तैयारी में।

आईएएस/आईपीएस/सिविल सेवा के लिए शैक्षणिक योग्यता किसी भी मान्यताप्राप्त यूनिवर्सिटी से स्नातक है। स्नातक के अंक या डिवीजन कोई बाधा नहीं है, स्नातक उत्तीर्ण होना चाहिए।

अध्याय

6

वैकल्पिक करियर रखना कितना महत्त्वपूर्ण /वैकल्पिक करियर की भी रखें तैयारी

वैसे अभ्यर्थी, जिनके पास अब प्रयास बाकी नहीं हैं या जो आयुसीमा पार कर चुके हैं, उनसे मैं कहना चाहूँगा कि आप हार न मानें और अपनी रुचि के अनुरूप अन्य करियर ऑप्शन पर अपनी ऊर्जा लगाएँ। जीवन हर परीक्षा से बड़ा और महत्त्वपूर्ण है। हो सकता है कि आप जीवन में कुछ और बड़ा काम करने हेतु आए हों।

ऐसे लोगों की भी एक लंबी सूची है जिन्होंने सेवा में आने के बाद भी त्यागपत्र देकर अपनी रुचि के क्षेत्र में समाज, देश और मानवता की सेवा की है। इसलिए, हतोत्साहित न हों और अपने वैकल्पिक करियर हेतु जी जान से जुट जाएँ।

जो लोग इस परीक्षा की तैयारी की शुरुआत कर रहे हैं, उनके सामने यह प्रश्न होता है क्या सिर्फ सिविल सेवा की तैयारी करें या उसके साथ किसी और नौकरी की भी तैयारी करें ? इस संबंध में कुछ सुझाव निम्नलिखित हैं –

- **सिविल सेवा परीक्षा के लाखों परीक्षार्थियों में केंद्र एवं राज्य सिविल सेवा को मिलाकर हजारों को सफलता मिलती है। अतः एक वैकल्पिक करियर सोचकर रखना समझदारी की बात है।**

✦ केंद्र लोक सेवा आयोग की परीक्षा के साथ अपने गृहराज्य और एक-दो समान पाठ्यक्रम वाली लोक सेवा आयोग की परीक्षा की तैयारी कर सकते हैं।

✦ यदि आपने स्नातकोत्तर नहीं किया है तो अपने वैकल्पिक विषय में दूरस्थ शिक्षा द्वारा स्नातकोत्तर करने से आप अपनी तैयारी को धार देने के साथ नेट/JRF का विकल्प भी खोल लेते हैं।

✦ मीडिया भी एक अच्छा वैकल्पिक करियर है।

✦ यदि आपके परिवार की आर्थिक स्थिति बहुत अच्छी नहीं है और आप पर आपके परिवार को चलाने की जिम्मेदारी है तो आप सरकारी या प्राइवेट क्षेत्र की कोई नौकरी प्राप्त कर नौकरी करते हुए सिविल सेवा की तैयारी की सोच सकते हैं।

❑❑❑

अध्याय

7

आईएएस की तैयारी कहाँ से शुरू करें-शुरू से शुरू करें

साथियो, आप में से बहुत लोगों के प्रश्न होते हैं कि आईएएस की तैयारी कैसे करें, क्या पढ़ें, कब तैयारी शुरू करें, वैकल्पिक विषय कैसे चुनें, इत्यादि। इस अध्याय में मैं अपने अनुभव के आधार पर इन प्रश्नों के उत्तर देने की कोशिश करूँगा।

1. अगर आप आठवीं-बारहवीं कक्षा में हैं-

- अगर आपकी रुचि सिविल सेवा की तैयारी की ओर है तो आप अपने सामान्य अध्ययन और लेखन शैली पर ध्यान दें। आखिर आईएएस की तैयारी में कक्षा 6-12 तक के विज्ञान, सामाजिक विज्ञान और गणित की प्रमुख भूमिका है।
- हिंदी/अंग्रेजी का कोई भी एक समाचार पत्र नियमित रूप से पढ़ें, अच्छे टीवी न्यूज़ चैनल के कुछ अच्छे प्रोग्राम नियमित देखें और रचनात्मक विचार शक्ति का विकास करें। अपने व्यक्तित्व को ज्ञान से निखारें/सँवारें।
- प्रतियोगिता दर्पण/सिविल सर्विसेज क्रॉनिकल, कुरुक्षेत्र या योजना पत्रिका पढ़ना शुरू कर सकते हैं जिससे GS एवं निबंध प्रश्न-पत्र की तैयारी में मदद मिलेगी।
- इसके अलावा UPSC नोटिफिकेशन पढ़ें, जिससे इस परीक्षा के पाठ्यक्रम, वैकल्पिक विषयों की सूची, योग्यता और परीक्षा के सारे महत्त्वपूर्ण निर्देश पता चलेंगे।

इस स्तर पर इतना करना काफी है। साथ में अपना नियमित अध्ययन, अगर आप मेडिकल /इंजीनियरिंग प्रवेश परीक्षा की तैयारी कर रहे हैं तो उसे जारी रखें।

2. अगर आप परास्नातक कर चुके हैं या कर रहे हैं या स्नातक कर चुके हैं या अंतिम वर्ष में आ चुके हैं तो आपको गंभीरता से इस परीक्षा की तैयारी करनी है।

- UPSC के नोटिफिकेशन को पढ़ें। पिछले सालों के UPSC के प्रश्न-पत्र देखें और फिर NCERT की पुस्तकों को पढ़ना शुरू करें। योजना, कुरुक्षेत्र एवं अहा जिंदगी इन तीन पत्रिकाओं से आपको निबंध एवं GS के लिए मदद मिलेगी। फिर NCERT की साइंस एवं सोशल साइंस छठी से बारहवीं कक्षा की पढ़ें। अगर आप उसी विषय को वैकल्पिक विषय के तौर पर ले रहे हैं जो आपका स्नातक या परास्नातक का विषय रहा है तो आप साथ-साथ वैकल्पिक विषय पर ध्यान केंद्रित कर सकते हैं।
- अगर आप वैकल्पिक विषय का चयन नहीं कर पा रहे हैं तो भी आप GS एवं निबंध की तैयारी के साथ अपनी शुरुआत कर सकते हैं। साथ में अपने वैकल्पिक विषय के अंतिम चयन पर फैसला लें।

आशा है इस आलेख से इस परीक्षा के नवागंतुकों को मदद मिलेगी।

सिविल सेवा प्रारंभिक परीक्षा खंड

अध्याय

1

सिविल सेवा प्रारंभिक परीक्षा सामान्य अध्ययन की तैयारी

सिविल सेवा प्रारंभिक परीक्षा प्रश्न-पत्र 1
(200 अंक, अवधि 2 घंटे)

पाठ्यक्रम

- राष्ट्रीय और अंतरराष्ट्रीय महत्त्व की सामयिक घटनाएँ।
- भारत का इतिहास और भारतीय राष्ट्रीय आंदोलन।
- भारत एवं विश्व भूगोल–भारत एवं विश्व का प्राकृतिक, सामाजिक, आर्थिक भूगोल।
- भारतीय राजतंत्र और शासन–संविधान, राजनीतिक प्रणाली, पंचायती राज, लोक नीति, अधिकारों संबंधी मुद्दे आदि।
- आर्थिक और सामाजिक विकास–सतत विकास, गरीबी, समावेशन, जनसांख्यिकी, सामाजिक क्षेत्र में की गई पहल आदि।
- पर्यावरणीय पारिस्थितिकी, जैव विविधता और मौसम संबंधी सामान्य मुद्दे जिनके लिए विषयगत विशेषता आवश्यक नहीं है।
- सामान्य विज्ञान।

सिविल सेवा प्रारंभिक परीक्षा के प्रश्न-पत्र 1 के पाठ्यक्रम अनुसार पुस्तक सूची

एक और बात, सामान्य अध्ययन हेतु हिंदी माध्यम से सिविल सेवा की तैयारी को आसान बनाने हेतु अपने ब्लॉग iashindi.blogspot.com पर सामान्य अध्ययन पुस्तक सूची का पहला आलेख मैंने 22 अगस्त, 2009 को लिखा था जिसे सिविल सेवा की परीक्षा में आए बदलावों के मद्देनजर मैंने 22 जून 2013 को अद्यतन किया था। फेसबुक पर एक बार मैं किसी दूसरे व्यक्ति द्वारा अपनी प्रोफाइल पर डाली अपनी इस पुस्तक सूची से रूबरू हुआ जिसके लगभग दसियों हजार लाइक्स और हजारों कमेंट थे। लेकिन उस व्यक्ति द्वारा ब्लॉग का संदर्भ नहीं दिया गया था। अतः बहुत से पूछे जा रहे प्रश्नों का उत्तर देने में वह असमर्थ था। बाद में इसे मैंने अपने फेसबुक पेज iasguidance पर भी डाला था। इस पुस्तक सूची का लोगों ने जमकर उपयोग किया और फैलाया। शायद यह हिंदी माध्यम से सिविल सेवा की तैयारी के लिए सबसे प्रचलित पुस्तक सूची है। लोगों ने अपनी पुस्तकों और सोशल मीडिया पर भी इस सूची का उपयोग किया, पर दुःख इस बात का है कि अधिकांश ने मूल स्रोत का संदर्भ दिए बिना ऐसा किया। ऐसा करना एक तरह की बौद्धिक चोरी है, पर चलिए, इससे अगर छात्रों का भला हुआ तो कोई बात नहीं। मेरी कोशिश इस बात की थी कि स्वयं की तैयारी करके इस परीक्षा को निकालने का जज्बा रखने वाले छात्रों को स्तरीय पुस्तकों की सूची की तलाश में इधर-उधर न भटकना पड़े।

यह सूची मुख्य रूप से सामान्य अध्ययन मुख्य परीक्षा हेतु तैयार की गई थी जिसमें प्रारंभिक परीक्षा हेतु कुछ बदलाव किए गए हैं। एक सलाह यह भी है कि सामान्य अध्ययन के जो बिंदु मुख्य एवं प्रारंभिक परीक्षा के लिए समान हैं, उनकी तैयारी मुख्य परीक्षा के दृष्टिकोण से करें। सामान्य विज्ञान की तैयारी केवल प्रारंभिक परीक्षा हेतु आवश्यक है। लेकिन प्रारंभिक परीक्षा के 3-5 महीने पहले से सामान्य अध्ययन को भी प्रारंभिक परीक्षा के हिसाब से तैयार करें।

क) भारत का इतिहास और भारतीय राष्ट्रीय आंदोलन

- NCERT कक्षा 6-12
- आधुनिक भारत-*यशपाल एवं ग्रोवर*
- स्वाधीनता संग्राम-*विपिन चंद्र*
- आजादी के बाद का भारत-*विपिन चंद्र*
- भारतीय कला उद्‌भव और विकास (वास्तु-मूर्तिशिल्प-चित्र)-*हरिपाल त्यागी (प्रकाशन विभाग)*
- प्रतियोगिता दर्पण -कला-संस्कृति अतिरिक्तांक
- प्रतियोगिता दर्पण- प्राचीन एवं मध्यकालीन भारत- अतिरिक्तांक

ख) भारत एवं विश्व का भूगोल

- Atlas- Oxford Student's Atlas
- NCERT कक्षा 6-12
- भारत का भूगोल-*खुल्लर*
- विश्व का भूगोल-*खुल्लर*
- प्रतियोगिता दर्पण भूगोल अतिरिक्तांक

ग) भारतीय राजतंत्र और शासन

- NCERT कक्षा 11-12
- भारतीय राजव्यवस्था-*लक्ष्मीकांत*
- भारतीय प्रशासन एवं राजनीति-*पुखराज जैन एवं बी. एल. फड़िया (पाठ्यक्रम के चुनिंदा मुद्दे)*
- हमारा संविधान-*सुभाष कश्यप* या *डी. डी. बसु*

घ) आर्थिक और सामाजिक विकास

- NCERT कक्षा 11 - 12
- प्रतियोगिता दर्पण का भारतीय अर्थव्यवस्था अतिरिक्तांक
- भारतीय अर्थव्यवस्था- *रुद्रदत्त व सुंदरम*
  (या मिश्र एवं पुरी या *एस. एन. लाल)*

योजना, कुरुक्षेत्र, frontline, इकोनॉमिक एंड पॉलिटिकल वीकली को अपने ज्ञान को अद्यतन रखने के लिए प्रयोग करें।

ङ) पर्यावरणीय पारिस्थितिकी, जैव विविधता और मौसम संबंधी सामान्य मुद्दे एवं सामान्य विज्ञान

- NCERT कक्षा 6 -12 की सामान्य विज्ञान की पुस्तकें
- IGNOU- BDP- Foundation Course on Science and Technology FST (Hindi)
- प्रतियोगिता दर्पण का सामान्य विज्ञान अतिरिक्तांक

- भारत में विज्ञान एवं प्रौद्योगिकी– *टाटा मैक्ग्रॉहिल या विवास पैनोरमा या सिविल सर्विसेस क्रॉनिकल प्रकाशन की कोई एक पुस्तक*
- विज्ञान प्रगति पत्रिका के नवीनतम साल–दो साल के अंक
- हमारे वैज्ञानिक–*एनबीटी*
- Tell Me Why –*मलयाला मनोरम पब्लिकेशन*

राष्ट्रीय और अंतरराष्ट्रीय महत्त्व की सामयिक घटनाएँ

इस खंड के लिए पत्र–पत्रिकाओं की सम्यक् तैयारी आवश्यक है। तैयारी हेतु कुछ महत्त्वपूर्ण सुझाव निम्नलिखित हैं –

- किसी एक समाचार पत्र के नियमित अध्ययन के साथ प्रारंभिक और मुख्य परीक्षा के हिसाब से संक्षिप्त नोट्स बनाएँ। याद रखें कि ये नोट्स आपको साक्षात्कार में भी मदद देंगे।
- पत्रिकाओं की लिस्ट में दी गई सिविल सेवा की पत्रिकाओं (यथा–प्रतियोगिता दर्पण, सिविल सर्विसेज क्रोनिकल आदि)में से किसी एक के प्रारंभिक परीक्षा के डेढ़ साल पहले तक के अंक से समसामयिकी का नियमित दुहराव।
- बीबीसी हिंदी के आधे घंटे के दिनभर के समाचार के बुलेटिन को सुनें और संक्षिप्त नोट बना लें।
- मनोरमा इयर बुक/प्रकाशन विभाग की भारत इयर बुक से महत्त्वपूर्ण बिंदुओं को बार–बार दुहराते रहें। इसके अलावा प्रतियोगिता दर्पण का समसामयिकी अतिरिक्तांक प्रारंभिक परीक्षा पूर्व अच्छी तरह से दुहरा लें।
- योजना एवं कुरुक्षेत्र से सरकारी योजनाओं, बजट, प्रशासन से जुड़ी सामयिक घटनाओं का अध्ययन करें।
- विगत वर्षों के हल प्रश्न–पत्र प्रभात प्रकाशन या अरिहंत प्रकाशन–से प्रश्नों की प्रवृत्ति एवं पैटर्न को भली–भाँति समझें।
- निगेटिव मार्किंग को ध्यान में रखते हुए –
  - सबसे पहले उन प्रश्नों को हल करें जिनके उत्तर आप असंदिग्ध रूप से जानते हैं। उसके बाद उन प्रश्नों को हल कर सकते हैं जिनके दो विकल्पों में आपको संदेह हो। उन प्रश्नों को छोड़ दें जिनके बारे में आपको कुछ भी पता नहीं। जिन प्रश्नों में आप एक गलत विकल्प को आत्मविश्वासपूर्वक हटा सकते हैं, उनको हल करने या न करने के बारे में आप एक स्वविवेकपूर्ण निर्णय ले सकते हैं।

❑❑❑

अध्याय

2

सिविल सेवा प्रारंभिक परीक्षा सीसैट की तैयारी

सिविल सेवा प्रारंभिक परीक्षा-सीसैट
(200 अंक, अवधि 2 घंटे)

पाठ्यक्रम

- बोधगम्यता।
- संचार कौशल सहित अंतरवैयक्तिक कौशल।
- तार्किक कौशल एवं विश्लेषणात्मक क्षमता।
- निर्णय लेना और समस्या समाधान।
- सामान्य मानसिक योग्यता।
- आधारभूत संख्यनन (संख्याएँ और उनके संबंध, विस्तारक्रम आदि) दसवीं कक्षा का स्तर, आँकड़ों का निर्वचन (चार्ट, ग्राफ, तालिका, आँकड़ों की पर्याप्तता) दसवीं कक्षा का स्तर।

सिविल सेवा प्रारंभिक परीक्षा-सीसैट के पाठ्यक्रम के अनुसार पुस्तक सूची

- बोधगम्यता-उपकार प्रकाशन या टाटा मैक्ग्रॉ प्रकाशन की पुस्तक।

- संचार कौशल सहित अंतरवैयक्तिक कौशल–उपकार प्रकाशन या टाटा मैक्ग्रॉ प्रकाशन की पुस्तक
- तार्किक कौशल एवं विश्लेषणात्मक क्षमता–आर. एस. अग्रवाल या उपकार प्रकाशन या टाटा मैक्ग्रॉ प्रकाशन की पुस्तक
- निर्णय लेना और समस्या समाधान
- नीतिशास्त्र, सत्यनिष्ठा एवं अभिरुचि –जी. सुब्बाराव आईएएस एवं पी. एन. राय चौधुरी आईएएस–एक्सेस पब्लिकेशन, दिल्ली
- द्वितीय प्रशासनिक सुधार आयोग की 15वीं रिपोर्ट (वेबसाइट पर उपलब्ध)
- सामान्य मानसिक योग्यता–आर. एस. अग्रवाल या उपकार प्रकाशन या टाटा मैक्ग्रॉ प्रकाशन की पुस्तक
- आधारभूत संख्यनन (संख्याएँ और उनके संबंध, विस्तारक्रम आदि–दसवीं कक्षा का स्तर
- आँकड़ों का निर्वचन (चार्ट, ग्राफ, तालिका, आँकड़ों की पर्याप्तता) दसवीं कक्षा का स्तर
- सरल अंकगणित– आर. एस. अग्रवाल
- NCERT की कक्षा 6 से 10 तक की गणित, कक्षा 11–12 की सांख्यिकी
- टाटा मैक्ग्रॉ हिल या अरिहंत प्रकाशन की सीसैट की पुस्तकों से सेट बनाने का भी अभ्यास करें।

तैयारी हेतु कुछ महत्त्वपूर्ण सुझाव

- विगत वर्षों के हल प्रश्न–पत्र–प्रभात प्रकाशन या अरिहंत प्रकाशन एवं अन्य प्रकाशन संस्थाओं से भी प्रकाशित हैं। UPSC की वेबसाइट पर भी प्रश्न–पत्र उपलब्ध हैं। इनको अपने मार्गदर्शक के रूप में प्रयोग करें।
- विगत तीन–चार वर्षों से संचार कौशल सहित अंतरवैयक्तिक कौशल एवं निर्णय लेना और समस्या समाधान के प्रश्न नहीं पूछे जा रहे हैं। इस तरह के ट्रेंड पर नजर बनाए रखें। ऐसी स्थिति में इन दो खंडों की तैयारी मुख्य परीक्षा के सामान्य अध्ययन के चौथे प्रश्न–पत्र हेतु करना काफी है। प्रारंभिक परीक्षा के लिए इन खंडों की इस ट्रेंड के आधार पर अलग से तैयारी आवश्यक नहीं। हालाँकि, ऐसे ट्रेंड में बदलाव भी हो सकते हैं।

- कॉम्प्रिहेंशन की सही तैयारी आपको 20 के आसपास अंक दिला सकती है। इस पर पूरा ध्यान दें।
- गणित एवं सामान्य मानसिक योग्यता की आवश्यकता केवल प्रारंभिक परीक्षा के लिए ही है। अत: सामान्य तैयारी के अलावा प्रारंभिक परीक्षा के 2 महीने पहले से इन पर फोकस बढ़ा लें। प्रारंभिक परीक्षा के बाद इनकी तैयारी की जरूरत सिर्फ अगले साल की प्रारंभिक परीक्षा के लिए ही सकती है।

सिविल सेवा की प्रारंभिक परीक्षा में सीसैट के आने के बाद हिंदी एवं अन्य भारतीय भाषाओं के छात्रों ने स्वयं को थोड़ी कठिनाई में पाया है, हालाँकि सीसैट से ऐसे घबराने की कोई बात नहीं। यह पेपर क्वालीफाइंग मात्र है। द्वितीय प्रश्न-पत्र में न्यूनतम अर्हक अंक 33% हैं। प्रश्न-पत्र हिंदी और अंग्रेजी दोनों भाषाओं में होता है।

प्रश्नों का विश्लेषण

25-30 प्रश्न परिच्छेद पर आधारित-इन प्रश्नों को आप ध्यानपूर्वक पढ़कर उत्तर देने पर 15-20 प्रश्नों के सही उत्तर आसानी से दे सकते हैं। एक अनुच्छेद पर आधारित 1 से 4 प्रश्न तक पूछे जाते हैं। कुछ प्रश्न सरल होंगे तो कुछ प्रश्नों में कथन देकर उनमें से कौन-कौन से सही हैं, के संबंध में थोड़े जटिल बहुवैकल्पिक प्रश्न पूछे जाएँगे।

अंकगणित, सांख्यिकी, ज्यामिति आदि गणित आधारित 30-35 प्रश्न-ये प्रश्न कक्षा 6 से 10 के गणित पर आधारित होते हैं। कुछ 4-5 प्रश्न कक्षा 11-12 के गणित पर भी आधारित होते हैं जैसे संभाव्यता के प्रश्न। सांख्यिकी से जुड़े 2-3 प्रश्न भी हो सकते हैं।

तर्कशक्ति आधारित 20-25 प्रश्न-इनको आप निरंतर अभ्यास करने पर आसानी से हल कर सकते हैं।

❑❑❑

सिविल सेवा मुख्य परीक्षा खंड

सामान्य अध्ययन एवं वैकल्पिक विषय

अध्याय

1

सिविल सेवा हेतु उपयोगी पत्र-पत्रिकाएँ

सिविल सेवा की तैयारी में पत्र-पत्रिकाओं का योगदान बड़ा ही अहम होता है। सामान्य अध्ययन पत्र की आधी तैयारी का दारोमदार इन्हीं के ऊपर होता है। इसके अलावा बहुत सारे ऐच्छिक विषयों यथा-राजनीति विज्ञान, लोक प्रशासन, समाजशास्त्र, अर्थशास्त्र में भी पत्र-पत्रिकाएँ आपको अद्यतन बने रहने में मदद करती हैं। निबंध प्रश्न-पत्र में अच्छे अंक लाना पूरी तरह आपके द्वारा अच्छे पत्र-पत्रिकाओं के अध्ययन पर निर्भर है। साक्षात्कार में भी ये आपको काफी मदद पहुँचाते हैं।

तो साथियो, मैं सिविल सेवा की तैयारी में उपयोगी पत्र-पत्रिकाओं की एक संक्षिप्त सूची आपके सामने प्रस्तुत कर रहा हूँ-

समाचार पत्रः-

The Hindu

दैनिक जागरण/हिंदुस्तान/दैनिक भास्कर/प्रभात खबर

सिविल सेवा की पत्रिकाएँः-

(कोई एक नियमित रूप से, अन्य पत्रिकाओं के विशिष्ट अंक ले सकते हैं)

- प्रतियोगिता दर्पण

- चाणक्य सिविल सर्विसेज टुडे
- सिविल सर्विसेज क्रॉनिकल
- CSR (हिंदी या अंग्रेजी)
- सिविल सर्विसेज टाइम्स
- अरिहंत समसामयिकी महासागर

अन्य महत्त्वपूर्ण पत्रिकाएँ:-

- विज्ञान प्रगति
- योजना
- कुरुक्षेत्र
- Tell Me Why
- अहा जिंदगी! (निबंध एवं सकारात्मक चिंतन हेतु)
- नवनीत (निबंध एवं सकारात्मक चिंतन हेतु)
- Frontline (ऐच्छिक)/इंडिया टुडे/आउटलुक के विशिष्ट अंक

संदर्भ पत्रिकाएँ/वार्षिकांक :-

- मनोरमा इयर बुक
- भारत (इयर बुक)

क्वैश्चन बैंक (UPSC: 15 -20 वर्ष) हल सहित

प्रारंभिक- प्रभात प्रकाशन/अरिहंत

मुख्य- सिविल सर्विसेज क्रॉनिकल

कोई एक समाचार पत्र लेना काफी है। यदि आप किसी पुस्तकालय या स्टडी सर्कल का हिस्सा हों तो समाचार पत्र के महत्त्वपूर्ण बिंदुओं के नोट्स वहाँ से भी बना सकते हैं। पत्रिकाओं में योजना, कुरुक्षेत्र, विज्ञान प्रगति ले सकते हैं, क्योंकि इनको बार-बार दोहराने की आवश्यकता होगी। अतः सिविल सेवा की समसामयिकी हेतु कोई एक पत्रिका लें और अन्य पत्रिकाएँ पुस्तकालय/सहकर्मियों के पास उपलब्ध होने पर नोट्स बना लें। **पत्र-पत्रिकाओं की यह सूची सांकेतिक है।** उपर्युक्त पत्रिकाओं के अलावा भी कोई अन्य

अच्छी प्रासंगिक पत्रिका दिखने पर उसका उपयोग कर सकते हैं। उपरोक्त पत्रिकाएँ आपको गुणवत्ता मापने का एक पैमाना देती हैं। बाकी अपने नीर-क्षीर विवेक पर सदैव भरोसा करें।

इन पत्रिकाओं के अलावा कुछ विशेष पत्रिकाएँ भी हैं जो कुछ वैकल्पिक विषयों के लिए महत्त्वपूर्ण हैं। इनमें से कुछ अंग्रेजी में हैं मगर यदि आप उन्हें पढ़कर हिंदी में कुछ अच्छे टॉपिक्स पर नोट्स बना सकें तो यह आपके उत्तरों को एक अलग चमक देगा।

राजनीति विज्ञान एवं अंतरराष्ट्रीय संबंध (वैकल्पिक विषय)

- लोकतंत्र समीक्षा-संवैधानिक तथा संसदीय अध्ययन संस्थान-अर्धवार्षिक
- World Affairs-त्रैमासिक
- World Focus

समाजशास्त्र

- Indian Journal of Social Work

लोक प्रशासन

- Indian Journal of Public Administration-IIPA

❑❑❑

अध्याय

2

हिंदी माध्यम में सिविल सेवा की स्तरीय पुस्तकें

हिंदी और हिंदी प्रदेश की भाषाओं और बोलियों के लिए दुःख की बात यह है कि हिंदी प्रदेश में पुस्तक पढ़ने की संस्कृति बहुत कम होती जा रही है। सबसे पहले तो अंग्रेजी माध्यम की अंधी दौड़ ने ऐसा माहौल बना दिया है कि हम बच्चों को भी अंग्रेजी माध्यम स्कूल में ही भेजना चाहते हैं और पुस्तकें भी अंग्रेजी में ही पढ़ना चाहते हैं। हमें लगता है कि हिंदी एवं हिंदी क्षेत्र की अन्य भाषाओं एवं बोलियों को पढ़कर क्या होगा। मैकाले की भारतीय भाषाओं के प्रति मानसिकता यह थी कि "A single shelf of a good European library was worth the whole native literature of India and Arabia", अर्थात् यूरोपियन पुस्तकालयों का एक छोटा खंड इंडिया और अरबी साहित्य के समग्र के बराबर है। मैकाले की सोच ऐसे शिक्षित भारतीय बनाने की थी जो "A class of persons, Indian in blood and colour, but English in taste, in opinions, in morals and in intellect." ऊपर से भारतीय और अंदर से अंग्रेज हों। मैकाले का प्रसिद्ध विवरण-पत्र (Macaulay Minute) हर भारतीय को जरूर पढ़ना चाहिए क्योंकि इससे ज्यादा विचारोत्तेजक सामग्री दुर्लभ है। वो कहावत है न, 'निंदक नियरे राखिये'।

हालाँकि आज की हकीकत यह है कि मैकाले की निंदा करते हुए भी हम जाने-अनजाने उसी के विचारों का अनुसरण कर रहे हैं। मैकाले ने कहा था हमें एक ऐसे वर्ग को पढ़ाना है जिसे अभी उसकी मातृभाषा में नहीं पढ़ाया जा सकता; और, लगभग 185 वर्षों के बाद

भी हम में से बहुतों को ऐसा लगता है कि हमारे बच्चों को उनकी मातृभाषा के माध्यम से नहीं पढ़ाया जा सकता। शिक्षा और पुस्तकों के मामले में अंग्रेजी को प्रश्रय और हिंदी एवं हिंदी क्षेत्र की अन्य बोलियों की घनघोर अवहेलना हो रही है। दक्षिण भारत की ओर देखें तो केरल और तमिलनाडु ने क्रमशः मलयालम एवं तमिल को जो आदर और सम्मान दिया है, शिक्षा के माध्यम के तौर पर एवं पुस्तक पढ़ने की संस्कृति एवं लेखकों के आदर-सम्मान में इन दो भाषाओं की जो स्थिति है वो हिंदी क्षेत्र की हर भाषा के लिए अभिकाम्य है। हालाँकि इन दो राज्यों में भी उच्च शिक्षा के माध्यम के तौर पर अंग्रेजी ही ज्यादा प्रचलित है, मगर वह आधिपत्य की भाषा के तौर पर नहीं है। कर्नाटक में कन्नड़ भाषा, आंध्र प्रदेश एवं तेलंगाना में तेलुगु भाषा, महाराष्ट्र में मराठी भाषा, पश्चिम बंगाल में बांग्ला भाषा की स्थिति भी शैक्षिक भाषा के तौर पर एवं भाषा की पुस्तकों का एक व्यापक पाठक वर्ग मौजूद होने की दृष्टि से सराहनीय है। इस मामले में यदि हिंदी क्षेत्र को देखें तो यहाँ एक लेखक अपने लेखन से अपनी जीविका पूर्ण रूप से नहीं चला सकता।

एक भाषा के तौर पर अंग्रेजी का काफी महत्त्व है और विश्वभाषा के रूप में उसे उसका सम्मान मिलना चाहिए। लेकिन ऐसा भारतीय भाषाओं की सहेली के तौर पर होना चाहिए, उनकी सौतन के तौर पर नहीं। यहाँ तक कि बहुभाषिकता को बढ़ावा देने के लिए और वर्तमान भारत की सच्चाइयों को मद्देनजर रखते हुए सभी सरकारी विद्यालयों में पहली कक्षा से ही अंग्रेजी पढ़ाई जानी चाहिए ताकि सरकारी स्कूलों के बच्चे अंग्रेजी न आने की वजह से पनपनेवाली हीन भावना से ग्रस्त होने से बच सकें। हिंदी और अन्य भारतीय भाषाओं को बढ़ावा देने के लिए इन भाषाओं के साथ-साथ कम-से-कम अंग्रेजी एवं एक अन्य विदेशी भाषा या भारतीय भाषा का ज्ञान होने से बच्चों के सर्वांगीण विकास को बढ़ावा मिलेगा।

सरकारी विद्यालयों जहाँ पर शिक्षा हिंदी माध्यम से दी जा रही है, वहाँ भी पाठ्यक्रम के अलावा बच्चों में अन्य अच्छी पुस्तकें पढ़ने की आदत नहीं डाली जा रही है। सरकारी विद्यालयों में बिरले ही ऐसे मिलेंगे जहाँ एक अच्छा पुस्तकालय हो और कम-से-कम 1000 अच्छी पुस्तकें और 10 अच्छी पत्रिकाएँ आती हों। जिन विद्यालयों में पुस्तकालय हैं भी वहाँ लाइब्रेरियन के अभाव के कारण किसी शिक्षक के ऊपर लाइब्रेरी की जिम्मेदारी बिना किसी प्रशिक्षण एवं प्रोत्साहन के थोप दी जाती है। नतीजा, बच्चे पुस्तकालय का लाभ नहीं उठा पाते। विद्यालयों का निर्माण करते समय पुस्तकालय एवं प्रयोगशाला के लिए अलग उपयुक्त कमरे का निर्माण प्राथमिकता की सूची में सबसे नीचे आता है। जब तक पुस्तकालय के लिए एक अच्छा उपयुक्त कमरा उपलब्ध न हो और उसके साथ वाचनालय (रीडिंग रूम) न हो, तब तक पुस्तकालय का समुचित उपयोग सुनिश्चित नहीं किया जा सकता है। यदि हम अपने विद्यालयों एवं महाविद्यालयों में एक अच्छा पुस्तकालय एवं वाचनालय न बना पाएँ जिनका समुचित उपयोग हो तो भारत में पठन-पाठन, समालोचनात्मक

संतुलित वैज्ञानिक दृष्टि का विकास एवं उत्कृष्ट शोध की प्रेरणा हम अपने छात्रों को कैसे दे पाएँगे।

जिन राज्यों में हिंदी शिक्षा का माध्यम है मगर मातृभाषा हिंदी से इतर कोई अन्य भाषा है (यथा–मैथिली, संथाली), या मातृभाषा हिंदी से जुड़ी कोई प्रमुख बोली है (भोजपुरी, मगही, अंगिका, वज्जिका, अवधी, बुंदेली, राजस्थानी, मारवाड़ी, छत्तीसगढ़ी, गढ़वाली, कुमाउँनी एवं अन्य बोलियाँ जिनमे से कई भाषा होने का दावा भी करती हैं), वहाँ भी मातृभाषा एवं बोलियों की उपेक्षा भाषिक संतुलन हेतु ठीक नहीं। यदि प्रारंभिक शिक्षा मातृभाषा में दिया जाना व्यावहारिक न हो, तो भी प्रारंभिक कक्षा से उच्च शिक्षा तक एक भाषा के रूप में मातृभाषा या बोली को पढ़ाना अनिवार्य होना चाहिए ताकि बच्चे अपनी मातृभाषा या बोली के संस्कार और परंपरा से न कटें और अपनी भाषा का समुचित आदर करें एवं उसके विकास में अपना योगदान दें। साथ ही, क्षेत्रों में स्थित विद्यालयों के पुस्तकालय में इन मातृभाषाओं एवं बोली में भी पुस्तकें एवं पत्र–पत्रिकाएँ उपलब्ध होनी चाहिए। ग्राम पंचायत स्तर पर हर गाँव में पुस्तकालय होना चाहिए जिसमें क्षेत्र की भाषा–बोली की पुस्तकों के साथ साहित्य व विज्ञान की जनोपयोगी पुस्तकें होनी चाहिए। पुस्तकों की खरीद में बस पुस्तक की गुणवत्ता और मौलिकता को ध्यान में रखा जाना चाहिए न कि लेखक और प्रकाशक के रसूख और प्रचार तंत्र को। राजभाषा एवं शैक्षणिक भाषा के रूप में हिंदी के विकास के लिए हिंदी को इन मातृभाषाओं एवं बोलियों के साथ अपनेपन एवं विकास का नाता रखना होगा। इसी में हिंदी और हिंदी क्षेत्र की बोली और भाषाओं का हित निहित है।

इसके साथ ही सार्वजनिक पुस्तकों की संस्कृति को भी हर गाँव, हर मोहल्ले, हर जिले, हर नगर में बढ़ाए जाने की जरूरत है। ये पुस्तकालय समुदाय के लिए वहाँ की संस्कृति और भाषा के साथ पूरे विश्व के ज्ञान को उन तक पहुँचाने के साधन होने चाहिए। हर पढ़े–लिखे व्यक्ति के अपने संग्रह में भी अपनी मातृभाषा, बोली के साथ–साथ शिक्षा का माध्यम रही अपनी भाषा में चुनिंदा पुस्तकों का उत्तम संग्रह होना चाहिए।

इस अध्याय में मैं आपके साथ हिंदी माध्यम में उपलब्ध विभिन्न प्रकाशनों की स्तरीय पुस्तकें शेयर करने की विनम्र कोशिश कर रहा हूँ। ये पुस्तकें किसी भी स्कूल, कॉलेज की लाइब्रेरी में उपलब्ध रहनी चाहिए। भविष्य में मैथिली, मगही, भोजपुरी की भी उत्तम पुस्तकों को आपके समक्ष लाने की कोशिश करूँगा। पुस्तकें पढ़ने–पढ़ाने, उपहार के तौर पर देने, स्कूल एवं अन्य सार्वजनिक पुस्तकालयों को पुस्तक या पत्रिका दान देकर समृद्ध करने से ही हिंदी और इस क्षेत्र की अन्य भाषाओं एवं बोलियों का भला होगा। यदि हर समर्थ व्यक्ति उन विद्यालयों को जहाँ वह पढ़ा हो, कम–से–कम 10 अच्छी पुस्तकें एवं 1–2 अच्छी पत्रिकाओं का आजीवन चंदा देकर अपना योगदान करे तो अत्यल्प समय में हमारे पुस्तकालयों की दशा सुधर जाएगी।

साथ ही, आप सबको मेरी सलाह रहेगी कि पुस्तक मेलों और अपने आस-पास उपलब्ध अच्छे पुस्तकालयों का जमकर प्रयोग करें। एक ही विषय पर दो-तीन लेखकों को पढ़ना आपके ज्ञान और विचार को गहराई और गंभीरता देगा। अच्छी पुस्तकें ही एक जीवंत, जाग्रत, निपुण, कुशल और ज्ञान परिपूर्ण तार्किक समाज बनाती हैं।

साहित्य अकादमी

साहित्य अकादमी संविधान में मान्यताप्राप्त सभी 22 भारतीय भाषाओं में पुस्तकों का प्रकाशन करती है। मैथिली भाषा में भी संख्या में कम, मगर गुणवत्ता में महत्त्वपूर्ण पुस्तकें उपलब्ध हैं। कुछ पुस्तकें हिंदी क्षेत्र की बोलियों के बारे में भी हैं।

इस प्रकाशन की पुस्तकें विशेषकर 'साहित्य निर्माता' सीरीज की पुस्तकें काफी काम की हैं। इस प्रकाशन की पत्रिका समकालीन भारतीय साहित्य अपने आप में एक अनूठी पत्रिका है जो नामानुरूप सभी भारतीय भाषाओं के साहित्य को हिंदी अनुवाद के माध्यम से पाठकों के सामने लाती है।

http://sahitya-akademi.gov.in/

भारतीय ज्ञानपीठ

भारतीय ज्ञानपीठ की भारतीय भाषाओं में सर्वोत्तम लेखन को चुनकर पूरे देश के सामने लाने की परंपरा रही है। भारतीय भाषाओं का कालजयी साहित्य और ज्ञानपीठ पुरस्कार से सम्मानित लेखकों की कृतियाँ इस प्रकाशन द्वारा प्रकाशित की गई हैं। जैन धर्म की दुर्लभ पुस्तकों का भी इसने प्रकाशन किया है। मूर्तिदेवी ग्रंथमाला जहाँ भारतवर्ष एवं जैन धर्म से संबंधित दुर्लभ पुस्तकों का प्रकाशन करती है वहीं लोकोदय ग्रंथमाला में हिंदी में मौलिक कृतियाँ एवं अन्य भाषाओं से उत्कृष्ट अनुवाद उपलब्ध हैं। भारतीय ज्ञानपीठ की हर एक पुस्तक पुस्तकालय में रखने योग्य है एवं इसकी कई पुस्तकें बार-बार पढ़ने और व्यक्तिगत संग्रह योग्य हैं।

नेशनल बुक ट्रस्ट

इस प्रकाशन ने ज्ञान-विज्ञान के क्षेत्र में कई उल्लेखनीय पुस्तकें प्रकाशित की हैं और यह सिलसिला लगातार जारी है। इस प्रकाशन द्वारा भी कई भारतीय भाषाओं में पुस्तकें प्रकाशित की गई हैं। इस प्रकाशन की कई पुस्तकें सामान्य ज्ञान के लिए काफी उपयोगी हैं। सुभाष कश्यप की हमारा संविधान, हमारी संसद जैसी पुस्तकें इसी प्रकाशन की हैं।

https://www.nbtindia.gov.in/

सस्ता साहित्य मंडल

गाँधीजी की प्रेरणा से स्थापित इस प्रकाशन के पास गाँधी जी से जुड़ी पुस्तकों के अलावा भारतीय संस्कृति, परंपरा, इतिहास, दर्शन, धर्म, समाजशास्त्र से जुड़ी कई अनमोल पुस्तकें अत्यंत ही सस्ते दामों पर उपलब्ध हैं।

श्री वियोग हरि द्वारा संपादित 'हमारी परंपरा' निबंध एवं सामान्य अध्ययन के लिए अत्यंत ही उपयोगी है। हिंदी साहित्य, दर्शन, समाजशास्त्र, इतिहास को वैकल्पिक विषय के रूप में लेनेवाले छात्रों के लिए भी कई अच्छी पुस्तकें यहाँ उपलब्ध हैं। अच्छे शब्दकोश भी यहाँ उपलब्ध हैं। रमेश चंद्र शाह द्वारा लिखित 'भारतीय आधुनिकता की तलाश', कृष्णदत्त पालीवाल द्वारा लिखित 'अंबेडकर-अस्वीकार का साहस', 'विज्ञान के रत्न', हरिकृष्ण देवसरे, भगवान सिंह की 'भारतीय परंपरा की खोज' जैसी निबंध एवं सामान्य अध्ययन पत्र के लिए उपयोगी पुस्तकें और अन्य सैकड़ों बहुमूल्य पुस्तकें नामानुरूप लागत मूल्य में यहाँ उपलब्ध हैं। रवींद्रनाथ ठाकुर का समस्त वांग्मय यहाँ मात्र 4000 रुपये में उपलब्ध है। उसी तरह प्रेमचंद्र, वासुदेव शरण अग्रवाल, यशपाल जैसे लेखकों की उत्तम पुस्तकों का यहाँ संग्रह है। बच्चों की सचित्र पुस्तकें, अंग्रेजी, भारतीय एवं विश्व साहित्य की धरोहरों के अनुवाद भी उपलब्ध हैं।

http://www.sastasahityamandal.org

हिंदी माध्यम क्रियान्वयन निदेशालय की पुस्तकें

दिल्ली विश्वविद्यालय के इस अंग ने हिंदी माध्यम में स्तरीय पुस्तकें उपलब्ध कराने में अहम् भूमिका निभाई है। मानविकी के लगभग सारे विषयों में इनकी स्तरीय पुस्तकें उपलब्ध हैं। खासकर भारत के इतिहास और राजनीति एवं समकालीन विषयों में इनकी पुस्तकों का कोई सानी नहीं।

इनकी नई पुस्तक सूची के लिए निम्न लिंक को खोलें-

http://dhmi.du.ac.in

इस प्रकाशन की सबसे उल्लेखनीय पुस्तकें हैं-

इतिहास वैकल्पिक विषय हेतु

- आधुनिक विश्व का इतिहास-*लालबहादुर वर्मा*
- प्राचीन भारत का इतिहास-*झा एवं श्रीमाली*
- मध्यकालीन भारत-भाग 'एक' एवं 'दो'-*संपादक हरिश्चंद्र वर्मा*
- आधुनिक भारत का इतिहास-*संपादक रामलखन शुक्ल*

✦ इतिहास खंड की अन्य पुस्तकें भी इस विषय की गहन तैयारी के लिए देखी जा सकती हैं।

राजनीति विज्ञान वैकल्पिक विषय हेतु

✦ राजनीति सिद्धांत –*संपादक ज्ञान सिंह संधू*

✦ बदलती दुनिया में भारत की विदेश नीति भाग–'एक' एवं 'दो'–*वी. पी. दत्ता*

✦ भारत में उपनिवेशवाद एवं राष्ट्रवाद–*संपादक हिमांशु राय*

✦ संयुक्त राष्ट्र संघ–*नीना शिरीष*

✦ नारीवादी राजनीति–संघर्ष एवं मुद्दे–*संपादक– साधना, विवेदिता एवं जिनी*

✦ पाश्चात्य राजनीतिक चिंतन–*सुब्रत मुखर्जी एवं सुशीला रामास्वामी*

✦ भारतीय संसद–समस्याएँ एवं समाधान–*सुभाष कश्यप*

सामान्य अध्ययन हेतु

✦ आजादी के बाद का भारत–*विपिन चंद्र, मृदुला मुखर्जी, आदित्य मुखर्जी*

इग्नू की विविध पुस्तकें

विशेषज्ञ विद्वानों की उत्कृष्ट टीम द्वारा तैयार की गई इनकी पुस्तकें ज्ञान प्राप्ति के बिंदु से काफी महत्त्वपूर्ण हैं। साथ ही हर विषय की पुस्तिका में उस विषय के सारे उत्कृष्ट संदर्भ ग्रंथों की सूची उपलब्ध है। इग्नू की पुस्तकें आप इग्नू के दिल्ली ऑफिस से खरीद सकते हैं। इग्नू की पुस्तकें पीडीऍफ फॉर्मेट में इंटरनेट पर भी फ्री उपलब्ध हैं। लिंक है –

http://www.egyankosh.ac.in/

एस. चाँद प्रकाशन की पुस्तकें

यशपाल एवं ग्रोवर की 'आधुनिक भारत का इतिहास' जैसी पुस्तकों ने तो वाकई इतिहास ही रचा है। पुस्तक सूची के लिए लिंक देखें-

http://www.schandgroup.com

सामान्य अध्ययन हेतु-

✦ आधुनिक भारत का इतिहास–*यशपाल एवं ग्रोवर*

✦ सरल अंकगणित–*आर. एस. अग्रवाल*

✦ भारतीय अर्थव्यवस्था–*अश्विनी महाजन एवं गौरव दत्त*

हिंदी भाषा एवं साहित्य पत्र हेतु -

- हिंदी लोकोक्तियाँ एवं मुहावरे- बाबू गुलाबराय

मोतीलाल बनारसीदास प्रकाशन

दर्शनशास्त्र, इतिहास, समाजशास्त्र, मनोविज्ञान, संस्कृत भाषा एवं साहित्य, आयुर्विज्ञान जैसे विषयों के लिए यह रामबाण प्रकाशन है। पुस्तकों की गुणवत्ता के मामले में यह एक बहुत ही सजग प्रकाशन है।

http://www.mlbd.com/Admin/Catalogue/Catalogue.pdf

टाटा मैक्ग्राहिल प्रकाशन

सामान्य अध्ययन पत्र हेतु

- भारतीय शासन–*एम. लक्ष्मीकांत*
- भारत एवं विश्व का भूगोल–*माजिद हुसैन*
- विज्ञान एवं प्रौद्योगिकी का विकास–*शीलवंत सिंह*
- 21वीं शताब्दी में अंतरराष्ट्रीय संबंध–*पुष्पेश पंत*
- भारत की विदेश नीति–*पुष्पेश पंत*

लोक प्रशासन वैकल्पिक विषय हेतु

- समग्र लोक प्रशासन–*माहेश्वरी*
- 21वीं शताब्दी में लोक प्रशासन–*दुबे*
- प्रशासनिक विचारधाराएँ–*दुबे*

राजनीति विज्ञान वैकल्पिक विषय हेतु

- राजनीति विज्ञान–*एन. डी. अरोड़ा*

समाजशास्त्र वैकल्पिक विषय हेतु

- समाजशास्त्र–*पांडे*

भूगोल वैकल्पिक विषय हेतु

- भूगोल सिविल सेवा मुख्य परीक्षा के लिए–*खुल्लर*
- भौगोलिक मानचित्रावली–*हुसैन*

उपकार प्रकाशन की पुस्तकें

इस प्रकाशन की पत्रिका प्रतियोगिता दर्पण ने हिंदी माध्यम के अभ्यर्थियों का लंबे समय से मार्गदर्शन किया है। इस प्रकाशन की पुस्तकें सामान्य अध्ययन पत्र के लिए काफी उपयोगी हैं।

✦ भारतीय अर्थव्यवस्था अतिरिक्तांक

✦ कला एवं संस्कृति अतिरिक्तांक

http://upkar.in/books.aspx?SCID=29

प्रकाशन विभाग की पुस्तकें

भारत सरकार के अधीन इस संस्थान की पत्रिकाएँ 'योजना' और 'कुरुक्षेत्र' सिविल सेवा की तैयारी के लिए अपरिहार्य हैं। इसकी पत्रिका आजकल हिंदी भाषा के माध्यम से भारतीय वांग्मय को हमारे सामने लाती है। 'बाल भारती' पत्रिका बच्चों के लिए काफी अच्छी है। साथ ही इसकी कुछ अन्य पुस्तकें जैसे 'आधुनिक भारत के निर्माता' शृंखला की पुस्तकें, संत कवि एवं गाँधी जी से जुड़ी पुस्तकें सामान्य अध्ययन और निबंध के लिए उपयोगी हैं। 'भारत वार्षिकी' सिविल सेवा परीक्षा के लिए महत्त्वपूर्ण संदर्भ ग्रंथ है।

http://www.publicationsdivision.nic.in

प्रतियोगिता साहित्य/साहित्य भवन प्रकाशन

राजनीति विज्ञान, लोक प्रशासन, भूगोल, समाजशास्त्र, अंतरराष्ट्रीय संबंध जैसे विषयों पर प्रकाशित इस प्रकाशन की पुस्तकें वैकल्पिक विषय की तैयारी के साथ सामान्य अध्ययन एवं निबंध पत्र की तैयारी के लिए भी काफी उपयोगी हैं।

https://sahityabhawan.co.in/

सामान्य अध्ययन के लिए

✦ भारतीय शासन एवं राजनीति–*बी. एल. फड़िया*

राजनीति विज्ञान वैकल्पिक विषय हेतु

✦ अंतरराष्ट्रीय राजनीति–*बी. एल. फड़िया*

लोक प्रशासन वैकल्पिक विषय हेतु

✦ भारत में लोक प्रशासन–*बी. एल. फड़िया*

✦ भारतीय प्रशासन–*बी. एल. फड़िया*

समाजशास्त्र वैकल्पिक विषय हेतु–

✦ समाजशास्त्र–*प्रो. एम. एल. गुप्ता* एवं *डॉ. डी. डी. शर्मा*

भूगोल वैकल्पिक विषय हेतु

✦ भारत का बृहत् भूगोल –*डॉ. चतुर्भुज मामोरिया*

पुस्तक महल

इस प्रकाशन की हिंदी माध्यम की कुछ पुस्तकें रोचक एवं ज्ञानवर्धक हैं। चिल्ड्रेंस नॉलेज बैंक, चिल्ड्रेन इनसाइक्लोपीडिया, विश्व प्रसिद्ध शृंखला की पुस्तकें और रैपिडेक्स लैंग्वेज लर्निंग सीरीज बच्चों के ज्ञानवर्धन के लिए अत्यंत ही गुणकारी है।

http://www.pustakmahal.com/books/

कॉम्पिटिशन सक्सेस रिव्यू

इस प्रकाशन की पत्रिका निबंध एवं साक्षात्कार की तैयारी के लिए अत्यंत महत्त्वपूर्ण है। साक्षात्कार एवं निबंध के लिए इस प्रकाशन की पुस्तकें काफी अच्छी हैं।

http://www.competitionreview.in/publication.php

वाणी प्रकाशन

वाणी प्रकाशन ने हिंदी में कई पुस्तकें मील के पत्थर के रूप में प्रकाशित की हैं। हिंदी एवं समकालीन भारतीय साहित्य, भारतीय राजनीति, इतिहास, समकालीन मुद्दों से जुड़ी कई दिलचस्प पुस्तकें यहाँ उपलब्ध हैं जो आपके व्यक्तिगत संग्रह एवं पुस्तकालयों में जरूर होनी चाहिए। भारतीय भाषाओं की रामकथा एक सार्थक प्रयास है। आज के प्रश्न भी एक विचारोत्तेजक शृंखला है। स्त्री विमर्श, दलित विमर्श, मीडिया, सिनेमा, बाल साहित्य का भी अच्छा संग्रह है।

http://www.vaniprakashan.in

राजकमल प्रकाशन समूह

राजकमल, राधाकृष्णन, लोकभारती प्रकाशन के इस समूह ने हिंदी माध्यम के ज्ञान भंडार को भरने में एक बड़ा योगदान दिया हैं। कथा साहित्य और कथेतर विधाओं में इस समूह ने उल्लेखनीय पुस्तकें दी हैं। मैथिली में यात्री समग्र एवं राजकमल की कहानियाँ यहाँ से प्रकाशित हैं।

http://www.rajkamalprakashan.com/

राजपाल बुक्स

हिंदी साहित्य और ज्ञान-विज्ञान की कई उल्लेखनीय पुस्तकें इस प्रकाशन ने प्रकाशित की गई हैं। शरतचंद्र की जीवनी 'आवारा मसीहा', कमलेश्वर की 'कितने पाकिस्तान' जैसी अनेकों उल्लेखनीय पुस्तकें, हरिवंश राय बच्चन की अधिकांश कृतियाँ, जे. कृष्णमूर्ति, आर. के. नारायण एवं रस्किन बांड की पुस्तकों के अनुवाद और हिंदी शब्दकोश इस प्रकाशन ने छापे हैं।

https://www.rajpalpublishing.com/

बिहार हिंदी ग्रंथ अकादमी

बिहार हिंदी ग्रंथ अकादमी का एक गौरवशाली इतिहास रहा है। हिंदी भाषा में मौलिक पुस्तकें प्रकाशित करने में यह संस्था अग्रगण्य रही है। वर्तमान में इसका प्रशासन थोड़ा ढीला-ढाला है और अपनी गौरवशाली परंपरा की छाया भर नजर आता है। खैर, इस अकादमी के पुराने प्रकाशन भी यदि अद्यतन किए जाएँ और विद्यार्थियों को मिलते रहें, वह भी काफी महत्त्वपूर्ण हैं।

अकादमी की संपूर्ण पुस्तक सूची इस लिंक पर उपलब्ध है-

http://bhga.co.in/booklist.php

इस अकादमी के द्वारा प्रकाशित पुस्तकों में हिंदी भाषा एवं साहित्य, राजनीति एवं लोक प्रशासन, दर्शनशास्त्र, कृषि विज्ञान, पशुपालन एवं पशु चिकित्सा विज्ञान, वनस्पति विज्ञान, चिकित्सा विज्ञान, रसायन शास्त्र, अर्थशास्त्र, वाणिज्य एवं लेखाविधि, मनोविज्ञान, समाजशास्त्र, प्राणी विज्ञान की पुस्तकें सिविल सेवा के वैकल्पिक विषय के पत्र की तैयारी के लिए उल्लेखनीय हैं।

उत्तर प्रदेश हिंदी संस्थान

यह भी गौरवशाली इतिहास वाला संस्थान रहा है। कभी-कभी तो लगता है कि इन संस्थाओं के कालक्रमेण ह्रास ने हिंदी भाषा को क्षति पहुँचाई है। खैर, अभी भी वक्त है कि इन संस्थाओं पर ध्यान देकर इन्हें हिंदी भाषा में उत्कृष्ट पुस्तकों को सर्वसुलभ बनाने का केंद्र बनाया जाए।

http://uphindisansthan.in

मध्य प्रदेश हिंदी ग्रंथ अकादमी

दर्शनशास्त्र, राजनीति विज्ञान, समाजशास्त्र, लोक प्रशासन, विधि, भूगोल, कृषि, पशुपालन तथा पशु चिकित्सा विज्ञान आदि वैकल्पिक विषयों के लिए शानदार पुस्तकों का संग्रह।

http://mphindigranthacademy.org

राजस्थान हिंदी ग्रंथ अकादमी-

हिंदी भाषा और साहित्य, दर्शन, समाजशास्त्र, अर्थशास्त्र, भौतिकी, सांख्यिकी, गणित, रसायन शास्त्र, कृषि विज्ञान, पशुपालन एवं पशु चिकित्सा विज्ञान इन वैकल्पिक विषयों की तैयारी में संस्थान की पुस्तकें उपयोगी हैं।

http://www.rajhga.com

चौखंभा प्रकाशन, वाराणसी

आयुर्वेद, हिंदू एवं बौद्ध धर्म, संस्कृत वांग्मय, तंत्र-मंत्र एवं दर्शन संबंधित कई अद्‍भुत पठनीय कृतियाँ इस प्रकाशन ने छापी हैं।

जवाहर पब्लिशर्स एंड डिस्ट्रिब्यूटर्स

लोक प्रशासन

- लोक प्रशासन के नए आयाम-*मोहित भट्टाचार्य*

http://www.jawahar-book-centre.com/

मैथिली अकादमी, पटना

सिविल सेवा के मैथिली भाषा और साहित्य के इतिहास की अधिकांश पुस्तकें यथा-गोविंददास भजनावली, चंदा झा कृत मिथिला भाषा रामायण, लालदास कृत कृति राजकमलक, कथा संग्रह तथा मैथिली भाषा के प्रथम प्रश्न-पत्र की मैथिली भाषा एवं साहित्य के इतिहास से संबंधित आलोचनात्मक पुस्तकें भी बिहार सरकार के शिक्षा विभाग के अंतर्गत इस प्रकाशन से प्रकाशित हैं।

नेशनल पेपरबैक

इस प्रकाशन की कुछ नाम लेनेवाली पुस्तकों में सिविल सेवा सामान्य अध्ययन के चौथे पत्र के साथ-साथ राजनीति विज्ञान वैकल्पिक विषय हेतु ओ. पी. गाबा की 'भारतीय राजनीतिक विचारक' एवं 'पाश्चात्य राजनीतिक विचारक' उल्लेखनीय हैं।

प्रभात प्रकाशन

इस प्रकाशन से हमारे लोकप्रिय पूर्व राष्ट्रपति डॉ. ए. पी. जे. अब्दुल कलाम साहब की कई प्रेरक पुस्तकें प्रकाशित हैं। प्रारंभिक एवं मुख्य परीक्षा के हल प्रश्न-पत्र भी अच्छे हैं।

साथियो, हिंदी भाषा में ज्ञान से परिपूर्ण पुस्तकें प्रकाशित करने वाले प्रमुख प्रकाशकों की प्रारंभिक सूची मैंने आप लोगों के सामने अपने सीमित ज्ञान के आधार पर रखी है। कुछ अन्य महत्त्वपूर्ण प्रकाशन जिनका यहाँ उल्लेख नहीं कर सका हूँ, उन्हें मैं धीरे-धीरे विस्तृत विवरण के साथ आप लोगों के सामने लाने की कोशिश करूँगा। साथ ही, सारे प्रकाशनों की सबसे अच्छी पुस्तकों के बारे में भी अधिक विस्तार से लिखूँगा। आप लोगों से भी अनुरोध है कि आप अपने सुझाव भेजें।

हंस की तरह नीर-क्षीर विवेक से अपने लिए सबसे उत्तम पुस्तकों का चयन करें। अगर आपने अच्छी पुस्तकों को अपना मित्र बनाया तो जीवनभर सफलता आपकी संगिनी बनी रहेगी और आप जीवन के हर पड़ाव से हँसते-मुस्कुराते गुजरेंगे। साथ ही, अपनी मातृभाषा या बोली को कभी न बिसारें। आपकी माँ और आपकी मातृभाषा या बोली सदा आपके विकास को देखकर प्रफुल्लित होती हैं, उनकी देखभाल और संरक्षण आपका नैतिक, भाषिक और सामाजिक उत्तरदायित्व है।

❑❑❑

अध्याय

3

सामान्य अध्ययन मुख्य परीक्षा की तैयारी हेतु पुस्तक सूची

साथियो, यूपीएससी ने मुख्य परीक्षा में कई बड़े बदलाव किए हैं जिनमें सामान्य अध्ययन पत्र में आए बदलाव काफी अहम् हैं। पहले जहाँ मुख्य परीक्षा में सामान्य अध्ययन के दो पेपर होते थे जिनका कुल अंक 600 था वहीं अब 250 अंकों के चार पेपर ने सामान्य अध्ययन में अच्छे अंक लाने को सिविल सेवा में सफलता के लिए अनिवार्य बना दिया है।

इन बदलावों को मद्‌देनजर रखते हुए मैं अपनी पुरानी सामान्य अध्ययन की पुस्तक सूची को अद्यतन कर रहा हूँ। यह सूची प्रारंभिक एवं मुख्य परीक्षा के सामान्य अध्ययन के पाठ्यक्रम को आच्छादित करती है। हालाँकि यह अध्याय मुख्यत: मुख्य परीक्षा पर केंद्रित है। दी गई यह पुस्तक सूची सांकेतिक है, एक-एक विषय पर कई स्तरीय पुस्तकें उपलब्ध हैं, आपको उस पुस्तक को चुनना है जो आपको पढ़ने और समझने में अच्छी लग रही हो। आपको यह भी ध्यान में रखना है कि आपको सिलेबस तैयार करना है न कि पुस्तकें इकट्ठी करनी हैं। पुस्तकों से वे ही चैप्टर पढ़ें जो सिलेबस में पढ़ने हों।

एक बार सिलेबस को समाप्त करने के बाद आप किसी भी नई पुस्तक को देखकर यह पता कर सकते हैं कि उसमें आपके काम का और कुछ है या नहीं। वैसे NCERT की कक्षा छह से 12वीं कक्षा की विज्ञान, सामाजिक विज्ञान, अर्थशास्त्र, राजनीति विज्ञान आदि की पुस्तकों को आप आँख मूँदकर सामान्य अध्ययन का आधार बनाने के लिए प्रयोग कर सकते हैं।

एक और बात, सामान्य अध्ययन हेतु हिंदी माध्यम से सिविल सेवा की तैयारी को आसान बनाने हेतु अपने ब्लॉग पर पुस्तक सूची का पहला आलेख मैंने 22 अगस्त, 2009 को लिखा था जिसे सिविल सेवा की परीक्षा में आए बदलावों के मद्देनजर मैंने 22 जून, 2013 को अद्यतन किया था। इस बात की खुशी है कि इस पुस्तक सूची को लोगों ने काफी शेयर किया, शायद यह हिंदी माध्यम से सिविल सेवा की तैयारी के लिए सबसे प्रचलित पुस्तक सूची है। इसे तैयार करते समय मेरी कोशिश यह थी कि स्वयं की तैयारी से इस परीक्षा में सफलता पाने का जज्बा रखने वाले छात्रों को स्तरीय पुस्तकों की सूची की तलाश में इधर-उधर न भटकना पड़े। कोचिंग में बहुधा सिविल सेवा परीक्षा में सफलता का शॉर्ट-कट दिखाया जाता है और कोचिंग के नोट्स पढ़ लेना काफी बताया जाता है। लेकिन मेरा मानना है कि स्तरीय पुस्तकों के साथ स्वाध्याय बेहतर विकल्प है। "पढ़ो चाहे कहीं से, रिजल्ट आएगा यहीं से" जैसे विज्ञापनों से भ्रमित या भयभीत न हों। ईमानदार मेहनत का अभी भी कोई शॉर्टकट नहीं है।

सामान्य अध्ययन प्रश्न-पत्र 1

(भारतीय विरासत और संस्कृति, विश्व का इतिहास, भूगोल और समाज)

(क) *इतिहास*

- NCERT कक्षा 6-12
- आधुनिक भारत- *यशपाल एवं ग्रोवर*
- स्वाधीनता संग्राम- *विपिन चंद्र*
- आजादी के बाद का भारत- *विपिन चंद्र*
- विश्व इतिहास- *जैन एवं माथुर*-(सिर्फ चुनिंदा मुद्दे जो सिलेबस में हैं)
- प्रतियोगिता दर्पण-कला-संस्कृति अतिरिक्तांक
- BHIC 134 आधुनिक भारत का इतिहास (1707 से 1950)
- भारतीय कला- *हरपाल त्यागी*-प्रकाशन विभाग

(ख) *भूगोल*

- Atlas-Oxford Student's Atlas या हिमालय एटलस
- NCERT कक्षा 6-12
- भारत एवं विश्व का भूगोल- *खुल्लर*
- प्रतियोगिता दर्पण भूगोल अतिरिक्तांक प्रारंभिक परीक्षा के लिए

(ग) *भारतीय समाज एवं सामाजिक मुद्दे*

- BSOG 171-IGNOU भारतीय समाज–प्रतिरूप एवं वास्तविकताएँ
- BSOG 172-IGNOU जेंडर संवेदनशीलता : समाज और संस्कृति
- BSOG 173-IGNOU विकास पर पुनः विचार

नोटः- किसी विशेष पुस्तक की आवश्यकता नहीं।

योजना, कुरुक्षेत्र तथा अन्य पत्र–पत्रिकाओं से तथा भारतीय अर्थव्यवस्था(दत्ता एवं सुंदरम) एवं भारतीय प्रशासन एवं राजनीति (*फड़िया*) से तैयारी करें। ये पुस्तकें आपको सामान्य अध्ययन के प्रश्न–पत्र 2 एवं 3 के लिए पढ़नी है।

अधिकांश मुद्दे निबंध के रूप में तैयारी करने के लिए उपयुक्त हैं।

(घ) *भारतीय विरासत एवं संस्कृति*

- हमारी परंपरा–*संपादक वियोगी हरि*–सस्ता साहित्य मंडल प्रकाशन
- भारतीय कला उद्‌भव और विकास (वास्तु –मूर्तिशिल्प–चित्र)–*हरिपाल त्यागी* (प्रकाशन विभाग)

(यह पुस्तक एक प्रसिद्ध चित्रकार व लेखक द्वारा भारतीय कला पर चित्रों से सजी ललित हिंदी में लिखी एक बेहतरीन पुस्तक है और हर हिंदी भाषी के घर में होने लायक पुस्तकों में एक है।)

सामान्य अध्ययन प्रश्न–पत्र 2

(शासन व्यवस्था, संविधान, शासन प्रणाली, सामाजिक न्याय, अंतरराष्ट्रीय संबंध)

(क) *प्रशासन एवं संविधान*

- NCERT कक्षा 11-12
- भारतीय राजव्यवस्था–*लक्ष्मीकांत* (प्रारंभिक एवं मुख्य परीक्षा)
- भारतीय प्रशासन एवं राजनीति–*पुखराज जैन* एवं *बी. एल. फड़िया* (चुनिंदा विषय) या IGNOU की BPSC 133 भारतीय शासन और राजनीति
- हमारा संविधान–*सुभाष कश्यप या बसु*

(ख) *अंतरराष्ट्रीय संबंध/भारत के विदेश संबंध*

- अंतरराष्ट्रीय संबंध (सिद्धांत एवं समकालीन राजनीतिक मुद्दे)–*बी. एल. फड़िया*

- IGNOU का BPSE 142- बदलते विश्व में भारत की विदेश नीति
- 21वीं शताब्दी में अंतरराष्ट्रीय संबंध -*पुष्पेश पंत*
- अंतरराष्ट्रीय संगठन- *पुष्पेश पंत*
- सिविल सेवा हेतु समर्पित पत्रिकाओं के अंतरराष्ट्रीय संबंध/भारत के विदेश संबंध विशेषांक

सामान्य अध्ययन प्रश्न-पत्र 3

(प्रौद्योगिकी, आर्थिक विकास, जैव विविधता, पर्यावरण, सुरक्षा तथा आपदा प्रबंधन)

(क) *अर्थशास्त्र एवं भारतीय अर्थव्यवस्था*

- NCERT कक्षा 11-12
- प्रतियोगिता दर्पण का भारतीय अर्थव्यवस्था अतिरिक्तांक
- भारतीय अर्थव्यवस्था-*रुद्रदत्त व सुंदरम* (या *मिश्र एवं पुरी* या *एस. एन. लाल*)
- MPA 18 आपदा प्रबंधन IGNOU और CDM-आपदा प्रबंधन में IGNOU के सर्टिफिकेट कोर्स का पाठ्यक्रम
- योजना, कुरुक्षेत्र, frontline, इकोनॉमिक एंड पॉलिटिकल वीकली को अपने ज्ञान को अद्यतन रखने के लिए प्रयोग करें।

(ख) *विज्ञान/विज्ञान एवं प्रौद्योगिकी एवं पर्यावरण*

- NCERT कक्षा 6 -12
- IGNOU-BDP- Foundation Course on Science and Technology FST (Hindi)
- IGNOU BEVAE 181 पर्यावरण अध्ययन या CES-पर्यावरण अध्ययन में IGNOU के सर्टिफिकेट कोर्स का पाठ्यक्रम
- प्रतियोगिता दर्पण का सामान्य विज्ञान अतिरिक्तांक
- भारत में विज्ञान एवं प्रौद्योगिकी-टाटा मैक्ग्रॉहिल या विवास पैनोरमा या सिविल सर्विसेस क्रॉनिकल प्रकाशन की कोई एक पुस्तक
- विज्ञान प्रगति पत्रिका के नवीनतम साल-दो साल के अंक

- हमारे वैज्ञानिक-एनबीटी
- Tell Me Why- मलयाला मनोरमा पब्लिकेशन

सामान्य अध्ययन प्रश्न-पत्र 4

(नीतिशास्त्र, सत्यनिष्ठा एवं अभिरुचि)

- द्वितीय प्रशासनिक सुधार आयोग की 15वीं रिपोर्ट

  https://darpg.gov.in/

वीरप्पा मोइली की अध्यक्षता वाली इस आयोग की रिपोर्ट 15 खंडों में है और फिर इसका सार संक्षेप है। कुछ खंड यथा-शासन में नैतिकता, विवाद सुलझाने के लिए क्षमता निर्माण, नागरिक केंद्रित प्रशासन, राज्य और जिला प्रशासन के साथ इसकी सभी रिपोर्ट इस प्रश्न-पत्र के लिए अत्यधिक महत्त्वपूर्ण हैं। रिपोर्ट की हिंदी को समझने के लिए कहीं-कहीं अंग्रेजी संस्करण को पढ़ने की आवश्यकता पड़ सकती है जो कि राजभाषा हिंदी का कष्टकर यथार्थ है।

- नीतिशास्त्र के प्रमुख सिद्धांत- *डॉ. डी. आर. जाटव*-मालिक एंड कंपनी-जयपुर, दिल्ली
- नीतिशास्त्र, सत्यनिष्ठा एवं अभिरुचि- *जी. सुब्बाराव आईएएस एवं पी. एन. राय चौधुरी आईएएस*-एक्सेस पब्लिकेशन, दिल्ली
- प्रशासनिक विचारधाराएँ- *दुबे*
- आधुनिक भारत के निर्माता-प्रकाशन विभाग
- मेकर्स ऑफ मॉडर्न इंडिया- *रामचंद्र गुहा*
- लोक प्रशासन IGNOU के BA एवं MPA के चुनिंदा पाठ्यक्रम

  BPYG 171 APPLIED एथिक्स

  BABG 171 अंडरस्टैंडिंग आंबेडकर

  BPAG 172 प्रशासन-समस्याएँ एवं समाधान

  BPAG 173 ई-गवर्नेंस

  BPAG 174 सतत विकास

  BPAC-131 लोक प्रशासन के आयाम

  BPAC-132 प्रशासनिक विचारक

  BPCS 183 इमोशनल इंटेलिजेंस

BPCS 185 भावनात्मक क्षमता विकसित करना (DEVELOPING EMOTIONAL COMPETENCE)

MPA 11 राज्य, समाज एवं लोक प्रशासन

MPA 12 लोक प्रशासन के सिद्धांत

MPA 13 लोक व्यवस्था प्रबंधन

MPA 14 मानव संसाधन प्रबंधन

MPA 15 पब्लिक पॉलिसी का विश्लेषण

MPA 16 विकेंद्रीकरण एवं स्थानीय प्रशासन

MPA 17 ई-गवर्नेंस

MPA 18 आपदा प्रबंधन

MPS 003 भारत-लोकतंत्र एवं विकास

- आधुनिक भारतीय चिंतन-*विश्वनाथ नरवणे*-अनुवादक-*नेमिचंद्र जैन*-राजकमल प्रकाशन

(**चिंतक**-राममोहन रॉय, रामकृष्ण, विवेकानंद, टैगोर, गाँधी, अरविंद, राधाकृष्ण, कुमारस्वामी, इकबाल)

या

- भारतीय राजनीतिक चिंतक-*ओ. पी. गाबा* -नेशनल पेपरबैक
- पाश्चात्य राजनीतिक चिंतक-*ओ. पी. गाबा* -नेशनल पेपरबैक

संदर्भ पुस्तक सूची

- प्राचीन भारतीय नैतिक विचारक तथा दार्शनिक

  (चाणक्य नीति, तिरुक्कुरल, बुद्ध, महावीर)
- प्राचीन विदेशी नैतिक विचारक तथा दार्शनिक

  (प्लेटो, अरस्तु, मैकियावेली)
- आधुनिक भारतीय नैतिक विचारक तथा दार्शनिक

  (गांधीजी-सत्य के प्रयोग, अंबेडकर, कलाम, दलाई लामा, अरविंद घोष)

✦ आधुनिक विदेशी नैतिक विचारक तथा दार्शनिक

(कार्ल मार्क्स, मैक्स वेबर, जॉन एस. मिल)

इस प्रश्न-पत्र के लिए आपको नीतिशास्त्र, लोक प्रशासन, महापुरुषों-विचारकों-दार्शनिकों की जीवनी और दर्शन पढ़ने पड़ेंगे। इस प्रश्न-पत्र के लिए द्वितीय प्रशासनिक सुधार आयोग की रिपोर्ट काफी काम की है जो आप भारत सरकार की वेबसाइट से डाउनलोड कर सकते हैं। इंडियन इंस्टिट्यूट ऑफ पब्लिक एडमिनिस्ट्रेशन की पत्रिका भी इस प्रश्न-पत्र के लिए कारगर सिद्ध होगी।

अध्याय

4

सामान्य अध्ययन प्रथम प्रश्न-पत्र की रणनीति

सामान्य अध्ययन प्रश्न–पत्र 1

भारतीय विरासत और संस्कृति, विश्व का इतिहास एवं भूगोल और समाज

✦ भारतीय संस्कृति में प्राचीन काल से आधुनिक काल तक के कला के रूप, साहित्य और वास्तुकला के मुख्य पहलू शामिल होंगे।

✦ 18वीं सदी के लगभग मध्य से लेकर वर्तमान समय तक का आधुनिक भारतीय इतिहास–महत्त्वपूर्ण घटनाएँ, व्यक्तित्व, विषय

✦ स्वतंत्रता संग्राम–इसके विभिन्न चरण और देश के विभिन्न भागों से इसमें अपना योगदान देनेवाले महत्त्वपूर्ण व्यक्ति/उनका इतिहास

✦ स्वतंत्रता के पश्चात देश के अंदर एकीकरण और पुनर्गठन

✦ विश्व के इतिहास में 18वीं सदी की घटनाएँ यथा–

- औद्योगिक क्रांति,
- विश्व युद्ध,

- राष्ट्रीय सीमाओं का पुनः सीमांकन,
- उपनिवेशवाद, उपनिवेशवाद की समाप्ति,
- राजनीतिक दर्शनशास्त्र जैसे साम्यवाद, पूँजीवाद, समाजवाद आदि; उनके रूप और समाज पर उनका प्रभाव

✦ भारतीय समाज की मुख्य विशेषताएँ, भारत की विविधताएँ

✦ महिलाओं की भूमिका और महिला संगठन, जनसंख्या एवं संबद्ध मुद्दे, गरीबी और विकासात्मक विषय, शहरीकरण, उसकी समस्याएँ और रक्षोपाय

✦ भारतीय समाज पर भूमंडलीकरण का प्रभाव

✦ सामाजिक सशक्तीकरण, संप्रदायवाद, क्षेत्रवाद और धर्मनिरपेक्षता

✦ विश्व के भौतिक भूगोल की मुख्य विशेषताएँ

✦ विश्वभर के मुख्य प्राकृतिक संसाधनों का वितरण (दक्षिण एशिया और भारतीय उपमहाद्वीप को शामिल करते हुए)

✦ विश्व (भारत सहित) के विभिन्न भागों में प्राथमिक, द्वितीयक और तृतीयक क्षेत्र के उद्योगों को स्थापित करने के लिए जिम्मेदार कारक

✦ भूकंप, सुनामी, ज्वालामुखीय हलचल, चक्रवात आदि महत्त्वपूर्ण भू-भौतिकीय घटनाएँ, भूगोलीय विशेषताएँ और उनके स्थान

✦ अति महत्त्वपूर्ण भूगोलीय विशेषताओं (जल-स्रोत और और हिमावरण सहित) और वनस्पति एवं प्राणी जगत् में परिवर्तन एवं इस प्रकार के परिवर्तनों के प्रभाव

तैयारी हेतु ध्यान रखने योग्य बिंदु

✦ प्रश्नों के अंत में उल्लेख करें, स्पष्ट करें, इंगित करें, वर्णन करें, चर्चा करें, समझाएँ आदि शब्दावली आती है। ऐसे प्रश्नों के उत्तर आपको सामान्य विवरण के साथ प्रश्न की प्रवृत्ति के अनुसार देने हैं। 'कारण बताएँ' 'छानबीन तथा मूल्यांकन करें', 'उदाहरण सहित विचार करें', 'तर्कसंगत उत्तर दें' वाले प्रश्नों में आपको थोड़ा सोचकर, उत्तर की रूपरेखा बना तथ्य, विवेचना तथा उदाहरण के साथ सारगर्भित एवं प्रभावशाली उत्तर देने हैं।

✦ अपने उत्तरों में प्रासंगिक उदाहरणों खासकर समसामयिक प्रसंगों का प्रयोग करें।

✦ शब्द-सीमा का ध्यान रखें। अन्यथा आप सभी प्रश्न हल नहीं कर पाएँगे।

✦ उत्तर सुसंबद्ध होना चाहिए तथा प्रश्न की सीमा से बँधा होना चाहिए।

- ✦ तथ्य आधारित भौगोलिक प्रश्नों के उत्तर सरल-सहज भाषा में दें।
- ✦ रचनात्मक प्रश्नों के उत्तर में अपनी बौद्धिक कुशलता दिखाएँ।
- ✦ विवादात्मक प्रश्नों के उत्तर में संतुलन बनाए रखें, खासकर भारतीय इतिहास के कई प्रश्नों में 'मुंडे-मुंडे मतिर्भिन्ना' वाली स्थिति होती है। अतः आवेशयुक्त विचारों पर संयम रखते हुए स्वर्णिम मध्यम मार्ग पर चलते हुए अपने उत्तर लिखें।

❑❑❑

अध्याय

5

सामान्य अध्ययन द्वितीय प्रश्न-पत्र की रणनीति

सामान्य अध्ययन प्रश्न–पत्र 2

शासन व्यवस्था, संविधान शासन प्रणाली, सामाजिक न्याय तथा अंतरराष्ट्रीय संबंध

- ✦ भारतीय संविधान–ऐतिहासिक आधार, विकास, विशेषताएँ, संशोधन, महत्त्वपूर्ण प्रावधान और बुनियादी संरचना
- ✦ संघ एवं राज्यों के कार्य तथा उत्तरदायित्व,
    - संघीय ढाँचे से संबंधित विषय एवं चुनौतियाँ,
    - स्थानीय स्तर पर शक्तियों एवं वित्त का हस्तांतरण और उसकी चुनौतियाँ
- ✦ विभिन्न घटकों के बीच शक्तियों का पृथक्करण, विवाद निवारण तंत्र तथा संस्थान
- ✦ भारतीय संवैधानिक योजना की अन्य देशों के साथ तुलना
- ✦ संसद और राज्य विधायिका–संरचना, कार्य, कार्य–संचालन, शक्तियाँ एवं विशेषाधिकार और इनसे उत्पन्न होने वाले विषय
- ✦ कार्यपालिका और न्यायपालिका की संरचना, संगठन और कार्य–सरकार के मंत्रालय एवं विभाग, प्रभावक समूह और औपचारिक/अनौपचारिक संघ तथा शासन प्रणाली में उनकी भूमिका

- जन प्रतिनिधित्व अधिनियम की मुख्य विशेषताएँ
- विभिन्न संवैधानिक पदों पर नियुक्ति और विभिन्न संवैधानिक निकायों की शक्तियाँ, कार्य और उत्तरदायित्व
- सांविधिक, विनियामक और विभिन्न अर्ध-न्यायिक निकाय
- सरकारी नीतियों और विभिन्न क्षेत्रों में विकास के लिए हस्तक्षेप और उनके अभिकल्पन तथा कार्यान्वयन के कारण उत्पन्न विषय
- विकास प्रक्रिया तथा विकास उद्योग-गैर सरकारी संगठनों, स्वयं सहायता समूहों, विभिन्न समूहों और संघों, दानकर्ताओं, लोकोपकारी संस्थाओं, संस्थागत एवं अन्य पक्षों की भूमिका
- केंद्र एवं राज्यों द्वारा जनसंख्या के अति संवेदनशील वर्गों के लिए कल्याणकारी योजनाएँ एवं इन योजनाओं का कार्य-निष्पादन, इन अति संवेदनशील वर्गों की रक्षा एवं बेहतरी के लिए गठित तंत्र, विधि, संस्थान एवं निकाय
- स्वास्थ्य, शिक्षा, मानव संसाधनों से संबंधित सामाजिक क्षेत्र/सेवाओं के विकास और प्रबंधन से संबंधित विषय
- गरीबी एवं भूख से संबंधित विषय
- शासन व्यवस्था, पारदर्शिता और जवाबदेही के महत्त्वपूर्ण पक्ष, ई गवर्नेंस-अनुप्रयोग, मॉडल, सफलताएँ, सीमाएँ और संभावनाएँ, नागरिक चार्टर, पारदर्शिता एवं जवाबदेही और संस्थागत तथा अन्य उपाय
- लोकतंत्र में सिविल सेवाओं की भूमिकाएँ
- भारत एवं इसके पड़ोसी देशों से संबंध
- द्विपक्षीय क्षेत्रीय एवं वैश्विक समूह और भारत से संबंधित और/अथवा भारत के हितों को प्रभावित करने वाले करार
- भारत के हितों, भारतीय परिदृश्य पर विकसित तथा विकासशील देशों की नीतियों तथा राजनीति का प्रभाव
- महत्त्वपूर्ण अंतरराष्ट्रीय संस्थान, संस्थाएँ और मंच-उनकी संरचना, अधिदेश

तैयारी हेतु ध्यान रखने योग्य बिंदु

सामान्य अध्ययन के दूसरे प्रश्न-पत्र में वर्तमान में 10 अंकों के 10 प्रश्न एवं 15 अंकों के 10 प्रश्न होते हैं तथा प्रश्नों के उत्तर क्रमशः 150 एवं 250 शब्दों में लिखने होते हैं।

प्रश्नों की प्रवृत्ति इस प्रकार की है कि उन्हें लिखने के लिए पाठ्यक्रम का गहन अध्ययन आवश्यक है।

- उच्चतम न्यायालय के महत्त्वपूर्ण निर्णयों से अपने आप को अद्यतन रखें। ये सभी निर्णय आपको SC की वेबसाइट या indiankanoon.org जैसी websites से मिल जाएँगे।
- प्रश्नों की प्रवृत्ति में 'टिप्पणी करें', 'चर्चा कीजिए', 'संक्षिप्त वर्णन कीजिए', 'सुझाव दीजिए', आदि शब्दावली वाले प्रश्न उत्तर लेखन के लिए सरल हैं। सामान्यत: यहाँ प्रश्नगत तथ्य पर आम सहमति होती है।

वहीं, 'विवेचना करें', 'विश्लेषण करें', 'परीक्षण करें', 'आलोचनात्मक परीक्षण करें', 'औचित्य बताएँ' जैसी शब्दावली युक्त प्रश्नों के उत्तर सोच-समझकर गुण-दोष विवेचन करते हुए संतुलित रूप में लिखें। इन प्रश्नों में प्रश्नगत तथ्य के दो या अनेक पहलू हो सकते हैं। उदाहरण के लिए विगत वर्ष का एक जटिल प्रश्न देखें-

- "क्या आप इस मत से सहमत हैं कि विकास हेतु दाता अभिकरणों पर बढ़ती निर्भरता विकास प्रक्रिया में सामुदायिक भागीदारी के महत्त्व को घटाती है? अपने उत्तर के औचित्य को सिद्ध कीजिए। (15 अंक, 250 शब्द)

उपरोक्त वक्तव्य से न तो आप पूरी तरह सहमत हो सकते हैं और न ही असहमत। अत: दोनों पहलुओं को दिखाते हुए आपको उसके आधार के रूप में उदाहरण भी देने हैं।

अब विगत वर्ष का एक सरल प्रश्न देखते हैं-

- "एक कल्याणकारी राज्य की नैतिक अनिवार्यता के अलावा प्राथमिक स्वास्थ्य संरचना धारणीय विकास की एक आवश्यक पूर्व-शर्त है।" विश्लेषण कीजिए। (10 अंक -150 शब्द)

उपरोक्त वक्तव्य में कोई जटिलता नहीं है। आपको SDG लक्ष्य, कल्याणकारी राज्य की अवधारणा और उसके लिए प्राथमिक स्वास्थ्य के महत्त्व को प्रतिपादित करते हुए 150 शब्दों में संक्षेप में इस प्रश्न का उत्तर लिखना है।

अध्याय

6

सामान्य अध्ययन तृतीय प्रश्न-पत्र की रणनीति

सामान्य अध्ययन प्रश्न-पत्र 3

प्रौद्योगिकी, आर्थिक विकास, जैव विविधता, पर्यावरण, सुरक्षा तथा आपदा प्रबंधन

- भारतीय अर्थव्यवस्था तथा योजना, संसाधनों को जुटाने, प्रगति, विकास तथा रोजगार से संबंधित विषय
- समावेशी विकास तथा इससे उत्पन्न विषय
- सरकारी बजट
- मुख्य फसलें-देश के विभिन्न भागों में फसलों का पैटर्न-सिंचाई के विभिन्न प्रकार एवं सिंचाई प्रणाली- कृषि उत्पाद का भंडारण, परिवहन तथा विपणन, संबंधित विषय तथा बाधाएँ, किसानों की सहायता के लिए ई-प्रौद्योगिकी
- प्रत्यक्ष एवं अप्रत्यक्ष कृषि सहायता तथा न्यूनतम समर्थन मूल्य से संबंधित विषय; जन वितरण प्रणाली उद्देश्य, कार्य, सीमाएँ, सुधार; बफर स्टॉक तथा खाद्य सुरक्षा संबंधी विषय: प्रौद्योगिकी मिशन, पशु-पालन संबंधी अर्थशास्त्र।
- भारत में खाद्य प्रसंस्करण तथा अन्य संबंधित उद्योग- कार्यक्षेत्र एवं महत्त्व, स्थान, अपेक्षाएँ, आपूर्ति श्रृंखला प्रबंधन

- भारत में भूमि सुधार
- उदारीकरण का अर्थव्यवस्था पर प्रभाव, औद्योगिक नीति में परिवर्तन तथा औद्योगिक विकास पर इसका प्रभाव
- बुनियादी ढाँचा : ऊर्जा, बंदरगाह, सड़क, विमानपत्तन, रेलवे आदि
- निवेश मॉडल
- विज्ञान एवं प्रौद्योगिकी-विकास एवं अनुप्रयोग और रोजमर्रा के जीवन पर इसका प्रभाव
- विज्ञान एवं प्रौद्योगिकी में भारतीयों की उपलब्धियाँ; देशज रूप से प्रौद्योगिकी का विकास और नई प्रौद्योगिकी का विकास
- सूचना प्रौद्योगिकी, अंतरिक्ष, कंप्यूटर, रोबोटिक्स, नैनो-टेक्नोलॉजी, बायो- टेक्नोलॉजी और बौद्धिक संपदा अधिकारों से संबंधित विषयों के संबंध में जागरूकता
- संरक्षण, पर्यावरण प्रदूषण और क्षरण, पर्यावरण प्रभाव का आकलन
- आपदा और आपदा प्रबंधन
- विकास और फैलते उग्रवाद के बीच संबंध
- आंतरिक सुरक्षा के लिए चुनौती उत्पन्न करने वाले शासन विरोधी तत्त्वों की भूमिका
- संचार नेटवर्क के माध्यम से आंतरिक सुरक्षा को चुनौती, आंतरिक सुरक्षा चुनौतियों में मीडिया और सोशल नेटवर्किंग साइटों की भूमिका, साइबर सुरक्षा की बुनियादी बातें, धन-शोधन और इसे रोकना
- सीमावर्ती क्षेत्रों में सुरक्षा चुनौतियाँ एवं उनका प्रबंधन- संगठित अपराध और आतंकवाद के बीच संबंध
- विभिन्न सुरक्षा बल और संस्थाएँ तथा उनके अधिदेश

रणनीति

- सामान्य अध्ययन के तीसरे प्रश्न-पत्र में वर्तमान में 10 अंकों के 10 प्रश्न एवं 15 अंकों के 10 प्रश्न रहते हैं। प्रश्नों के उत्तर क्रमशः 150 एवं 250 शब्दों में लिखने होते हैं। प्रश्नों की प्रवृत्ति विश्लेषणात्मक प्रकार की होती है।
- प्रश्नों में 'तर्क दें', 'चर्चा करें', 'टिप्पणी करें', 'सविस्तार स्पष्ट करें', 'व्याख्या करें', 'विवेचना करें', 'विस्तार से समझाएँ', 'कारण सहित उत्तर की पुष्टि करें',

उल्लेख कीजिए, 'सुझाव दीजिए', जैसे तथ्य एवं विवरण आधारित प्रश्न होते हैं। वहीं, 'समालोचनात्मक मूल्यांकन करें, 'पक्ष-विपक्ष का समालोचनात्मक मूल्यांकन करें', 'परीक्षण करें', उदाहरण के साथ विश्लेषण करें, जैसे प्रश्नों में विषय के सभी पहलुओं को समाहित करते हुए आपको अपने संतुलित, सारगर्भित एवं सतर्क निष्कर्ष रखने हैं।

- आपदा, जलवायु परिवर्तन, आंतरिक सुरक्षा, विज्ञान एवं प्रौद्योगिकी के कई प्रश्न समसामयिक घटनाओं से जुड़े होते हैं। समसामयिक उदाहरणों से अपने को अद्यतन रखें।

कुछ प्रासंगिक प्रश्नों के नमूने देखें -

- हाल के समय में भारत में आर्थिक संवृद्धि की प्रकृति का वर्णन अक्सर नौकरीहीन संवृद्धि के तौर पर किया जाता है। क्या आप इस विचार से सहमत हैं? अपने उत्तर के समर्थन में तर्क प्रस्तुत कीजिए। 2015 (12.5 अंक, 200 शब्द)
- *वैक्सीन निर्माण का आधारभूत सिद्धांत क्या है? वैक्सीन कैसे कार्य करती हैं? कोविड -19 टीकों के निर्माण हेतु भारतीय वैक्सीन निर्माताओं ने क्या-क्या पद्धतियाँ अपनाई हैं? 2022 (250 शब्द, 15 अंक)

❑❑❑

अध्याय

7

सामान्य अध्ययन चतुर्थ प्रश्न-पत्र की रणनीति

सामान्य अध्ययन प्रश्न–पत्र 4

नीतिशास्त्र, सत्यनिष्ठा और अभिरुचि

✦ नीतिशास्त्र तथा मानवीय सह–संबंध :– मानवीय क्रियाकलापों में नीतिशास्त्र का सारतत्त्व, इसके निर्धारक और परिणाम;

- नीतिशास्त्र के आयाम; निजी और सार्वजनिक संबंधों में नीतिशास्त्र,
- मानवीय मूल्य– महान नेताओं, सुधारकों और प्रशासकों के जीवन तथा उनके उपदेशों से शिक्षा,
- मूल्य विकसित करने में परिवार, समाज और शैक्षणिक संस्थाओं की भूमिका।

✦ अभिवृत्ति : सारांश (कंटेंट) संरचना, वृत्ति : विचार तथा आचरण के परिप्रेक्ष्य में इसका प्रभाव एवं संबंध

- नैतिक और राजनीतिक अभिरुचि,
- सामाजिक प्रभाव और धारणा।

✦ सिविल सेवा के लिए अभिरुचि तथा बुनियादी मूल्य,

- सत्यनिष्ठा,
- भेदभाव रहित तथा गैर तरफदारी,
- निष्पक्षता,
- सार्वजनिक सेवा के प्रति समर्पण भाव,
- कमजोर वर्गों के प्रति सहानुभूति,
- सहिष्णुता तथा संवेदना।

✦ भावनात्मक समझ : अवधारणाएँ तथा प्रशासन एवं शासन व्यवस्था में उनके उपयोग एवं प्रयोग

✦ भारत तथा विश्व के नैतिक विचारकों तथा दार्शनिकों के योगदान

✦ लोक प्रशासनों में लोक/सिविल सेवा मूल्य तथा नीतिशास्त्र : स्थिति तथा समस्याएँ;

- सरकारी तथा निजी संस्थाओं में नैतिक चिंताएँ तथा दुविधाएँ,
- नैतिक मार्गदर्शन के स्रोतों के रूप में विधि, नियम, विनियम अंतरात्मा,
- शासन व्यवस्था में नीतिपरक तथा नैतिक मूल्यों का सुदृढ़ीकरण,
- अंतरराष्ट्रीय संबंधों तथा निधि व्यवस्था (फंडिंग) में नैतिक मुद्दे,
- कॉर्पोरेट शासन व्यवस्था।

✦ शासन व्यवस्था में ईमानदारी;

- लोक सेवा की अवधारणा,
- शासन व्यवस्था और ईमानदारी का दार्शनिक आधार,
- सरकार में सूचना का आदान-प्रदान और पारदर्शिता, सूचना का अधिकार,
- नीतिपरक आचार संहिता, आचरण संहिता,
- नागरिक घोषणा पत्र,
- कार्यसंस्कृति, सेवा सेवा प्रदान करने की गुणवत्ता,
- लोक निधि का उपयोग,
- भ्रष्टाचार की समस्या।

वर्तमान में सामान्य अध्ययन के चतुर्थ प्रश्न-पत्र के प्रश्न दो खंडों में विभाजित होते हैं-खंड A में सिद्धांत हैं तो खंड B उनके प्रयोग पर केंद्रित है। खंड A में 6 प्रश्न होते हैं

जिसमें 5 प्रश्न दो हिस्सों में होते हैं जिसमें 10 अंक के 150 शब्दों में लिखे जाने वाले प्रश्न हैं। इनमें एक प्रश्न का आधा अंश लघु टिप्पणीपरक है जहाँ 30 शब्दों की 5 टिप्पणियाँ लिखनी होती हैं। उद्धरण का अभिप्राय लिखने वाले प्रश्न में तीन उद्धरणों के 150 शब्दों में अपने विचार में अभिप्राय लिखने पर 30 अंक हैं। कुल मिलाकर खंड A के 130 अंक हैं।

खंड B में 20 अंक के छह प्रश्न अर्थात् 120 अंक के प्रश्न होते हैं जिनमें प्रत्येक प्रश्न का उत्तर 250 शब्द में दिया जाना होता है।

खंड A में आए प्रश्नों में 'विश्लेषणात्मक मूल्यांकन करें', 'विश्लेषणात्मक परीक्षण करें', 'सोदाहरण विवेचन कीजिए', 'विवेचन कीजिए', 'औचित्य सिद्ध कीजिए', 'समीक्षा कीजिए', 'तर्कसंगत व्याख्या कीजिए', जैसे प्रश्नों में आपके ज्ञान के साथ विचारों की गहराई एवं संतुलन की परीक्षा होती है, जहाँ प्रश्न के सभी पहलुओं को सोदाहरण रखने के बाद आपको अपने निष्कर्ष या उपसंहार को सामने रखना है।

वहीं 'वर्णन कीजिए', 'सविस्तार समझाइए' जैसे प्रश्न तथ्य, विवरण एवं उदाहरण के साथ अच्छे से लिखे जा सकते हैं।

- ✦ उद्धरण का आपके विचार में अभिप्राय स्पष्ट करने वाले प्रश्न में पृष्ठभूमि के साथ अपने सटीक विचार दें।
- ✦ मूल्यों पर लघु टिप्पणीपरक प्रश्नों में सटीक टिप्पणी दें।

विगत वर्षों में पूछे गए कुछ प्रश्नों के उदाहरण

- ✦ सभी सिविल सेवकों को प्रदान किए गए नियम और विनियम समान हैं, फिर भी प्रदर्शन में अंतर है। सकारात्मक सोच वाले अधिकारी नियमों और विनियमों के मामले में पक्ष में व्याख्या करने और सफलता प्राप्त करने में समर्थ होते हैं, जबकि नकारात्मक सोचवाले अधिकारी मामले के खिलाफ समान नियमों और विनियमों की व्याख्या करके लक्ष्य प्राप्त करने में असमर्थ होते हैं। सोदाहरण विवेचन कीजिए।

2022 (10 अंक 150 शब्द)

खंड B के प्रश्न केस स्टडी आधारित होते हैं जहाँ प्रसंग के नैतिक मुद्दे/ नैतिक दुविधाएँ, निर्णय हेतु उपलब्ध विकल्पों का आलोचनात्मक परीक्षण, सर्वाधिक उपयुक्त विकल्प चयन, प्रसंग के विषय के संबंध में नीतिगत सुझाव जैसे प्रश्न होते हैं।

यहाँ के अधिकांश प्रश्न वास्तविक प्रशासनिक समस्याओं के मॉडल के रूप में होते हैं। हालिया उदाहरण के रूप में, खनन माफिया की गाड़ी तथा शहीद पुलिस अधिकारी से लेकर कोविड काल के दौरान पैदल गाँव लौटते प्रवासियों पर केस स्टडी देकर पूछे गए प्रश्न। नैतिकता और लोक व्यावहारिकता के संतुलन के मध्यम मार्ग से ही इन प्रश्नों को हल किया जा सकता है।

❑❑❑

अध्याय

8

निर्णय लेने वाले प्रश्न हल करें-गाँधीजी के जंतर की मदद से

यूपीएससी सिविल सेवा की प्रारंभिक परीक्षा में एक अहम् हिस्सा निर्णय क्षमता को जाँचने वाले प्रश्नों का हुआ करता है। वर्तमान में ये मुख्य परीक्षा के चौथे प्रश्न-पत्र के अंतर्गत आ रहे हैं। ये ऐसे प्रश्न हैं जो आपको प्रशासनिक निर्णय लेने की कसौटी पर कसते हैं। ये इस बात की जाँच करते हैं कि कठिन निर्णय लेने की दुविधापूर्ण घड़ी में आप सही निर्णय ले पाते हैं या नहीं?

निर्णय लेना या डिसीजन मेकिंग काफी सब्जेक्टिव होता है। किसी भी निर्णय को लेने के पीछे कई कारक तत्त्व होते हैं और किसी भी व्यक्ति की परवरिश और परिवेश उसके निर्णय लेने की क्षमता को काफी हद तक प्रभावित करते हैं। दूसरी बात कि कोई भी निर्णय कभी भी परफेक्ट नहीं हो सकता। हर निर्णय के अपने फायदे-नुकसान होते हैं। आपको बस यह देखना है कि तत्काल और लंबे समय में जनता का सबसे ज्यादा भला किस निर्णय से होगा। यूपीएससी आप से आशा करती है कि आप दुविधा और चुनौती की स्थितियों में सबसे उपयुक्त निर्णय लें।

केस स्टडीज

1. अपने अधीनस्थ द्वारा आपके विभाग की कार्यक्षमता बढ़ाने के लिए तैयार किए गए प्रतिवेदन के संबंध में, जिसे अतिशीघ्र प्रस्तुत किया जाना है, आपके अभिमत भिन्न

हैं। आपका अधीनस्थ प्रतिवेदन में दी गई सूचनाओं एवं निष्कर्षों को सही ठहरा रहा है। आपका अधीनस्थ कई वर्षों से आपके साथ काम कर रहा है और आपको उसकी क्षमता एवं दक्षता पर पूर्ण विश्वास है। आप क्या करेंगे?

(2012 सीसैट-मुख्य परीक्षा के अनुरूप संशोधित)

क) अपने अधीनस्थ से स्वीकार कराएँगे कि वह गलत है।

ख) उसको परिणामों पर पुनर्विचार हेतु कहेंगे।

ग) प्रतिवेदन में आप स्वयं संशोधन कर लेंगे।

घ) अधीनस्थ को कहेंगे कि अपनी गलती को उचित न ठहराए।

आपके सामने उपलब्ध विकल्पों एवं नैतिक दुविधाओं का वर्णन करें एवं सभी विकल्पों का मूल्यांकन करें।

यूपीएससी की उत्तर कुंजी के अनुसार इसका सही उत्तर (क) एवं (ग) है।

विश्लेषण-आपके अधीनस्थ ने आपके निर्देश के आलोक में प्रतिवेदन तैयार किया है। उस पर आपका पूर्व का विश्वास है और उसकी कार्यक्षमता के बारे में आप आश्वस्त हैं। ऐसी स्थिति में समय रहने पर उचित यह होता कि पूरी टीम के साथ उस मसले और प्रतिवेदन पर चर्चा कर सभी का अभिप्राय लेकर युक्तियुक्त निर्णय लिया जाए।

सही विकल्पों की संगतता का आकलन

क)यहाँ पर विचार करने के मुद्दे हैं कि रिपोर्ट को अतिशीघ्र प्रस्तुत किया जाना है। अतः समय बहुत ही महत्त्वपूर्ण घटक है। इसीलिए पहला विकल्प बनता है कि आप अपने अधीनस्थ को समझाएँगे कि रिपोर्ट में ये गलतियाँ हैं और यदि वह सहमत है तो उसे अतिशीघ्र रिपोर्ट को बदलकर लाने के लिए कहेंगे।

ग)दूसरा विकल्प है कि समय को ध्यान में रखते हुए आप स्वयं ही रिपोर्ट में आवश्यक संशोधन कर लेंगे। आप बॉस हैं और आपके अधीनस्थ की रिपोर्ट में संशोधन करने का आपको पूरा-पूरा प्रशासनिक अधिकार है।

गलत विकल्पों की अनुपयुक्तता का विश्लेषण

विकल्प (ख) की समस्या है कि समय की कमी को ध्यान में रखते हुए पुनर्विचार सही विकल्प नहीं है। अगर निर्णय काफी जटिल है और समय की कोई पाबंदी नहीं है तो उस परिस्थिति में ये सही विकल्प हो सकता है।

विकल्प (घ) तानाशाही रवैये को दर्शाता है। आपके अधीनस्थ ने रिपोर्ट तैयार की, आप सहमत नहीं हैं और आपकी असहमति तार्किक है तो आप उसका मार्गदर्शन कर उसे

रिपोर्ट बदलने के लिए कह सकते हैं। मगर, यदि वह अपने दृष्टिकोण पर अडिग है और उसके पास अपने तर्क हैं जो उसकी दृष्टि में सही हैं तो बेहतर है कि समय की कमी को ध्यान में रखते हुए आप उस रिपोर्ट को स्वयं ही संशोधित कर लें।

जहाँ भी आपके किसी निर्णय से लोगों पर प्रतिकूल प्रभाव पड़ रहा हो, वहाँ निर्णयों में नैसर्गिक न्याय के सिद्धांत का पालन अनिवार्य है। इस सिद्धांत के अनुसार किसी भी व्यक्ति को कोई दंड देने के पहले या उसके हितों के विपरीत निर्णय लेने के पहले उसे अपनी बात रखने का अवसर अवश्य मिलना चाहिए।

2. आप सुदूर क्षेत्र में जल आपूर्ति परियोजना पर कार्य कर रहे हैं। किसी भी हालत में परियोजना की पूरी लागत वसूल कर पाना असंभव है। उस क्षेत्र में आय का स्तर काफी नीचा है और 25% जनता गरीबी की रेखा से नीचे है। जलापूर्ति की कीमत निर्धारण का नियम लेते समय आप क्या करेंगे?

क) यह अनुशंसा करेंगे कि पूरी जलापूर्ति निःशुल्क हो।

ख) यह अनुशंसा करेंगे कि सभी उपयोगकर्ता नल लगाने हेतु एक बार तय शुल्क का भुगतान करें और पानी का उपयोग निःशुल्क हो।

ग) यह अनुशंसा करेंगे कि गरीबी रेखा से ऊपर के परिवारों के लिए एक निर्धारित तय मासिक शुल्क हो और गरीबी रेखा से नीचे के परिवारों के लिए जलापूर्ति निःशुल्क हो।

घ) यह अनुशंसा करेंगे कि उपयोगकर्ता जल के उपभोग पर आधारित शुल्क का भुगतान करें जिसमें गरीबी रेखा से ऊपर तथा नीचे के परिवारों के लिए विभेदीकृत शुल्क निर्धारित किया जाए।

उत्तरकुंजी के अनुसार इसका सही उत्तर (ग) और (घ) है।

विश्लेषण

विकल्प (क) मुद्रीय घाटे को देखते हुए तथा इस बात को ध्यान में रखते हुए निःशुल्क सुविधा जल के दुरुपयोग को बढ़ावा देगी, अनुपयुक्त है।

विकल्प (ख) गरीबी रेखा से नीचे के परिवारों पर ज्यादा बोझ डालता है (नल की स्थापना के लिए एकमुश्त शुल्क के रूप में) और फिर जल आपूर्ति निःशुल्क होने पर जल के दुरुपयोग की संभावना है।

विकल्प (ग) एवं (घ) सामाजिक न्याय और सकारात्मक विभेदीकरण के साथ–साथ जल के दुरुपयोग की संभावना को भी न्यूनतम स्तर पर रखते हैं।

3. एक नागरिक के रूप में आपको एक सरकारी विभाग से कुछ काम है। संबद्ध अधिकारी आपको बार-बार बुलाता है और आपसे अप्रत्यक्षत: बिना कुछ कहे रिश्वत देने के इशारे करता है। आप अपना कार्य कराना चाहते हैं। आप क्या करेंगे?

(क) रिश्वत दे देंगे।

(ख) ऐसा व्यवहार करेंगे मानो आप उसके इशारे नहीं समझ रहे हैं और अपने आवेदन पर डटे रहेंगे।

(ग) रिश्वत के इशारों के संबंध में मौखिक शिकायत के साथ उच्चतर अधिकारी के पास सहायता के लिए जाएँगे।

(घ) एक औपचारिक शिकायत भेजेंगे।

यूपीएससी की उत्तरकुंजी के हिसाब से इसका सही उत्तर (ख) एवं (ग) है।

विश्लेषण

यहाँ विकल्प (क) के सही होने का प्रश्न ही नहीं उठता।

विकल्प (ख) सही होते हुए भी एक लचर विकल्प है। धारणा यह ली गई है कि यदि आप उसके इशारे न समझने का व्यवहार करेंगे तो परेशान होकर वो आपका काम कर देगा। मगर मेरी धारणा में अगर वह अधिकारी आपको बार-बार बुलाकर परेशान कर रहा है तो वह बेशर्मी की मोटी खाल से ढका नंगा इंसान है जिससे मरते दम तक बिना घूस लिए काम की आशा आकाशकुसुम की आशा जैसी ही है।

विकल्प (ग) सही और तार्किक है।

विकल्प (घ) भी दमदार है, शायद सबूतों की कमी की वजह से इसे विकल्प नहीं माना गया है।

एक और अच्छा विकल्प जो यहाँ मौजूद नहीं है वह यह है कि आप सूचना के अधिकार के अंतर्गत आवेदन देकर अधिकारी से पूछें कि इस कार्य को करने के लिए कितने समय की आवश्यकता है और इस पर अनावश्यक विलंब का कारण क्या है? आपको उत्तर भेजने के पहले आपका काम कर दिया जाएगा।

रणनीति

विगत कुछ वर्षों से निर्णय क्षमता वाले प्रश्न प्रारंभिक परीक्षा में नहीं पूछे जा रहे हैं। उसकी जगह सामान्य अध्ययन मुख्य परीक्षा के चौथे प्रश्न-पत्र में केस स्टडी आधारित प्रश्न पूछे जा रहे हैं।

वर्ष 2012 से अब तक के केस स्टडी तथा निर्णय क्षमता परखने के लिए आए प्रश्नों के विश्लेषण के बाद इन प्रश्नों तथा सामान्य अध्ययन के चौथे प्रश्न-पत्र के प्रश्नों को हल करने हेतु कुछ व्यावहारिक सुझाव निम्नांकित हैं-

1. अनिर्णय या निर्णय को अनिश्चित काल तक टालने या उसे अपने सर से किसी और के सर पर लादने वाले विकल्पों से बचें। खोखले विकल्प के चयन से बचें। आपके निर्णय का प्रभाव होना चाहिए। आपका निर्णय शालीनता के आवरण में छिपा अनिर्णय नहीं होना चाहिए।

2. सही विकल्प हमारे संविधान और कानूनों की सीमारेखा में हों, इस बात का ख्याल रखें। संविधान की प्रस्तावना, मौलिक अधिकार एवं मौलिक कर्त्तव्य तथा नीति निदेशक तत्त्व को अपने मार्गदर्शक के रूप में प्रयोग करें।

3. नेचुरल जस्टिस अर्थात् नैसर्गिक न्याय के सिद्धांत का हर निर्णय में पालन अनिवार्य है। इस सिद्धांत के अनुसार किसी भी व्यक्ति को दंड देने के पहले या उसके हितों के विपरीत निर्णय लेने के पहले उसे अपनी बात रखने का अवसर अवश्य मिलना चाहिए।

4. अपने निर्णयों में पक्षपात से बचें। हमेशा ध्यान रखें कि हमारे निर्णय निष्पक्ष और जनता के लिए होने चाहिए।

5. निर्णय लेने में कोई संदेह हो तो गाँधीजी के जंतर को याद करें जो हर एनसीईआरटी की पुस्तक में आपको लिखा मिलता है-

"तुम्हें एक जंतर देता हूँ। जब भी तुम्हें संदेह हो या तुम्हारा अहम तुम पर हावी होने लगे, तब तुम यह कसौटी आजमाओ जो सबसे गरीब और कमजोर आदमी तुमने देखा हो, उसकी शक्ल याद करो और अपने दिल से पूछो कि जो कदम उठाने का तुम विचार कर रहे हो, वह उस आदमी के लिए कितना उपयोगी होगा। क्या उससे उसे कुछ लाभ पहुँचेगा? क्या उससे वह अपने जीवन और भाग्य पर कुछ काबू पा सकेगा? यानी क्या उससे उन करोड़ों लोगों को स्वराज्य मिल सकेगा, जिनके पेट भूखे हैं और आत्मा अतृप्त है?

तब तुम देखोगे कि तुम्हारा संदेह मिट रहा है और अहम समाप्त होता जा रहा है।"

आपके निर्णय पॉजिटिव डिस्क्रिमिनेशन अर्थात् सकारात्मक विभेदीकरण के सिद्धांत के अनुरूप हो सकते हैं।

6. यूपीएससी के उत्तरों के लिए व्यावहारिकता के ऊपर सिद्धांतों को प्रश्रय दें। लिखित परीक्षा में, जिसके उत्तर यूपीएससी अब अपनी वेबसाइट पर भी दे रही है, आपसे ऊँचे नैतिक मूल्यों वाले उत्तरों की ही आशा करेगी। भले ही उसे यह पता हो कि जो उत्तर दिया गया है उसे अमल में लाना टेढ़ी खीर है।

7. जनता की किसी भी शिकायत को अनदेखा न किया जाए, यह आपके उत्तरों में झलकना चाहिए। आप जनता के लिए काम करेंगे, इस बात का हमेशा ख्याल रखें। समानुभूति के साथ सोचें। साथ ही इस बात का भी ध्यान रहे कि आप अपनी शिकायतों को भी दूर करा पा रहे हैं या किसी दवाब की वजह से आपके साथ या आपके सहकर्मियों के साथ कोई भेदभाव या अन्याय न हो। सीधी-सी बात है कि अगर आप अपने खिलाफ हो रहे अन्याय और भेदभाव का प्रतिकार नहीं कर सकते तो जनता को कहाँ से न्याय दिला पाएँगे।

8. दवाब में कोई निर्णय न लें, सुनें सबकी पर निर्णय वही लें जो आपको अपने दिल से सही लगता है। अपने निर्णय की स्वतंत्रता, निष्पक्षता और अप्रत्याशितता को बरकरार रखें। यूपीएससी आप से बुलंद निर्णयों की अपेक्षा रखती है जो राष्ट्रहित में हों।

❑❑❑

अध्याय

9

द्वितीय प्रशासनिक सुधार आयोग की रिपोर्ट

https://darpg.gov.in/

वीरप्पा मोइली की अध्यक्षता वाले इस आयोग की रिपोर्ट 15 खंडों में है और फिर इसका सार संक्षेप है। संक्षेप में, इस रिपोर्ट को आप अपनी तैयारी के लिए कैसे प्रयोग करें, उस पर मैं थोड़ा प्रकाश डालना चाहूँगा –

प्रथम रिपोर्ट-सूचना का अधिकार उत्तम शासन के लिए मास्टर कुंजी

यह रिपोर्ट सामान्य अध्ययन के दूसरे एवं चौथे प्रश्न-पत्र हेतु उपयोगी है। चौथे प्रश्न-पत्र में सूचना का अधिकार पाठ्यक्रम में भी शामिल है।

द्वितीय रिपोर्ट-मानव संपदा का व्यापक विस्तार-हक़दारियाँ और अधिशासन-एक केस स्टडी

यह रिपोर्ट देश के मानव संसाधनों के समुचित प्रयोग और रोजगार योजनाओं के व्यापक विश्लेषण पर केंद्रित है और सामान्य अध्ययन के दूसरे, तीसरे एवं चौथे प्रश्न-पत्र हेतु उपयोगी है। एक क्षेत्र के लिए एक समग्र योजना के साथ-साथ मनरेगा में कई सुधार इस रिपोर्ट में सुझाए गए हैं जो अभी भी प्रासंगिक हैं।

तृतीय रिपोर्ट–संकट प्रबंधन–निराशा से आशा की ओर

इस रिपोर्ट में आपदा प्रबंधन हेतु क्षमतावर्धन के संबंध में महत्त्वपूर्ण सुझाव हैं। सामान्य अध्ययन के आपदा एवं आपदा प्रबंधन अंश हेतु उपयोगी।

चतुर्थ रिपोर्ट–शासन में नैतिकता

यह रिपोर्ट मानों सामान्य अध्ययन के चौथे प्रश्न–पत्र के लिए ही बनी है। इसमें राजनीतिक एवं प्रशासनिक जीवन में नैतिकता के मापदंडों को कायम रखने की बात है। सार्वजनिक पद पर बैठे लोगों से निःस्वार्थ निष्ठा, जवाबदेही, सत्यनिष्ठा, निष्कपटता, विषयनिष्ठता, ईमानदारी, नेतृत्व की अपेक्षा इस रिपोर्ट में की गई है जो सिविल सेवकों के लिए प्रासंगिक है और इसका गहन अध्ययन अपेक्षित है।

पाँचवीं रिपोर्ट–सार्वजनिक व्यवस्था–सभी के लिए न्याय। सभी के लिए शांति

इस रिपोर्ट में पुलिस सुधार एवं दंड से जुड़ी न्यायिक प्रणाली में सुधार पर जोर है एवं सार्वजनिक व्यवस्था को बनाए रखने हेतु सुझाव हैं।

छठी रिपोर्ट–स्थानीय अधिशासन–भविष्य की ओर प्रेरणादायी यात्रा

इस रिपोर्ट में स्थानीय स्वशासन को सुदृढ़ करने हेतु अनेक नूतन सुझाव दिए गए हैं। सिविल सेवकों की स्थानीय स्वशासन को मजबूत करने में महती भूमिका है और इस लिहाज से यह रिपोर्ट काफी महत्त्व रखती है।

सातवीं रिपोर्ट–विवाद समाधान हेतु क्षमता निर्माण

वर्तमान में भारत में विद्यमान हर तरह के संघर्ष–माओवाद से लेकर अनुसूचित जाति एवं जनजाति से जुड़े मुद्दे, धार्मिक–राजनीतिक संघर्ष, पूर्वोत्तर भारत में संघर्ष एवं उनके निपटान के सुझावों को समेटे यह रिपोर्ट सामान्य अध्ययन प्रश्न–पत्र के कई बिंदुओं हेतु सहायक है।

आठवीं रिपोर्ट–आतंकवाद से संघर्ष–न्यायसंगतता द्वारा संरक्षण

आतंकवाद के मुद्दे को यह रिपोर्ट समग्रता में आच्छादित करती है।

नौवीं रिपोर्ट–सामाजिक पूँजी–एक साझी नियति

यह रिपोर्ट शासन में सिविल सोसाइटी की भूमिका, सहकारिता, ट्रस्ट, स्वयंसेवी समूह, स्वविनियामक प्राधिकरण के योगदान को कैसे सकारात्मक तरीके से बढ़ा सकते हैं, पर प्रकाश डालती है।

दसवीं रिपोर्ट–कार्मिक प्रशासन का पुनर्गठन–नई ऊँचाइयों तक पहुँचना

सामान्य अध्ययन के चतुर्थ प्रश्न–पत्र हेतु रिपोर्ट काफी काम की है। प्रशासनिक सुधारों का एक खाँचा इस रिपोर्ट में खींचा गया है। सिविल सेवा संहिता एवं कानून पर भी जोर दिया गया है।

ग्यारहवीं रिपोर्ट–ई गवर्नेंस का संवर्धन–स्मार्ट' आगे बढ़ते कदम

शासन में ई गवर्नेंस का प्रयोग कर गुणात्मक सुधार लाने पर इस रिपोर्ट का जोर है।

बारहवीं रिपोर्ट–नागरिक केंद्रित प्रशासन–शासन का केंद्र बिंदु

वाकई में यह रिपोर्ट प्रशासनिक सुधारों का केंद्र बिंदु है। इस रिपोर्ट में नागरिक चार्टर एवं शिकायत समाधान तथा प्रशासन में जनता की भागीदारी जैसे मुद्दों पर काफी अच्छे सुझाव हैं। सामान्य अध्ययन के चतुर्थ प्रश्न–पत्र हेतु अत्यंत उपयोगी।

तेरहवीं रिपोर्ट–भारत सरकार की संगठनात्मक संरचना

भारत सरकार की कार्यपालिका में सुधार के उपाय इस रिपोर्ट में वर्णित हैं। सा.अध्ययन द्वितीय प्रश्न–पत्र हेतु प्रासंगिक।

चौदहवीं रिपोर्ट–वित्तीय प्रबंधन प्रणालियों का सुदृढ़ीकरण

केंद्र एवं राज्य सरकारों के वित्तीय प्रबंधन में सुधारों पर केंद्रित।

पंद्रहवीं रिपोर्ट–राज्य और जिला प्रशासन

यह रिपोर्ट सामान्य अध्ययन के दूसरे एवं चौथे प्रश्न–पत्र हेतु काफी अच्छी सामग्री देती है तथा राज्य एवं जिला प्रशासन के सुदृढ़ीकरण एवं सतत सुधारों पर केंद्रित है।

कुल मिलाकर, द्वितीय प्रशासनिक सुधार आयोग की रिपोर्ट सिविल सेवा के अभ्यर्थियों के लिए अवश्य पठनीय है और सामान्य अध्ययन के कई बिंदुओं पर उनका मार्गदर्शन करने में सक्षम है।

❑❑❑

अध्याय

10

सिविल सेवक से अपेक्षाएँ

(सामान्य अध्ययन मुख्य परीक्षा के चतुर्थ प्रश्न-पत्र हेतु उपयोगी)

एक अच्छे, सच्चे और प्रभावी सिविल सेवक का व्यक्तित्व क्या होना चाहिए और उस में क्या चारित्रिक मूल्य होने चाहिए, इस संबंध में लाल बहादुर शास्त्री राष्ट्रीय प्रशासन संस्थान के फाउंडेशन कोर्स के कुछ बिंदु देखें-

- बच्चों को सही attitude एवं मूल्य सिखाना जैसे अनुशासन, सत्यनिष्ठा, श्रम का सम्मान, संविधान के प्रति सच्चा समर्पण, नागरिकों के अधिकार की रक्षा खासकर हाशिये के लोगों, वंचितों एवं दिव्यांगों की।
- लोक सेवा की भावना जाग्रत करना।
- सरकारी प्रशासनिक व्यवस्था एवं आर्थिक, राजनीतिक, प्रशासनिक परिवेश की समझ पैदा करना।
- सर्वांगीण व्यक्तित्व विकास के साथ नेतृत्व क्षमता को धार देना।
- सभी सिविल सेवाओं में आपसी भाईचारे को बढ़ावा।

एक अच्छा सिविल सेवक बनने के लिए अपने व्यक्तित्व में किन बातों पर मेहनत करें, इस संबंध में उपरोक्त बिंदु एक अच्छी दिशारेखा देते हैं। मेरी नजर में एक आदर्श सिविल सेवक को एक प्रेरक टीम लीडर के तौर पर काम करना चाहिए।

एक आदर्श लीडर के तौर पर सिविल सेवक को लचीला, सक्रिय, रणनीतिक चिंतन एवं विश्लेषण युक्त होना चाहिए। उसे अपनी टीम हेतु परिवार के एक वरिष्ठ सदस्य की तरह होना चाहिए। उसे अपने समाज की संस्कृति–सभ्यता का जानकार होना चाहिए एवं अपने संस्थान को अगले स्तर तक ले जानेवाला होना चाहिए।

उसे भ्रष्टाचार और कमजोर प्रशासन की वजह से उत्पन्न संसाधनों के दुरुपयोग, परिणामों के बारे में अनिश्चितता, उद्देश्यों की प्राप्ति में विफलता और संस्थान की कमजोरियों के कारणों की भलीभाँति समझ होनी चाहिए ताकि वह जहाँ भी कार्यरत हो वहाँ पारदर्शी और जनकेंद्रित प्रशासन की मिसाल बना सके तथा संस्थान एवं लोक सेवा हेतु जनता का सद्भाव अर्जित कर सके।

उसे अपने कार्यालय/संस्थान में एक सकारात्मक कार्यसंस्कृति विकसित करनी चाहिए जिसमें व्यक्तिगत एवं संस्थागत उत्कृष्टता द्वारा जनसेवा के नए आयाम गढ़ने पर जोर हो। ऐसा संस्थान, जहाँ काम करने वाले लोग एक विशाल परिवार की तरह हों, जहाँ काम करने का माहौल खुशनुमा हो और जहाँ असहमतियों को आपसी बातचीत द्वारा सुलझाया जाता हो।

सिविल सेवक को कार्यक्षेत्र और समाज में हो सकनेवाले संघर्षों की गहरी समझ होनी चाहिए। इन संघर्षों को उत्पन्न होने से रोकने एवं सुलह–समझौते द्वारा इन संघर्षों की निपटाने की उसमें क्षमता होनी चाहिए।

आदर्श सिविल सेवक में परिस्थितियों का समग्र विश्लेषण करने, विकल्पों को तौलने एवं सर्वोत्तम विकल्प को निर्णय के रूप में चुनने की क्षमता होनी चाहिए। सम्यक् निर्णय क्षमता ही एक साधारण और असाधारण सिविल सेवक को अलग करती है।

आदर्श सिविल सेवक को हर परिस्थिति में स्वप्रेरित होना चाहिए एवं अपनी टीम के सदस्यों का निरंतर उत्साहवर्धन करना चाहिए। अपनी टीम के सदस्यों की कार्यक्षेत्र से जुड़ी समस्याओं को सुलझाने और उन्हें उनका वाजिब हक दिलाने में उसे हमेशा आगे रहना चाहिए। उनके शारीरिक, मानसिक एवं आध्यात्मिक स्वास्थ्य को अच्छा बनाए रखने हेतु हर आवश्यक पहल की जानी चाहिए। सिविल सेवक को अपने काम द्वारा अपनी टीम के समक्ष उदाहरण प्रस्तुत करना चाहिए।

एक अच्छे सिविल सेवक को अपने टीम के सदस्यों को जनता की समस्याओं एवं उनके संगठन के अच्छे काम के द्वारा लोगों के जीवन में खासकर समाज में हाशिये के लोगों एवं वंचित तबकों के जीवन में क्या गुणात्मक बदलाव लाए जा सकते हैं, का बोध कराना चाहिए। इससे उनको अपने काम में संतुष्टि भी मिलेगी और कड़ी मेहनत करने की प्रेरणा भी मिलेगी।

एक जागरूक सिविल सेवक को नियमित एवं निरंतर फील्ड इंस्पेक्शन द्वारा वास्तविकताओं के संपर्क में रहना चाहिए। इससे जनता की विभाग से आकांक्षाओं, विभाग के कार्य से संतुष्टि एवं विभाग से शिकायतों के बारे में उन्हें सीधी जानकारी मिलती है और जनता की शिकायत/सुझावों के साथ प्रशासन को जनकेंद्रित बनाने में मदद मिलती है।

एक अनुभव साझा करना चाहूँगा। केरल के सबसे ज्यादा आदिवासी जनसंख्या वाले जिले वायनाड में हर महीने के तीसरे बुधवार को आदिवासी कॉलोनी के भ्रमण एवं उनकी समस्याओं के त्वरित समाधान की पहल 'कॉलोनी मित्रम' नाम से मैंने अपनी जिला टीम के सहयोग से शुरू की थी। इस दिन सभी जिला स्तरीय पदाधिकारियों को अपनी टीम के साथ आदिवासी कॉलोनी में जाकर उनको जानना-समझना और यदि कोई समस्या मिले तो उसका समाधान करना था। इस पहल से जिले के सभी पदाधिकारियों को आदिवासी समस्याओं के प्रति संवेदनशील बनाने में मदद मिली और पहचान की गई अधिकांश समस्याओं को जिले के स्तर पर सुलझाया भी गया।

सामान्य अध्ययन के चौथे प्रश्न-पत्र की प्रकृति ऐसी है कि इस पर अभी तक कोई समग्र पुस्तक उपलब्ध नहीं है। इस प्रश्न-पत्र की तैयारी में भारत के संविधान, प्रशासनिक सुधार आयोग की रिपोर्ट काफी लाभदायक हैं। इसके अलावा अच्छे पत्र-पत्रिकाओं के प्रशासन से संबधित आलेख भी काफी मददगार हैं। फिर भी, यह काफी हद तक एक वस्तुनिष्ठ पत्र है जिसमें परीक्षक की दृष्टि काफी मायने रखती है। इसलिए, अगर आपके पास एक ऐसा आईना हो जो आपको यह दिखा सके कि यूपीएससी एवं सरकार इन विषयों पर आपसे क्या अपेक्षा रखती हैं, तो वह आप लोगों के लिए काफी महत्त्वपूर्ण होगा। कुछ समय पहले मैं भारत सरकार के Department of Personnel and Training (DOPT) एवं United Nations Development Programme(UNDP) के द्वारा तैयार किए "सिविल सेवा सक्षमता शब्दकोश" से रूबरू हुआ और मेरा मानना है कि सामान्य अध्ययन के चौथे प्रश्न-पत्र की तैयारी में यह कम्पास की तरह आपको दिशा दिखा सकता है। इस पुस्तिका से कम-से-कम इस प्रश्न-पत्र का कुछ हिस्सा पूर्ण हो जाता है और केस स्टडी के प्रश्नों को हल करने में भी आपको इससे काफी मदद मिलती है।

इस रिपोर्ट की प्रधान बातें मैं संक्षेप में अपनी टिप्पणियों और अपने अनुवाद के साथ आप लोगों के सम्मुख रख रहा हूँ। इस रिपोर्ट में अच्छे प्रशासन और प्रशासक से ये अपेक्षाएँ हैं-

सुशासन के लक्षण (*Characteristics of Good Governance)*

Accountability, Transparency, Equity and Inclusiveness, Participatory, Consensus Orientation, Following Rule of Law, Effectiveness and Efficiency

(उत्तरदायित्व/जिम्मेदारी, पारदर्शिता, समता एवं समावेशन, सहभागी, आम सहमति आधारित, नियमबद्ध शासन, प्रभावक्षम एवं दक्ष)

इस रिपोर्ट में सक्षमता पर जोर दिया गया है। इस रिपोर्ट में सक्षमता को इस प्रकार परिभाषित किया गया है –

***Competencies** are those underlying characteristics of an employee– motive, trait, skill, aspects of one's social image, social role or a body of knowledge, which can result in effective and/or superior performance in a job or role'.*

(सक्षमता किसी व्यक्ति के उद्देश्य, गुण, दक्षता, सामाजिक छवि, समाज में भूमिका एवं ज्ञान का योग है जो किसी कार्य को सुचारू रूप से करने में उसे समर्थ बनाती है।)

सक्षमता के विविध अंगों को इस रिपोर्ट में इस तरह से बताया गया है–

***Knowledge & Skill-**Knowledge is the operational or technical understanding a person has about something and skills are the things a person can do. व्यक्ति की कार्य के बारे में ज्ञान और दक्षता*

***Social Role-**Social role relates to how we project ourselves in our roles. समाज में व्यक्ति किस तरह अपनी भूमिका को देखता है।*

***Self Image-**Self image relates to the attitudes and values we hold, what is important to us as individuals and how we feel about ourselves. आत्मछवि, एक व्यक्ति के तौर पर आप कैसी छवि लोगों के सामने रखना चाहते हैं, उसको बताती है।*

***Traits-**Traits are the characteristics or consistent responses of someone. For example, someone may demonstrate the trait of self-control consistently when confronted. A person's traits may be very helpful in a job, especially when the job calls for the kind of traits a person has.*

प्रवृत्ति दिखाती है कि व्यक्ति दी हुई परिस्थितियों में किस तरह बरताव करेगा। उदाहरण के लिए, कोई व्यक्ति तनावपूर्ण स्थितियों में भी आत्मनियंत्रण की प्रवृत्ति दिखा सकता है। किसी व्यक्ति की प्रवृत्ति काम में काफी मददगार हो सकती है अगर उसमें उस काम के अनुकूल प्रवृत्ति हो।

***Motives-**Motives are the things a person consistently thinks about or wants, which cause them to take action. For example, a person may be highly achievement-oriented and this may drive their performance on the job. Or a person may be motivated by affiliation or friendship and this may drive their performance because the job involves dealing with many people.*

जिस विषय के बारे में आप लगातार सोचते हैं और चाहते हैं और उसे प्राप्त करने के लिए निरंतर प्रयास करते हैं, वह उद्देश्य है। उद्देश्य आप क्या बनाना या पाना चाहते है, उसे बताता है। उदाहरण के लिए, किसी व्यक्ति में उपलब्धि को पाने का जुनून हो सकता है जो उसे काम करने का उत्साह देगा। वैसे ही कोई व्यक्ति दोस्ती और रिश्तों से प्रेरित है जो उसे नौकरी में मदद कर सकती है जहाँ कई लोगों के साथ मिलकर काम करना हो।

एक अच्छे प्रशासक के लिए संविधान एवं नियमों में आस्था के साथ जनकल्याण सदुद्देश्य है।

Competency Framework for the Indian Civil Services

भारतीय सिविल सेवा के लिए सक्षमता ढाँचा

Ethos (नैतिक विचार एवं मूल्य)

Exhibits citizen centricity and inclusiveness, promotes public good and long-term interests of the Nation.

Ethics (नीतिशास्त्र)

Demonstrates integrity, transparency, openness and fairness.

Equity (समता)

Treats all citizens alike, ensures justice to all, with empathy for the weaker section.

Efficiency (कार्यकुशलता)

Promotes operational excellence and value for money, manages human capital and nurtures capability.

इस रिपोर्ट का हिंदी अनुवाद मुझे नहीं मिल पाया, इसलिए मैं इस रिपोर्ट की मुख्य बातों को अपनी टिप्पणियों के साथ पोस्ट कर रहा हूँ। इस रिपोर्ट के प्रमुख विषय निम्नलिखित हैं–

1. Ethos,1.1 People First, 1.2 Strategic Thinking, 1.3 Organisational Awareness, 1.4 Commitment to the Organisation, 1.5 Leading Others,

2. Ethics, 2.1 Integrity, 2.2 Self-Confidence, 2.3 Attention to detail, 2.4 Taking Accountability

3. Equity, 3.1 Consultation and Consensus Building, 3.2 Decision Making, 3.3 Empathy, 3.4 Delegation

4. Efficiency, 4.1 Result Orientation, 4.2 Conceptual Thinking, 4.3 Initiative and Drive, 4.4 Seeking Information, 4.5 Planning and Co-ordination, 4.6 Desire for Knowledge, 4.7 Innovative Thinking, 4.8 Problem Solving, 4.9 Developing Others, 4.10 Self Awareness and Self Control, 4.11 Communication Skills, 4.12 Team-Working

'Civil Services Competency Dictionary' GoI-UNDP Project: Strengthening Human Resource and Management of Civil Service (सिविल सेवा सक्षमता शब्दकोश-भारत सरकार एवं UNDP प्रोजेक्ट: सिविल सेवाओं के मानव संसाधन का क्षमतावर्धन एवं बेहतर प्रबंधन) रिपोर्ट का पहला महत्त्वपूर्ण अध्याय समाज और राष्ट्र की सिविल सेवा से अपेक्षा के बारे में है।

ETHOS of Civil Service/Public Service (प्रशासनिक सेवा के नैतिक मूल्य एवं विचार)

1.1) People First

Passion for serving people with special care for the marginalised and disadvantaged. Being approachable, welcoming, caring and rising above bias while interacting with people. Understands the needs of the people and constantly strives to improve the services.

जनता, खासकर वंचित एवं हाशिये के लोगों की सेवा करने का जुनून। जनता हेतु आसानी से पहुँच में रहना एवं जनता से व्यवहार में पक्षपात से ऊपर समानुभूतिपूर्ण एवं स्नेह-आदर भरा व्यवहार। जनता की जरूरतों की समझ एवं जनता को दी जानेवाली सेवाओं के सतत सुधार हेतु प्रयासरत।

लोक सेवकों से अपेक्षाएँ

- आम जनता की जरूरत का ध्यान रखें, वंचित एवं हाशिये के लोगों पर विशेष ध्यान। उदाहरण के लिए अनाथ, निराश्रित, आदिवासी, आपदाग्रस्त परिवार एवं ऐसे अन्य जरूरतमंद लोगों को प्राथमिकता देते हुए सभी लोगों तक सरकारी योजनाओं का लाभ पहुँचाना लोक सेवक की प्राथमिकता होनी चाहिए। उनकी जरूरतों को गरिमापूर्ण, सौहार्दपूर्ण रूप से पूरा करने हेतु उसे सदैव तत्पर रहना चाहिए।
- लोक सेवक को चाहिए कि जनता तक सेवाओं को पहुँचाने के मार्ग में आनेवाली बाधाओं का अपने स्तर पर रचनात्मक हल खोजे, ऐसा संभव नहीं होने पर निराकरण हेतु उन्हें सक्षम प्राधिकारी को रिपोर्ट करे।

- नागरिकों की सभी समस्याओं को पक्षपातरहित ढंग से हल करे। अन्त्योदय एवं सकारात्मक विभेदीकरण के सिद्धांतों के अनुसार वंचित एवं हाशिये लोगों की समस्याओं पर विशेष ध्यान दे।
- नागरिक सेवाओं का सुचारू रूप से मिलना सुनिश्चित करे, उसके मार्ग में आनेवाली बाधाओं, खतरों एवं चुनौतियों को पहचान कर त्वरित कार्यवाही करे।
- दलित, वंचित एवं हाशिये के लोगों हेतु सकारात्मक पहल की जरूरत की गहरी समझ एवं उनसे समानुभूति दिखाए।
- सभी नागरिकों के लिए आसानी से पहुँच योग्य, नागरिकों की जरूरत एवं सुझावों को सहर्ष स्वीकार करे एवं उन्हें भी विकास की यात्रा में साझीदार बनाए। लोक सेवक को यह ध्यान रखना चाहिए कि प्रशासन जनता के लिए है न कि जनता प्रशासन के लिए।
- नागरिक सेवाओं की गुणवत्ता एवं पहुँच के बारे में जनता की प्रतिक्रिया एवं सुझावों को प्राप्त करने की सुगम व्यवस्था स्थापित करे। समुदाय के सामने अपने व्यवहार से उदाहरण पेश करे। जनता और खासकर युवा, लोक सेवकों की ओर प्रेरणा के लिए देखते हैं। उनकी उम्मीदों पर खरा उतरने की और उन्हें अपने स्तर पर समाज की बेहतरी के छोटे-छोटे काम करने हेतु प्रेरित करने की लोक सेवकों को यथासंभव कोशिश करनी चाहिए।
- नागरिकों की जरूरतों और उम्मीद की कसौटी पर खरा उतरने वाली कार्य संस्कृति को बढ़ावा दे। नागरिक सेवाओं को पूर्वनिर्धारित गुणवत्ता मापदंडों के अनुसार सुलभ बनाते हुए उनमें लगातार सुधार लाने के प्रयास जारी रखे।
- योजना एवं रणनीति निर्धारण में सकारात्मक पहल को समावेशित करे, खासकर कतार के आखिरी आदमी के लिये। समाज के सबसे वंचित तबकों के लिए सकारात्मक योजना और कार्य ही लोक सेवा को मानवीय चेहरा प्रदान करते हैं।

1.2) Strategic Thinking (रणनीतिक सोच)

Ability to understand dynamic internal and external environment and its impact.

Responds to the opportunities and challenges for the betterment of society.

सतत बदलते बाहरी एवं आंतरिक परिवेश और इसके प्रभावों की समझ। समाज की बेहतरी हेतु अवसर को पहचानकर क्रियान्वित करना एवं बाधाओं को दूर करना।

लोक सेवकों से अपेक्षाएँ

- वर्तमान व्यवस्था में रुकावट की पहचान एवं उन्हें दूर करने हेतु उपाय सुझाना एवं उन्हें क्रियान्वित करना लोक सेवक का प्रधान कर्तव्य है। लोक सेवा का कार्य यथास्थितिवाद को प्रश्रय देने का नहीं है। यदि वर्तमान योजनाओं से जनता की समस्याओं को हल करना संभव नहीं हो पा रहा है तो उन्हें योजनाओं में आवश्यक बदलाव हेतु प्रयास करने हैं।
- राष्ट्रीय एवं अंतरराष्ट्रीय घटनाक्रमों के अपने क्षेत्र पर पड़ने वाले आर्थिक, राजनीतिक, पर्यावरणीय, सामाजिक एवं तकनीकी दूरगामी प्रभावों का पूर्वानुमान लगाने में सक्षम। उदाहरण के लिए, यदि कोई लोक सेवक पर्यटन के क्षेत्र में कार्य कर रहा है, तो Covid-19 जैसी वैश्विक महामारी के आने पर उसे इस सेक्टर को तथा अपने आपको बचाने हेतु योजनाबद्ध तरीके से मदद देने हेतु संभव प्रयासों के बारे में सोचना और उन्हें योजनाओं में ढालकर क्रियान्वित करने में अपना पूरा जोर लगाना चाहिए।

1.3) Organisational Awareness (संगठनात्मक समझ)

Understanding of the organisation's mandate, structure, policies, processes, norms and its interface with other organisations. It also includes an understanding of the organisation's informal structures, power dynamics and constraints.

संगठन के उद्देश्य, ढाँचे, पॉलिसी, प्रोसेस और मूल्यों की समझ और उसके अन्य संगठनों से मेलजोल की जानकारी। इसमें संगठन के अनौपचारिक ढाँचे, शक्ति संतुलन एवं व्यवस्था रुकावटों की समझ भी शामिल है।

लोक सेवकों से अपेक्षाएँ

- सामाजिक-राजनीतिक-आर्थिक संदर्भों और उनके परिणामों की गहरी समझ।
- विविध सामाजिक, राजनीतिक एवं सांस्कृतिक वातावरणों में सफलतापूर्वक काम कर पाना।

1.4) Commitment to the Organisation (संगठन के प्रति समर्पण)

Aligns behaviours and interests with the needs and goals of the organisations.

अपने व्यवहार और हितों को संगठन की आवश्यकता एवं ध्येय के अनुरूप ढालना।

लोक सेवकों से अपेक्षाएँ

- सिविल सेवा के मूल्यों को समझना एवं तदनुरूप आचरण करना।

लाल बहादुर शास्त्री राष्ट्रीय प्रशासन संस्थान के फाउंडेशन कोर्स से यदि सिविल सेवा के मूल्यों को देखें-

- सही नजरिया एवं मूल्य जैसे अनुशासन, सत्यनिष्ठा, श्रम का सम्मान, संविधान के प्रति सच्चा समर्पण, नागरिकों के अधिकार की रक्षा खासकर हाशिये के लोगों, वंचितों एवं दिव्यांगों की, लोक सेवा की भावना, सरकारी प्रशासनिक व्यवस्था एवं आर्थिक, राजनीतिक, प्रशासनिक परिवेश की समझ, सर्वांगीण व्यक्तित्व विकास के साथ नेतृत्व क्षमता।
- संगठन का हिस्सा होने पर गर्व और खुशी का अनुभव सार्वजनिक तौर पर करना; और
- संगठन की विश्वसनीयता एवं सकारात्मक छवि को लोगों के सामने लाना और उसकी रक्षा करना।
- संगठन के प्रति विश्वास पैदा करना।
- चाह एवं समर्पण के साथ काम करना।
- आंतरिक एवं बाह्य हितधारकों को गुणवत्तापूर्ण सेवा देना
- ऐसे निर्णय जिनसे पूरे संगठन का भला होता है, का तब भी समर्थन करना जब वे अलोकप्रिय हों या उनसे संगठन के लघुकालीन हितों को नुकसान हो रहा हो।
- चुनौतीपूर्ण परिस्थितियों में भी सिविल सेवा के मूल्यों अनुरूप कार्य करना, खासकर आपदा एवं इस तरह की अन्य विषम परिस्थितियों में।
- आदर्श सिविल सेवक के तौर पर कार्य करना, विद्यार्थियों, युवाओं और जनता को अपने कार्य एवं आचरण से प्रेरित करना।
- सहकर्मियों की कठिन निर्णयों के समय मदद करना, साथ ही उनके पारिवारिक जीवन में भी कोई आवश्यकता पड़ने पर यथासंभव मदद करना।
- संगठन के कार्य-उद्देश्य-लक्ष्य हेतु संगठन के भीतर और बाहर से समर्थन जुटाना।
- संगठन की भलाई हेतु कड़े निर्णय लेने में सक्षमता एवं स्वयं या अपने सहयोगियों द्वारा लिए ऐसे निर्णयों पर कायम रहना की क्षमता।

1.5) Leading Others (नेतृत्व क्षमता)

Ability to engage, energies and enable the team to excel.

टीम को एक साथ ऊर्जान्वित रखते हुए लक्ष्यों का पीछा करने योग्य बनाना।

लोक सेवकों से अपेक्षाएँ

- सभी टीम सदस्यों के साथ खुलेआम सक्रिय रूप से सूचनाएँ साझा करना।
- निर्णय के पीछे के कारणों को समझाना ताकि टीम का अपने निर्णयों पर भरोसा अटूट रहे।
- टीम के पास सभी जरूरी जानकारी सुनिश्चित करना।
- टीम को लगातार संबंधित मुद्दों पर निर्णयों एवं बदलावों के संबंध में सूचित करना।
- टीम के सदस्यों के प्रदर्शन हेतु स्पष्ट उद्देश्य/लक्ष्य निर्धारण।
- सकारात्मक के साथ-साथ नकारात्मक फीडबैक को स्वागतपूर्वक ग्रहण करना और उस पर कार्यवाही करना।
- बिना किसी पूर्वाग्रह के विचार करना।
- लोगों को सिविल सेवा के लक्ष्यों को पाने की चुनौती के अनुसार कर्तव्य करने को प्रेरित करना।

उपरोक्त रिपोर्ट हेतु मैं DOPT एवं UNDP का आभार प्रकट करता हूँ। मैंने इस रिपोर्ट से संक्षिप्त में प्रासंगिक मुद्दे लेते हुए उन पर अपना विश्लेषण/टिप्पणी दी है। मैं आशा करता हूँ कि इस अध्याय के माध्यम से यह रिपोर्ट अपने सच्चे पाठकों, भविष्य के सिविल सेवकों तक पहुँचेगी।

Ethics (नीतिशास्त्र)

सिविल सेवक के लिए नैतिक मूल्य उसके आभूषण जैसे हैं। उसका चरित्र ही उसे लोगों के आदर का या उपेक्षा का पात्र बनाता है। स्वामी विवेकानंद के शब्दों में-

"हमारी प्रथम और प्रधान आवश्यकता है-चरित्रगठन, जिसे हम 'प्रतिष्ठित प्रज्ञा' नाम से अभिहित करते हैं। जिस प्रकार यह प्रत्येक व्यक्ति के लिए आवश्यक है, उसी प्रकार व्यक्तियों के संगठित समाजों में भी इसकी आवश्यकता है।

जिन लोगों में सत्य, पवित्रता और नि:स्वार्थपरता विद्यमान है, उन्हें स्वर्ग, मर्त्य एवं पाताल की कोई भी शक्ति कोई क्षति नहीं पहुँचा सकती। इन गुणों के रहने पर चाहे समस्त विश्व ही किसी व्यक्ति के विरुद्ध क्यों न हो जाए, वह अकेला ही उसका सामना कर सकता है।"

आइए, सिविल सेवक के लिए अपेक्षित कुछ मूल्यों को देखें-

2.1) Integrity (सत्यनिष्ठा)

Consistently behaves in an open, fair and transparent manner; honours one's commitments; and works to uphold the Public Service Values. Integrity can be summarised as to work without fear or favour for Public.

लगातार सहजता-सरलता-खुलेपन और उचित तरीके से पारदर्शिता के साथ लोक सेवा के मूल्यों हेतु काम करना तथा अपने वचनों को पूरा करना। सत्यनिष्ठा जनहित में बिना किसी भय या पक्षपात के काम करना है।

लोक सेवकों से अपेक्षाएँ

- दूसरों के साथ काम करने में ईमानदारी और पारदर्शिता बरतें और दूसरों को दिए गए वचन निभाएँ।
- हितों के टकराव चाहे वे वास्तविक हों या आभासी, से बचते हुए काम करें। उदाहरण के लिए, सही समय पर संभावित हितों के टकराव के बिंदुओं को बता देना।
- ईमानदारी और खुले मन से संवाद/संप्रेषण करें और जब भी जरूरत हो, स्पष्टता और ईमानदारी से अपने सुझाव दें।
- लोक सेवा के मूल्यों से मार्गदर्शन लेते हुए संविधान, कानून और नियमों का पालन करना।
- गोपनीय सूचनाओं को अनावश्यक साझा न करना।
- **Models the values of the civil services**

  लोक सेवा के मूल्यों को बढ़ावा देना

  - संघर्ष एवं चुनौती की अवस्था में लोकहित से मार्गदर्शन प्राप्त करता है।
  - अन्य लोगों को भी हर समय लोक सेवा के मूल्यों का पालन करने हेतु प्रेरित करता है।
  - सभी परिस्थितियों में विश्वास के लायक है।
  - राजनीतिक, सामाजिक, जनसांख्यिक, भौगोलिक परिस्थितियों में पूर्वाग्रह से परे सभी लोगों से पक्षपातरहित समान भाव का व्यवहार करता है। अर्थात्, सभी मनुष्यों से बिना किसी पूर्वाग्रह के समता का व्यवहार करता है।
- **Acts on values even when it is not easy to do so.**

  मूल्यों का साथ तब भी नहीं छोड़ता जब ऐसा करना आसान नहीं हो।

  - कठिन परिस्थितियों में भी कानून, सेवा मूल्य और सदाचरण का पालन करता है।
  - व्यक्तिगत क्षति की कीमत पर भी सही निर्णय लेने एवं उन पर डटे रहने का साहस एवं संकल्प रखता हो।

(लोकसेवक के सामने बहुत बार ऐसी स्थितियाँ आती हैं जिनमें सही एवं कड़े निर्णय लेने होते हैं जो तात्कालिक रूप में अलोकप्रिय भी हो सकते हैं मगर दूरगामी हितों के लिए उनका लिया जाना अनिवार्य है। इन निर्णयों के साथ आलोचना और कभी-कभी स्थानांतरण जैसी व्यक्तिगत असुविधाएँ भी झेलनी पड़ सकती हैं। मगर एक लोक सेवक को, जिस निर्णय से व्यापक हित हो, उसे ले पाने की क्षमता ही सच्चा लोक सेवक बनाती है।)

- ✦ लोक हित में ईमानदार एवं स्पष्ट राय/सुझाव बिना किसी लाग-लपेट के देता है।

(जहाँ पर निर्णय ऊपर के स्तर से लिया जाना है और लोक सेवक की मौखिक या लिखित राय पूछी गई है, वहाँ पर सर्वोत्तम राय बिना किसी दवाब में आए देना लोक सेवक का कर्त्तव्य है।)

- ✦ **Seen unflinching on public service values**

लोक सेवा के मूल्यों से कोई समझौता नहीं

- निर्णयों के राजनीतिक प्रभावों को सामने रखते हुए पूर्ण पारदर्शिता को सुनिश्चित करता है।
- शक्तिशाली एवं प्रभावशाली लोगों को भी नियमों के दायरे में रखता है और उन्हें सही निर्णय लेने के लिए उत्तरदायी बनाता है।
- अनुचित अनुरोध एवं माँगों के सामने आने पर उनसे कड़ाई से निपटता है।

- ✦ **A role model**

एक रोल मॉडल

- निष्पक्षता एवं पेशेवर व्यवहार के उच्चतम स्तरों को निभाकर अन्यों के लिए मिसाल कायम करता है।
- अपने कार्यों का उत्तरदायित्व लेता है और संगठन की कार्य संस्कृति बनाता है जिसमें लोग अपने कार्यों के प्रति जिम्मेदार बनें। इससे संगठन की विश्वसनीयता में वृद्धि होती है और जनमन में संस्था की अच्छी छवि बनती है।
- कार्यालय में एवं क्षेत्र में खुलेपन, ईमानदारी एवं नैतिक व्यवहारपूर्ण कार्य संस्कृति को बढ़ावा देता है।
- लोगों को उनके कार्यों के प्रति उत्तरदायी बनाता है और सत्यनिष्ठा के साथ अपना काम करने वाले लोगों को सम्मानित करता है।
- गंभीर मुद्दों पर नियम एवं मूल्य आधारित सुसंगत पक्ष लेकर साहसिक नेतृत्व की मिसाल कायम करता है। मुद्दों और निर्णयों से न भागना सिविल सेवक की निर्णायक छवि को दिखाता है और संस्थान की कार्य सक्रियता को दर्शाता है।

2.2) Self-Confidence (आत्मविश्वास)

Belief in own capability to accomplish a task and being able to express confidence in dealing with challenging circumstances, without being arrogant or boastful.

कठिन चुनौतीपूर्ण परिस्थितियों में काम पूरा करने की अपनी क्षमता पर विश्वास होना तथा प्रदर्शित करना। यह ध्यान रखना कि इससे घमंड या डपोरशंखी की भनक तक नहीं आनी चाहिए।

लोक सेवकों से अपेक्षाएँ

- ✦ लोक सेवा के मूल्यों को ध्यान में रखते हुए नौकरी से जुड़े निर्णय स्वयं लेना।
- ✦ तार्किक कारण होने पर न कहने की क्षमता रखना–लोक सेवक को हाँ–ना कहने में पूरी ईमानदारी बरतनी चाहिए।
- ✦ साथियों–सहकर्मियों की असहमति होने पर भी जिस काम से जनता का भला हो, उसे विश्वासपूर्वक करना।
- ✦ अपने निर्णयों पर खुलकर विश्वास प्रकट करना और परिणामों की जिम्मेदारी लेना।
- ✦ दूसरे से असहमति होने पर भी अपने विचार स्पष्टता, विनम्रता और विश्वासपूर्वक सामने रखना।
- ✦ यहाँ तक कि वरीय पदाधिकारियों, साथियो–सहकर्मियों एवं अन्य शक्तिशाली लोगों से असहमति होने पर भी अपने विचार विनम्रता, स्पष्टता और विश्वास के साथ सामने रखना।
- ✦ व्यापक लोक हित में परिणाम की चिंता किए बिना काम करना।
- ✦ अत्यंत कठिन काम जिसमें व्यक्तिगत खतरा भी हो, उसे भी करने हेतु सदा तैयार रहना।
- ✦ यथास्थिति को चुनौती देना और समुदाय की भलाई हेतु कोई भी काम नियमपूर्वक करने में निडर रहना।
- ✦ तनावपूर्ण परिस्थितियों में भी सकारात्मक बने रहना और टीम के मनोबल को ऊँचा रखना।
- ✦ सामने की चुनौतियों से निपटने के सभी तरीकों पर सम्यक् विचार कर निर्णय लेना।

2.3) Attention to Detail (विवरणों पर ध्यान)

Having an underlying drive to being thorough and meticulous and to comply with procedures, rules, guidelines and standards. Digs deeper and strives to reduce uncertainties and errors.

नियम, कानून, मापदंड, मूल्यों के पैमाने पर खरा उतरने की आंतरिक इच्छाशक्ति, अनिश्चितताओं एवं भूल कम करने हेतु कड़ी मेहनत।

लोक सेवकों से अपेक्षाएँ

- अपने विभाग की योजनाओं, नियमों का पूरा ज्ञान और उनका अनुपालन सुनिश्चित करने हेतु सिविल सेवक दृढ़ संकल्पित रहता है। साथ ही, अपनी टीम के सभी सदस्यों का क्षमतावर्धन करता रहता है।
- अपने काम की कार्ययोजना, चेकलिस्ट आदि बनाकर सूक्ष्म रूप से रणनीति बनाकर काम करता है और काम करने के बेहतर तरीकों की हमेशा तलाश में लगा रहता है।
- वैधानिक जरूरतों का कोई भी लंघन होने पर समुचित कार्यवाही सुनिश्चित करता है ताकि भविष्य में वैसी भूल न दुहराई जाए।
- शिकायतों के निराकरण में त्वरित पहल करता है। व्यवस्था में जरूरी सजगता और संतुलन बनाता है ताकि जनता तक सेवाएँ सुचारू रूप से पहुँचें। जनशिकायतों का शीघ्र निवारण और सरल प्रक्रिया आम जनता में प्रशासन के प्रति विश्वास पैदा करती है और जनसहयोग में वृद्धि करती है।
- व्यवस्था में जो कमियाँ एवं खामियाँ हों उन्हें पहचानकर सुधारात्मक उपाय करता है ताकि अनावश्यक जोखिम को रोका जा सके। किसी भी लोक सेवक के लिए यह एक सतत प्रक्रिया है क्योंकि कोई भी व्यवस्था कभी भी सर्वांगीण या संपूर्ण नहीं हो सकती। मगर, आवश्यकतानुसार बदलाव व्यवस्था को निरंतर बेहतरी की दिशा में ले जाते हैं।

2.4) Taking Accountability (उत्तरदायित्व लेना)

- सिविल सेवक से यह अपेक्षित है कि कार्यों के परिणाम चाहे वो सफलता हो या विफलता, का उत्तरदायित्व स्वयं ले और प्रदर्शन में कोई भी बाधा आने पर तुरंत सही कदम उठाए। विफलता मिलने पर अन्य लोगों पर ठीकरा फोड़ने की अवांछनीय प्रवृत्ति से बचना चाहिए। साथ ही, सफलता का श्रेय पूरी टीम को दिए जाने से टीम का मनोबल बढ़ता है।
- अपने काम की गुणवत्ता हेतु व्यक्तिगत जवाबदेही और सभी संबद्ध लोगों को कार्य की प्रगति के संबंध में सूचित रखना।
- समय सीमा में काम पूरे करने पर ध्यान केंद्रित रखना।

Equity (समता)

For a Civil Servant, equity is a very important concept. It is a constitution value.

लोक सेवक हेतु समता एक महत्त्वपूर्ण धारणा है। यह एक संवैधानिक मूल्य है।

3.1) Consultation and Consensus Building (परामर्श एवं आम सहमति बनाना)

Ability to identify the stakeholders and influencers, seek their views and concerns through formal and informal channels. Build consensus through dialogue, persuasion, reconciliation of diverse views/interests and trusting relationships.

सभी हितधारकों एवं मुद्दे से जुड़े प्रभावशाली लोगों को चिन्हित कर औपचारिक एवं अनौपचारिक माध्यम से संबद्ध विषय पर उनके विचार एवं चिंताओं से अवगत होना। संवाद, विश्वासपूर्ण संबंध और मेलमिलाप द्वारा विविध विचारों/हितों के बीच आम सहमति निर्मित करना।

लोक सेवकों से अपेक्षाएँ

- ✦ अपने विचारों को स्पष्ट, संक्षिप्त एवं रचनात्मक तरीके से आत्मविश्वास के साथ रखता है।
- ✦ विषय वस्तु विशेषज्ञ एवं प्रामाणिक सूचना के स्रोतों से अच्छे संबंध रखता है और उनके बिंदुओं को समाहित करते हुए जनहित में अच्छे समाधान को सामने रखता है।
- ✦ विविध विभागों एवं योजनाओं के समन्वय से जनकल्याण अवसरों हेतु हमेशा सजग रहता है।
- ✦ विविध हितों को सबके हित या व्यापक जनसमुदाय के हितों से समन्वित करता है।
- ✦ आम सहमति निर्माण एवं समन्वय को प्रोत्साहित करता है।

3.2) Decision Making (निर्णय लेना)

Makes timely decisions that take into account relevant facts, tasks, goals, constraints, risks and conflicting points of view.

उचित समय पर सभी प्रासंगिक तथ्य, कार्य, लक्ष्य, चुनौतियों, खतरों एवं परस्पर टकराते विचार बिंदुओं को ध्यान में रखते हुए लोक सेवा एवं संवैधानिक मूल्यों से सुसंगत व्यापक रूप में जनहितकारी निर्णय लेता है।

लोक सेवकों से अपेक्षाएँ

- ✦ नियम-कानूनों के आलोक में समय पर निर्णय लेता है।
- ✦ मौखिक एवं लिखित रूप में अपने निर्णय की सुसंगतता को समझाता है।
- ✦ निर्णय लेने के पीछे के कारणों पर पारदर्शिता रखता है एवं स्पष्ट संवाद करता है।

- प्रासंगिक एवं प्रामाणिक सूचना स्रोतों से तथा आंतरिक एवं बाह्य स्रोतों से नए आँकड़े इकट्ठा करना जिससे आँकड़े/तथ्य आधारित निर्णय लिए जा सकें। यह एक अत्यंत महत्त्वपूर्ण बात है जिससे संस्थागत ज्ञान को बढ़ाने एवं तथ्य आधारित निर्णय (Evidence based Action) को बढ़ावा मिलता है।
- अपने अधिकार क्षेत्र में आनेवाले निर्णय स्वयं लेता है एवं जहाँ ऐसा नहीं है वहाँ निर्णय हेतु सक्षम प्राधिकारी को आवश्यकतानुसार प्रस्ताव भेजता है।
- टीम के सदस्यों को निर्णय लेने के लिए सक्षम बनाता है और उनके लिए गए निर्णयों में अपना विश्वास दिखाता है।
- पक्षपातरहित होकर निर्णय करता है और निर्णयों का उत्तरदायित्व लेता है।
- कठिन एवं संवेदनशील परिस्थितियों में एवं दवाब होने पर भी संविधान और कानून के आलोक में निर्णयात्मकता का प्रदर्शन करते हुए समुचित निर्णय लेता है। यह सिविल सेवक के लिए अनिवार्य गुणों में से एक है। संशय और अनिर्णय सिविल सेवक के लिए दुर्गुण हैं और तत्कालीन परिस्थिति के अनुसार सर्वोत्तम निर्णय लेने की हिम्मत सद्गुण है।
- पिछले निर्णयों के प्रभाव का आकलन करते हुए उनसे मिली सीख को भविष्य की निर्णय प्रक्रिया हेतु उपयोगी बनाता है। इस तरह से संस्थागत ज्ञान का निर्माण भी करता है।
- सामाजिक लागत-लाभ मूल्यांकन करते हुए निर्णयों के समाज पर पड़ने वाले वांछित तथा अवांछित प्रभावों का पूर्वानुमान लगाते हुए हानिकर प्रभावों को दूर करने हेतु कदम उठाता है।
- देश, समाज और राजनीतिक माहौल को देखते हुए जनता की भलाई की उपयुक्त रणनीति बनाना जिसमें हाशिये के लोग एवं वंचित तबकों का खास खयाल रखा जाए।
- मंत्रियों को सुदृढ़ विश्लेषण के आधार पर पक्षपातरहित सलाह देना। बिना इस बात की परवाह किए कि वे उसे सुनना पसंद करेंगे या नहीं। सिविल सेवकों को हमेशा यह याद रखना चाहिए कि उनका एकमात्र लक्ष्य जनकल्याण है और इस हेतु अपनी खरी-खरी राय देने में उन्हें कभी नहीं हिचकना चाहिए।

समाज की भलाई के लिए व्यक्तिगत प्रसिद्धि की कीमत पर भी निर्णय लेना और अपने निर्णयों का जरूरत पड़ने पर उच्चतम स्तर पर भी बचाव करना। समाज की भलाई के लिए कड़े निर्णय लेने में भी परहेज न करना सिविल सेवक में होने वाली जरूरी खूबी है।

3.3) Empathy (समानुभूति)

Empathy is about being able to accurately hear out and understand the thoughts, feelings and concerns of others, even when these are not made explicit.

समानुभूति 'सम' और 'अनुभूति' से मिलकर बना है। प्रशासन में सहानुभूति नहीं समानुभूति की आवश्यकता है। समानुभूति का मतलब बिना बताए भी लोगों के विचारों, भावनाओं और चिंताओं, अनुभूतियों को सही-सही समझना है मानो आप उनकी जगह पर हों और फिर उनसे वैसा ही व्यवहार करना है जैसा आप अपने लिए अपेक्षित करते।

समानुभूति की सम्यक् समझ हेतु इस विषय पर 2010 में लिखी एक छोटी कविता मैं आप लोगों से साझा कर रहा हूँ-

ओ वाचाल वाणी!
एक दिन के लिए मूक होकर देख,
शायद तुझे समझ आ सके दर्द उनका
जिनकी जुबां नहीं है
या जो जुबां होते हुए भी बे-जुबां हैं।

ओ चंचल नयन!
एक दिन पलकों के फाटक बंद करके देख,
शायद तू समझ पाए
ज्योतिविहीन जीवनों की व्यथा
और 'तमसो मा ज्योतिर्गमय' का अर्थ।

ओ बावरे श्रवण!
एक दिन के लिए कर्ण-पटलों को बंद करके देख,
शायद तू अनुभव कर सके उनकी व्यथा
जो सुन नहीं सकते एक शब्द भी प्यार भरा।
सहानुभूति नहीं समानुभूति उपजाओ।
वंचितों के जीवन की वंचना मिटाओ।
फूल बन के खुशियों की खुशबू लुटाओ
कर सको यदि ये तो सार्थक होगा जीना तुम्हारा।

लोक सेवकों से अपेक्षाएँ

स्पष्टतः सिविल सेवक के लिए समानुभूति एक अनिवार्य एवं अपरिहार्य गुण है। सिविल सेवक से समानुभूति के ये मुख्य बिंदु अपेक्षित हैं-

- सम्यक् श्रवण-बिना बाधा दिए, सही प्रश्न पूछकर बोलने वाले के संतुष्ट होने तक सुनना।
- विचारों की विविधता को प्रश्रय देते हुए विचार/अभिव्यक्ति स्वातंत्र्य को बढ़ावा देना, ऐसा महसूस कराना कि आप सभी तरह की अच्छी बातों का, विचारों के अलग-अलग प्रवाहों का सम्मान करते हैं।

- अंतर्निहित कारणों के प्रति संवेदनशीलता और लोग जो अपनी परिस्थितिवश विशिष्ट काम करते हैं व्यवहार करते हैं का बोध।
- दूसरों की प्रतिक्रिया और भावनाओं की सम्यक् समझ।
- आपसी विश्वास एवं आदर की संस्कृति विकसित करना।
- अन्य लोगों को समानुभूति हेतु प्रेरित करना एवं इसके लिए समुचित वातावरण बनाना।

3.4) Delegation (प्राधिकृत करना)

Delegates responsibility with the appropriate level of autonomy so that others are free to innovate and take the lead.

समुचित स्तर को जिम्मेदारियों हेतु प्राधिकृत करना ताकि सभी स्तरों पर नवाचार और नेतृत्व क्षमता का विकास हो।

लोक सेवकों से अपेक्षाएँ

- अपनी टीम के सदस्यों को व्यक्तिगत मार्गदर्शन देना।
- टीम के सदस्यों की काम करने की क्षमता में विश्वास प्रकट करना।
- टीम के सदस्यों को पूरा प्राधिकार एवं जिम्मेदारी सौंपना ताकि वे सरकार एवं समुदाय को तयशुदा मुद्दों पर समाधान दे सकें, ऐसा करने से संस्थान द्वारा जनहित में अधिकाधिक कार्य किए जा सकेंगे।
- टीम के सदस्यों में विश्वास एवं सशक्तीकरण की संस्कृति पैदा करना, उनके द्वारा अगर निर्णयों में कोई भूल-चूक भी होती है, तो भी उनको हतोत्साहित करने की जगह उनका मार्गदर्शन करते हुए भविष्य में भूल न करने हेतु प्रेरित करना।

Efficiency (दक्षता)

Efficiency is a very important criterion for civil servant. Ultimate aim of Civil Service is to deliver public goods and services in a timely and efficient manner. Public supports officers who delivers, who provide solution of difficult problems, who creates an atmosphere of peace and development. For efficiency in administration, we require team building, proper planning and co-ordination, focussed attitude, innovation, getting to the root of problem and to provide solution for it.

दक्षता लोक सेवकों के लिए काफी महत्त्वपूर्ण मानदंड है। लोक सेवा का प्रधान लक्ष्य जनता हेतु उपयोगी कामों को समय से और अच्छे तरीके से पूर्ण करना है। जनता भी ऐसे लोक सेवकों का साथ देती है जो ठाने गए काम को पूरा करते हैं, जटिल समस्याओं का

समाधान देते हैं और शांति एवं विकास का माहौल बनाते हैं। प्रशासन में दक्षता के लिए टीम बिल्डिंग, सही योजना बनाना, समन्वय, लक्ष्य पर निगाहें, नवाचार, प्रश्न को सही तरीके से समझ उसका समाधान सुझाने की क्षमता जरूरी है।

4.1) Result Orientation

High Drive for achieving targets and competing against a standard of excellence.

परिणाम पर निगाहें-लक्ष्य और उत्कृष्टता को पाने हेतु सतत प्रयास।

लोक सेवकों से अपेक्षाएँ

- समयबद्ध तरीके से काम करने की प्रतिबद्धता दिखाता है और लगातार समय पर काम का पूरा होना सुनिश्चित करता है।
- कर्तव्यों के निर्वहन के समय अक्षमता और लालफीताशाही के प्रति सजग और सतर्क रहता है।
- कार्य संस्कृति की दक्षता की नियमित निगरानी करता है और बेहतर परिणाम के लिए उसमें आवश्यक बदलाव लाता है।
- कामों को बेहतर, जल्दी और दक्षता के साथ करता है, गुणवत्ता में सुधार, जनता में संतोष और संतुष्टि एवं संगठन में अपने काम पर गर्व की भावना को बढ़ाने हेतु लगातार प्रयास करता है।
- दूसरों को प्रेरित और उत्साहित करता है कि वे अपने लिए ऊँचे लक्ष्य निर्धारित करें और बेहतरीन प्रदर्शन करें। एक अच्छा सिविल सेवक हमेशा अपनी टीम के हर एक सदस्य को अपना सर्वोत्तम प्रदर्शन करने को प्रेरित करता है।
- अन्य विभागों/संस्थाओं से अच्छी बातों को हमेशा सीखकर अपने यहाँ लागू करने को तैयार रहता है।
- नवाचार एवं रचनात्मक समाधान को पहचानता और सम्मानित करता है जिससे उच्च उपलब्धि की कार्य संस्कृति को बढ़ावा मिले।
- कार्य प्रगति की और सुधार की नियमित समीक्षा करता है और अच्छा कार्य करनेवालों को प्रोत्साहित करता है।
- अपनी टीम के सभी सदस्यों को लगातार तय लक्ष्यों से बेहतर प्रदर्शन करने को प्रेरित करता है। उन्हें हमेशा याद दिलाता है कि-

तू शाहीं है, परवाज है काम तेरा।
तेरे सामने आशियाँ और भी हैं।

4.2) Conceptual Thinking (सम्यक् चिंतन)

Understanding a situation or environment by putting the pieces together and identifying patterns that may not be obviously related. Connecting the dots while resisting stereotyping.

परिस्थिति और परिवेश को सभी टुकड़ों और पैटर्न को एक साथ जोड़ते हुए अच्छे से समझता है और पूर्वाग्रहों या अनुभवों/अतीत के पैमाने से वर्तमान को नापने का प्रयत्न नहीं करता।

- लगातार होनेवाली परिस्थितियों एवं घटनाओं में सामान्य आधार या उसके अभाव को भाँपने में सक्षम होना।
- वर्तमान परिस्थितियों और समस्याओं पर अपनी व्याख्या/विश्लेषण करता है।
- जटिल विचार और परिस्थितियों को सहज, सरल और बोधगम्य बनाता है।
- जटिल मुद्दे को मॉडल या उदाहरण से सरल बनाता है।
- विचार, मुद्दों और अवलोकनों को सरल एवं उपयोगी रूप में रखता है।
- पूर्वाग्रह, नमूने या पारंपरिक विचारों से परे जनसमस्याओं के समाधान हेतु प्रयोग हेतु तत्परता।
- विकल्प, क्रांतिकारी उपाय सुझाना और उनका परीक्षण करने का धैर्य।
- समुदाय की जरूरत और भागीदारों की समझ को अद्यतन करते हुए पुनः परिभाषित करना। हो सकता है कि लोग जिसे समाधान मान रहे हों, वो भविष्य में और भी बड़ी समस्या उत्पन्न करें।

उदाहरण के लिए, यदि कोई समुदाय अपने जलस्रोतों को प्रदूषण मुक्त नहीं रख पा रहा है, वहाँ समुदाय और विशेषज्ञों को साथ ला समाधान के व्यावहारिक उपाय पर सहमति बनाते हुए उसे जनसहयोग से क्रियान्वित करना।

4.3) Initiative and Drive (पहल)

Contributing more than what is expected in the job, refusing to give up when faced with challenges and finding or creating new opportunities.

नौकरी की अपेक्षा से बढ़कर काम करना, मुसीबतों में हिम्मत न हारना और नए अवसरों को ढूँढना या निर्माण करना।

लोक सेवकों से अपेक्षाएँ

- साल भर की चुनौतियों का पूर्वानुमान करते हुए योजनाबद्ध ढंग से काम करना।

- काम करने का ऐसा माहौल तैयार करना जिसमें लोग विफलता से डरे बिना पहल के लिए सक्षम और तैयार हों।

4.4) Seeking Information (सूचना की ललक)

An underlying curiosity to know more about things, people or issues. This includes 'digging' for exact information and keeping up-to-date with relevant knowledge.

वस्तुओं, व्यक्तियों, मुद्दों के बारे में ज्यादा जानने की अंतर्निहित जिज्ञासा। असली सूचना के लिए पूरी मेहनत करना और प्रासंगिक जानकारी/ज्ञान अद्यतन रखना।

लोक सेवकों से अपेक्षाएँ

- अन्य राज्यों, क्षेत्रों, विभागों, संस्थाओं की बेस्ट प्रैक्टिसेज का अध्ययन करना।
- परिस्थिति की समग्र समझ हेतु आवश्यकतानुसार फील्ड विजिट करना।
- व्यक्तियों या विश्वस्त सूत्रों की पहचान जिनसे लगातार सही सूचना संग्रह की जा सके।
- अन्य स्रोतों से प्राप्त अनौपचारिक सूचना की विश्वसनीयता की जाँच करना।

एक कुशल लोक सेवक अपने ज्ञान को अद्यतन और प्रासंगिक रखता है और अपने संस्थान में संस्थागत ज्ञान और सभी सदस्यों के कार्य संबंधित ज्ञान को लगातार उन्नत करता रहता है।

4.5) Planning and Co-ordination (योजना एवं समन्वय)

Ability to plan, organise and monitor work with effective utilisation of resources such as time, money and people.

समय, पैसा, एवं मानव बल के सही प्रयोग द्वारा कार्य की प्लानिंग, निष्पादन एवं निगरानी।

लोक सेवकों से अपेक्षाएँ

- लघु एवं माध्यम अवधि के लक्ष्यों की प्राप्ति हेतु सही समय प्रबंधन की क्षमता।
- अपने कार्य की योजना बनाता है और लक्ष्य प्राप्ति की समीक्षा करता है।
- उपलब्ध साधनों के सर्वोत्तम प्रयोग द्वारा लक्ष्य प्राप्ति का प्रयास करता है।
- अपने कार्य क्षेत्र में बाधाओं को पहचानकर उन्हें दूर करने के उपाय करता है।
- प्रगति की समयबद्ध समीक्षा करता है इससे प्राप्त बिंदुओं के आधार पर कार्य-योजना में आवश्यक सुधार करता है।

- अपने आपको अद्यतन रखता है एवं समय-सीमा, कार्य-योजना एवं संसाधनों के आवंटन में आवश्यकतानुसार बदलाव करता है।

4.6) Desire for Knowledge (ज्ञान की प्यास)

Keeps up-to-date with relevant knowledge and technology, shares latest developments with others and advocates the application of acquired knowledge.

अपने आपको प्रासंगिक ज्ञान एवं तकनीक से अद्यतन रखता है, दूसरों से ज्ञान बाँटता है एवं सीखे हुए ज्ञान को प्रयोग में लाने पर जोर देता है।

लोक सेवकों से अपेक्षाएँ

- अपने पास नियम, कानून, विनियमों की अद्यतन फाइल रखता है जिसमें सभी आवश्यक सर्कुलर्स, ऑफिस ऑर्डर्स इत्यादि हों।
- पॉलिसी डॉक्यूमेंट्स, बाह्य रिपोर्ट्स, प्रोफेशनल एवं सरकारी प्रकाशनों को जो उसके कार्यक्षेत्र से संबद्ध हों तथा उसके ज्ञान को बढ़ाएँ, नियमित रूप से पढ़ता है।
- अपने टीम के सदस्यों को ज्ञान प्राप्त करने हेतु प्रोत्साहित करता है एवं आवश्यक प्रबंध करता है।
- विभागों/ सिविल सेवा के समग्र ज्ञान भंडार को बढ़ाने की रणनीति सुझाता है।

4.7) Innovative Thinking (सृजनात्मक सोच)

Open to change, approaches issues differently, offers alternate/out of the box solutions and strives for efficiency by working smartly.

बदलाव हेतु खुलापन, चीजों को अपने मौलिक नजरिए से देखता है। सृजनात्मक, नूतनता से भरे समाधान सूझाता है और स्मार्ट काम के द्वारा कार्यदक्षता को बढ़ाने हेतु प्रयासरत रहता है।

निज राष्ट्र के शरीर के शृंगार के लिए।
तुम कल्पना करो, नवीन कल्पना करो।

- राष्ट्रकवि दिनकर

लोक सेवकों से अपेक्षाएँ

- तकनीक, कार्यक्षम कार्य संस्कृति इत्यादि विविध उपायों के प्रयोग से जनता तक सेवाओं की पहुँच में सुधार करता है।
- सभी हितधारकों के साथ संवाद के सिलसिले को जारी रखते हुए जन सेवाओं में लगातार सुधार के लिए प्रयासरत रहता है।

- रुकावटों एवं चेतावनी चिन्हों (वार्निंग साइन) की पहचान करते हुए उन्हें रोकने के उपाय करता है।
- कठिन एवं कष्टप्रद बदलावों की चुनौती हेतु तैयार रहता है और अन्यों को भी इस हेतु प्रेरित करता है।
- यथास्थिति को चुनौती देता है और अपारंपरिक समाधान की तलाश करता है। नए विचार, सतत सुधार और जन सेवाओं को सुधारने हेतु नपे-तुले खतरे लेने को प्रोत्साहित करता है।

लीक पर वे चलें
जिनके चरण दुर्बल और हारे हैं
हमें तो जो हमारी यात्रा से बनें
वे अनिर्मित पंथ प्यारे हैं।

–सर्वेश्वर दयाल सक्सेना

इन पंक्तियों से प्रेरणा लेते हुए जन सेवा के नए- नए रास्तों को बनाता है।

- बदलावों को चिन्हित करके क्रियान्वित करता है ताकि जन सेवाओं के लचीलेपन में सुधार हो, साथ ही जन सेवाएँ उत्तरदायी बनें एवं उनकी गुणवत्ता में सुधार हो।
- रचनात्मकता, लचीलापन, उत्तरदायित्व की कार्य संस्कृति निर्मित करता है। विभाग को बदलती प्राथमिकताओं का सुगमता से निर्वाह करने हेतु तैयार करता है।

4.8) Problem Solving (समस्या समाधान)

Understanding a situation by breaking it into smaller parts, organising information systematically and setting priorities.

किसी समस्या को छोटे टुकड़ों में बाँटकर गहराई से समझना, सूचनाओं को सुव्यवस्थित करना एवं प्राथमिकताओं का निर्धारण करना।

लोक सेवकों से अपेक्षाएँ

- किसी समस्या को विविध कार्य एवं परिणाम संबंधों में तोड़कर देखना, किसी घटना या घटनाओं के सभी संभावित कारणों को देखने की क्षमता।
- संभावित समाधानों पर काम करना और साथ ही क्रियान्वन से जुड़े खतरों की पहचान करना है और उन्हें दूर करने के सभी संभव कदम उठाना।
- किसी भी चीज, चाहे वो कोई समस्या हो या समाधान, उसकी समग्र तस्वीर देखने की क्षमता।
- ऐसे समाधान लाना जिनके तात्कालिक आवश्यकताओं के समाधान के साथ-साथ

दूरगामी सकारात्मक परिणाम भी हों। साथ ही समाधान के मध्यम एवं दूरगामी प्रभावों के लिए भी कदम उठाता है।

उदाहरण के लिए, यदि सिंगल यूज प्लास्टिक पर प्रतिबंध को सही तरीके से क्रियान्वित करना हो तो वैकल्पिक समाधान के रूप में जूट, पेपर या कपड़ों के बैग को बढ़ावा देते हुए प्लास्टिक बैग के उत्पादन में लगे लोगों को रोजगार के नए अवसर देने की पहल भी कर सकने की दूरदर्शिता दिखाता है।

4.9) Developing Others (सभी व्यक्तियों एवं टीम के सभी सदस्यों के विकास पर ध्यान)

Genuinely believes in others' capabilities to develop and takes personal responsibility for their development. Creates a positive environment for learning and provides developmental opportunities for individuals and teams.

व्यक्तियों के स्वविकास की क्षमता में विश्वास करता है एवं उनके विकास के लिए स्वयं जिम्मेदारी लेता है। सीखने के लिए सकारात्मक वातावरण का निर्माण करता है एवं व्यक्ति और टीम को विकास के अवसर देता है।

- टीम के सदस्यों को पढ़ाई एवं करियर प्लान बनाने हेतु प्रोत्साहित करता है एवं उनका मार्गदर्शन देते हुए उनकी प्रगति की समीक्षा करता है।
- जिम्मेदारी एवं निर्णय लेने के लिए प्राधिकृत कर टीम के सदस्यों को विकास के अवसर देने का जोखिम लेता है।
- टीम के सदस्यों के लंबी अवधि के विकास हेतु पठन आवश्यकताओं हेतु मार्गदर्शन, दिशानिर्देश एवं प्रेरणा देता है।
- सभी कर्मचारियों के करियर विकास को सहारा देने हेतु क्षमता विकास रणनीतियाँ बनाता है।

इसमें अच्छी प्रशिक्षण संस्थाओं के साथ साझीदारी, टीम के विभिन्न सदस्यों द्वारा अपने ज्ञान-कौशल को अन्य सदस्यों को प्रशिक्षित करने में प्रयोग करना, ऑनलाइन एवं दूरस्थ (Distance Learning) लर्निंग द्वारा आवश्यक स्किल सीखने को प्रोत्साहित करना शामिल है।

4.10) Self Awareness and Self Control (स्व-अवबोध एवं स्व-नियंत्रण)

Identifies one's own emotional triggers and controls one's emotional responses. Maintains a sense of professionalism and emotional restraint when provoked, faced with hostility or working under increased stress. It includes resilience and stamina despite prolonged adversities.

अपनी भावनात्मक प्रतिक्रिया को पहचानता है और उन्हें नियंत्रित रखता है। उकसाए जाने पर या शत्रुतापूर्ण परिस्थितियों में या अत्यधिक तनाव के बीच पेशेवर रवैया एवं भावनात्मक नियंत्रण प्रदर्शित करता है। लगातार विषम परिस्थितियों के बीच डटे रहने एवं प्रतिरोध की क्षमता इसमें शामिल है।

- तनावपूर्ण परिस्थितियों में शांत रहता है और अन्यों के विचारबिंदु को सुनता- समझता है।
- अपनी मजबूतियों-कमजोरियों, खूबियों-खामियों की ईमानदार समझ रखता है।
- तनाव एवं नियंत्रित प्रतिक्रिया हेतु तनाव नियंत्रण तकनीकों यथा-प्राणायाम, योग, ध्यान आदि की मदद लेता है।
- दुर्धर्ष चुनौतियों, उकसावे एवं पेशेवर असंतुष्टियों पर संतुलित, सधी एवं पेशेवर, सकारात्मक एवं रचनात्मक प्रतिक्रिया देता है।
- तनावपूर्ण एवं विपरीत परिस्थितियों में प्रभावशाली नेतृत्व क्षमता प्रदर्शित करता है।
- लगातार एवं लंबी विपरीत परिस्थितियों में अपना और टीम का ध्यान एवं क्षमता बनाए रखना।
- बेहतर योजना एवं अतीत की घटनाओं के विश्लेषण द्वारा तनाव पैदा करने वाले मुद्दों को पहचानकर समय रहते उनका समाधान करने की कार्य संस्कृति को पोषित करना।

सिविल सेवक की जिंदगी एक सतत इम्तहान है, निरंतर परीक्षा है। उन्हें हर दिन नई चुनौतियों से दो-चार होना पड़ता है,जिससे निपटने के लिए उनका मानसिक रूप से दृढ़ एवं सुख-दुःख को समान भाव से ग्रहण करनेवाला स्थिरप्रज्ञ होना एक वांछनीय गुण है। साथ ही, निष्काम कर्म उन्हें भावनात्मक रूप से मजबूत रखने में सहायक है।

4.11) Communication Skills (संप्रेषण क्षमता)

Articulates information to others in language that is clear, concise and easy to understand.

It also includes the ability to listen and understand unspoken feelings and concerns of others.

दूसरों तक स्पष्ट, संक्षिप्त एवं सहज बोधगम्य भाषा में सूचना संप्रेषित करने में सक्षम। सम्यक् श्रवण अर्थात् ध्यान से सुनना एवं अनकही भावनाओं और चिंताओं को भी समझ पाने की क्षमता।

- सूचना, विचार, तर्क आत्मविश्वास के साथ धाराप्रवाह रूप में रखता है। समाज के अलग-अलग तबकों तक अपने प्रस्ताव के गुण-अवगुण रख पाता है।
- परिस्थिति एवं प्रसंग के अनुकूल संप्रेषण शैली का चयन करता है।
- जटिल मुद्दों को विविध प्रकार के श्रोताओं के बीच स्पष्ट एवं विश्वासपूर्वक संप्रेषित करता है।
- अपने विचारों को लक्षित जनता तक सफलतापूर्वक पहुँचाने हेतु विविध मंचों, मीडिया एवं एवं सोशल मीडिया का यथायोग्य प्रयोग करता है एवं माध्यम के अनुरूप संदेश में आवश्यक बदलाव करता है।

वर्तमान सूचना एवं मीडिया क्रांति के युग में सिविल सेवक हेतु स्वयं, टीम के सदस्यों एवं संगठन की संप्रेषण क्षमता पर लगातार मेहनत आवश्यक है। संगठन एवं सिविल सेवा के लक्ष्यों को प्राप्त करने में, लोगों को निर्णय प्रक्रिया से जोड़ने में, जनकेंद्रित प्रशासन हेतु जनता की आशाओं-अपेक्षाओं को समझने में, प्रशासन एवं प्रशासनिक संस्थाओं के प्रति लोगों का नजरिया सकारात्मक बनाने हेतु सटीक संप्रेषण एक बहुत ही कारगर औजार है। इस बात पर भी दृष्टि हो कि यहाँ अल्प और अति दोनों ही खतरनाक है। सम्यक् संप्रेषण एवं सटीक प्रचार हेतु संतुलन अत्यावश्यक है।

4.12) Team-Working (टीम में काम करना)

Working together as a unit for the common goal. Building teams through mutual trust, respect and co-operation.

समान लक्ष्य हेतु एक टीम की तरह काम करना। परस्पर विश्वास, आदर एवं सहयोग द्वारा टीम का निर्माण।

लोक सेवकों से अपेक्षाएँ

- टीम के निर्णयों का स्वेच्छा से पालन करता है, टीम में अन्यों की मदद करते हुए अपने हिस्से का कार्य करता है और एक अच्छा टीम सदस्य है।
- सहकर्मियों को स्वैच्छिक सहयोग देता है, उनके साथ प्रतिस्पर्धा के साथ नहीं वरन् गठजोड़ के साथ मिलजुलकर काम करता है।
- टीम के सदस्यों के साथ सभी प्रासंगिक जानकारियाँ बाँटता है, तथा किसी विषय पर चर्चा में अपने विचार, इनपुट एवं सुझाव देता है।
- किसी विशिष्ट निर्णय या योजना के निर्माण हेतु टीम सदस्यों से उनके आइडिया एवं विचार आमंत्रित करता है।
- अपने अधीनस्थों, सहकर्मियों को शामिल करते हुए अन्यों से सीखने की इच्छा प्रदर्शित करता है।

- दूसरों की विशेषज्ञता का वास्तविक आदर करता है।
- अन्यों के सुझावों को योजना बनाने एवं निर्णय लेने में शामिल करता है एवं उनके योगदान को अनुमोदित करता है।
- टीम के सदस्यों को भलीभाँति प्रेरित करता है।
- सकारात्मक टीम वातावरण बनाने की दिशा में कार्य करता है एवं नकारात्मक व्यवहार यथा-धमकी, अपमान, साँचे में ढले व्यवहार एवं बढ़ा-चढ़ाकर बताने जैसी बातों पर आवश्यक कदम उठाता है।

भारत सरकार द्वारा 'मिशन कर्मयोगी' की शुरुआत की गई है जिसमें सिविल सेवक से रचनात्मक एवं निर्माणोन्मुख, कल्पनाशील एवं नवाचारी, सक्रिय एवं विनम्र, पेशेवर एवं प्रगतिशील, ऊर्जा से लबरेज एवं टीम को सक्षम बनानेवाला एवं पारदर्शी एवं तकनीक मित्र होने की अपेक्षा की गई है। साथ ही, EASE OF LIVING समयबद्ध एवं प्रभावी जन सेवा, ईज़ ऑफ डूइंग बिजनेस, नागरिक उन्मुख-सार्थक संवाद, निर्णयों में जन-भागीदारी पर जोर दिया गया है। इसके लिए सतत प्रशिक्षण के सांस्थानिक ढाँचे को भी हर स्तर पर मजबूत करते हुए नियमित अंतराल पर प्रशिक्षण एवं ऑनलाइन स्वाध्याय को केंद्र में रखा गया है। इससे संबंधित रिपोर्ट भी एक बार पढ़ी जा सकती है।

मैं इस सुंदर रिपोर्ट (COMPETENCY DICTIONARY) के लिए UNDP एवं DoP&T का आभार प्रकट करता हूँ। अभ्यर्थियों को यह कहना चाहूँगा कि मूल रिपोर्ट ऑनलाइन अंग्रेजी में उपलब्ध है उसे भी अच्छे से पढ़ लें। मैं आशा करता हूँ कि इस अध्याय को पढ़ने वाले अधिकांश लोग सिविल सेवा में या वो जहाँ भी काम करें वहाँ कार्यदक्ष, प्रभावी, उत्तरदायी, पारदर्शी एवं जिम्मेदारी के साथ अपने कर्तव्यों का निर्वहन करते हुए समाज, देश और मानवता की प्रगति में अपना योगदान देंगे।

अध्याय

11

सामान्य अध्ययन के चारों प्रश्न-पत्रों एवं वैकल्पिक विषय हेतु कुछ सुझाव

✦ एक डायरी या नोटबुक लेकर उसमें सिविल सेवा परीक्षा की अपनी रणनीति लगातार बनाते रहें। प्रारंभिक परीक्षा, मुख्य परीक्षा, इंटरव्यू–हर स्तर के हर खंड के लिए अपनी रणनीति बनाएँ। याद रखें, इस परीक्षा या किसी भी परीक्षा में स्वर्णिम सफलता आपको आपकी स्वयं की रणनीति ही दिला सकती है।

✦ संतुलन इस परीक्षा में सफलता का मूलमंत्र है। तैयारी के सभी अंगों में संतुलन, आपकी विचार प्रक्रिया में संतुलन, परीक्षा भवन में संतुलन, साक्षात्कार में संतुलन। संतुलन के साथ स्वर्णिम मध्यम मार्ग का पालन आपको सफलता दिलाएगा।

✦ UPSC की वन सेवा के सामान्य ज्ञान (GENERAL KNOWLEDGE) के पिछले कुछ वर्षों के प्रश्न–पत्र जो UPSC की वेबसाइट पर उपलब्ध हैं, उनको 150 या 250 शब्दों की शब्द–सीमा में लिखने का अभ्यास करें।

प्रश्न के मुख्य शब्दों को रेखांकित करें और उत्तर लिखते समय उनका ध्यान रखें। यदि हिंदी में प्रश्न अस्पष्ट है तो उसे अंग्रेजी में भी पढ़कर स्पष्ट हो लें।

उत्तर लेखन शैली–सामान्य अध्ययन एवं वैकल्पिक विषय हेतु

✦ अच्छी लेखन शैली में समावेशित तत्त्व

- सटीक,

- सही एवं निशाने पर,
- साफ-सुथरी-स्पष्ट अभिव्यक्ति,
- शब्द-सीमा के आसपास,
- तथ्यों एवं विश्लेषण का सुंदर समन्वय,
- निजी राय तभी जब प्रश्न ने उसकी माँग की हो,
- वस्तुनिष्ठ,
- संतुलित, विविध तथ्यों की विविध दृष्टिकोण से जाँच।

✦ आपकी लेखन शैली काफी महत्त्व रखती है। तैयारी में ऑनलाइन एवं अन्य सभी विकल्पों का प्रयोग करें पर याद रखें, यह मुख्यत: एक लिखित परीक्षा है। अतएव अपनी लेखन शैली विकसित करने हेतु नियमित लेखन का अभ्यास करें। आप क्या जानते हैं, वो आप अपनी लेखनी से दिखाने में सक्षम होने चाहिए।

✦ संक्षिप्त, सारगर्भित, तथ्य आधारित, पूछे गए प्रश्न के अनुरूप उत्तर लिखें।

✦ अपने ज्ञान और चिंतन पर आपकी लेखन शैली में गर्व हो, अहंकार नहीं। निदेशात्मक शब्द या वाक्य के प्रयोग से बचें।

✦ दीर्घ उत्तरीय प्रश्नों में जहाँ चयन का विकल्प हो, वहाँ ऐसे प्रश्नों को चुनें जिनकी प्रवृत्ति उलझाऊ न हो और जिसे आप अच्छी तरह समझ रहे हों। साथ ही, यदि संभव हो तो ऐसे प्रश्न चुनें जहाँ आपको अपनी मौलिकता एवं सृजनात्मकता दिखाने का पूरा मौका मिले।

✦ उत्तर का प्रारंभ एवं अंत-सामान्य अध्ययन एवं वैकल्पिक विषय के प्रश्न-पत्र में प्रस्तावना न लिखने की भूल न करें। प्रस्तावना सटीक, संक्षिप्त हो, पर हो जरूर। निष्कर्ष लिखते हुए अपनी सृजनात्मकता एवं विचारों को पूरा मौका दें।

✦ प्रश्नोत्तर में भारतीय संदर्भ जरूर दें। वैश्विक घटनाक्रम के प्रश्नों में भी यथासंभव भारतीय परिप्रेक्ष्य को शामिल करें।

✦ तथ्य एवं आँकड़े-तर्क को प्रामाणिक एवं उत्तर को विश्वसनीय बनाने के लिए सरकारी तथा गैर-सरकारी विश्वसनीय रिपोर्टों के प्रासंगिक अंश को उत्तर में शामिल करें। उत्तर में यथासंभव नवीन संकल्पनाओं, नए आँकड़ों एवं नवीन सूचनाओं का यथास्थान प्रयोग करें। एक और बात, यदि सही तथ्य-आँकड़े याद नहीं आ रहे हों, तो उन्हें परीक्षा में लिखने से फायदा कम, नुकसान ज्यादा है।

- उत्तर में विचारों के दुहराव से बचें।
- सामान्य अध्ययन मुख्य परीक्षा में कोई निगेटिव मार्किंग नहीं है। आपका पूरा ध्यान इस बात पर होना चाहिए कि आप सभी प्रश्नों के उत्तर लिख पाएँ और इसके लिए परीक्षा भवन में आपका समय प्रबंधन उम्दा होना चाहिए।
- दीर्घ उत्तरीय प्रश्नों के उत्तर का आरंभ और अंत आकर्षक होना चाहिए। यह बात वैकल्पिक विषय में भी लागू होती है। छोटी और जिज्ञासा जगानेवाली भूमिका, सटीक मध्य और प्रभावशाली उपसंहार हो। विश्लेषण और आलोचनात्मक मूल्यांकन प्रकार के प्रश्नों में आपका उपसंहार काफी महत्त्वपूर्ण होता है।
- अपने उत्तरों को विशिष्ट बनाएँ। आपके उत्तरों में आपकी मौलिकता और रचनात्मकता झलकनी चाहिए। आँकड़ों, टेबल, पाई चार्ट का आवश्यकता और समय को ध्यान में रखकर उपयोग कर सकते हैं।
- शब्द-सीमा का कड़ाई से पालन करें। यदि आप ऐसा नहीं करते हैं तो आपके पास सभी प्रश्नों को हल करने का समय नहीं होगा। एक जगह उत्तर को ज्यादा लंबा और प्रभावशाली बनाने से आपको कुछ अंकों का फायदा होगा या नहीं इसकी कोई गारंटी नहीं, पर वहीं अगर उसकी वजह से आप कुछ प्रश्नों को अच्छे से न कर पाए, तो आपका ज्यादा अंकों का नुकसान हो जाएगा। जो शब्दों की सीमा को नहीं मानते हैं, समय उन्हें उनकी सीमा दिखा देता है।
- किसी भी विषय को पढ़ने के बाद उस पर विगत वर्षों के पूछे प्रश्न या स्वयं के बनाए प्रश्नों को लिखने का अभ्यास करें। उत्तरों का स्वमूल्यांकन करें और अपने किसी वरिष्ठ या शिक्षक से भी मूल्यांकन करवा सकते हैं। मॉडल प्रश्नों को अधिकाधिक हल करने से भी लेखन शैली में अपेक्षित सुधार होगा।

कैसे पढ़ें -

- पढ़ना शुभ है, समझना लाभ है। एकाग्रता से पढ़ें, समझकर पढ़ें, पढ़कर समझें।
- जो पुस्तकें या पत्रिकाएँ आपके पास हैं, उन्हें अंडरलाइन या हाईलाइट करके पढ़ें। पुस्तक इस तरह पढ़ें कि हर बार दुहराव में पहले की तुलना में कम समय लगे। किसी एक विषय पर एक पुस्तक को मुख्य पुस्तक के रूप में पढ़ें। उस पुस्तक से पाठ्यक्रम के सभी बिंदुओं को तैयार करने के बाद आकलन करें कि उस खंड के विगत वर्षों के प्रश्नों को हल करने में आप कितने पानी में हैं। यदि लग रहा है कि उस विषय में उस पुस्तक को पढ़ने के बाद भी आपकी तैयारी में अधूरापन है तो फिर उस विषय पर एक और पुस्तक पढ़ें।

- अध्ययन हेतु अपने सर्वश्रेष्ठ समय का चुनाव करें।
- सिविल सेवा परीक्षा की और पाठ्यक्रम की तैयारी मुख्य परीक्षा के हिसाब से करें। प्रारंभिक परीक्षा की तैयारी उसके 3-6 महीने पहले से करें। उदाहरण के तौर पर कहूँ तो सिविल सेवा परीक्षा को एक खेलकूद प्रतियोगिता के तौर पर समझिए जिसमें प्रारंभिक परीक्षा योग्य लोगों को शॉर्ट लिस्ट करने के लिए पहली ऊँची कूद है अर्थात् यदि आपने बहुत ज्यादा ऊँचाई से कूदने के चक्कर में अति प्रयास की वजह से अपने हाथ-पैर में चोट लगा ली तो भी मुश्किल है; और अगर आपने कम ऊँची छलाँग लगाई और रस्सी के ऊपर से न कूद पाए या रस्सी से छू गए तो आप डिसक्वालीफाई हो जाएँगे। उसके उपरांत 400 मीटर की रेस है जिसमें आपको अपना सर्वोत्तम देना है क्योंकि यहाँ आप कितना समय लेते हैं, वह महत्त्वपूर्ण है। यह मुख्य परीक्षा है जिसमें सामान्य अंग्रेजी और भारतीय भाषा के दो छोटे प्रश्न-पत्रों को छोड़ दें, तो हर अंक कीमती है। इसके बाद साक्षात्कार की तुलना आप बाधा दौड़ से कर सकते हैं जिसमें आपको कँटीले तारों के बीच से रेंगकर रस्सियों के सहारे आगे बढ़ना है और ऐसी अन्य बाधाओं को पार करना है जिनमें आपके जीवन में अब तक सीखा सब कुछ दाँव पर है। यहाँ समय से ज्यादा महत्त्व कुशलतापूर्वक सभी बाधाओं को पूरा करने का है।

नोटः *पिछले वर्ष के प्रश्नों से भी कभी-कभी प्रश्न दुहराए जा सकते हैं। अतः तैयारी के दौरान उन्हें स्किप न करें।*

पुस्तकेषु च या विद्या, परहस्तेषु यद् धनम।
उत्पन्नेषु च कार्येषु, न सा विद्या, न तद धनम।

अर्थात्, जो विद्या पुस्तक में है, आपने आत्मसात् नहीं की है, या जो धन पराए हाथों में है, समय आने पर न तो वह विद्या और न ही वह धन काम आता है। इसलिए सिर्फ पढ़ना काफी नहीं है, उसे समझें और आत्मसात् करें, उस ज्ञान को अपना बनाएँ।

- अध्ययन की विश्लेषणात्मक पद्धति का अनुसरण करें। किसी भी विषय को पढ़ें-समझें तथा मनन एवं विश्लेषण करें।
- रिवीजन पर समुचित ध्यान दें। बार-बार दुहराने से तथ्य याद होते हैं एवं संकल्पनाएँ स्पष्ट होती हैं।
- बहुत सारी पुस्तकों या पत्र-पत्रिकाओं, समाचार पत्रों के ढेर में न उलझें। अपने समय का कम-से-कम तीन चौथाई हिस्सा पाठ्यक्रम की मूल पुस्तकों को दें। बाकी एक चौथाई समय पत्र-पत्रिकाओं, समाचार पत्रों, इंटरनेट से पठन को दें।

- पत्र-पत्रिकाओं का प्रयोग समसामयिकी, निबंध एवं साक्षात्कार की तैयारी के लिए करें। इतिहास, संविधान, कला-संस्कृति की तैयारी स्तरीय पाठ्यपुस्तकों से करें न कि गाइडबुक और पत्रिकाओं के विशेषांकों से।
- इंटरनेट की चुनिंदा अच्छी सामग्रियों का प्रयोग करें। भारत सरकार की वेबसाइटों पर उपलब्ध रिपोर्ट, बीबीसी हिंदी, समाचार चैनल की वेबसाइट का कम समय लगाते हुए सार्थक उपयोग करें।
- टीवी और सोशल मीडिया का प्रतिदिन आधे-से-एक घंटे से ज्यादा उपयोग न करें।
- विषय के कठिन हिस्सों से भागें नहीं, वरन् उन्हें सबसे पहले तैयार करें। मेहनत करने पर कठिन चीजें भी आसान दिखने लगती हैं।
- सुव्यवस्थित पाठ्यसामग्री से योजनाबद्ध तैयारी करें। अध्यायवार प्रश्नों का सतत विश्लेषण करें। विषय के केंद्र बिंदुओं की पहचान रखें और उन पर ध्यान केंद्रित रखें। अपनी पठन योजना एवं रणनीति का दृढ़तापूर्वक पालन करें। प्रश्नों की बदलती प्रवृत्ति को समझते हुए अपनी पढ़ाई में तद्नुसार बदलाव लाएँ।
- सामूहिक परिचर्चा एवं छोटे ग्रुप में पढ़ाई भी काफी उपयोगी है।
- पढाई में निरंतरता रखें। याद रखें पहाड़ की चढ़ाई के लिए रोज-रोज चलना पड़ता है।
- परीक्षा के एक सप्ताह पूर्व एक दिन में एक विषय का संपूर्ण पाठ्यक्रम दुहराने का अभ्यास करें।

❑❑❑

अध्याय

12

समय प्रबंधन

गुजरा हुआ वक्त गुजरे हुए सपने जैसा है, लाख कोशिश करके भी वापस नहीं आता। जो वक्त को सस्ता समझते हैं, उनकी जिंदगी खस्ता हो जाती है और जो वक्त का मोल समझते हैं, वे अपनी जिंदगी को अनमोल बना पाते हैं। वक्त के सदुपयोग से दुनिया की हर चीज खरीदी जा सकती है पर दुनिया की कोई भी चीज गुजरा हुआ वक्त नहीं खरीद सकती। समय की बारिश जब बीत जाती है, तब केवल पछतावे का सूखा बचता है। वक्त रहते वक्त का मोल समझना ही वक्त की माँग है।

समय प्रबंधन हेतु कुछ महत्त्वपूर्ण बिंदु

- आप कितनी देर पुस्तक खोलकर बैठते हैं और आप कितनी देर पढ़ते हैं, दोनों दो अलग बातें हैं। जब भी आप पाठ्यक्रम के किसी बिंदु को पढ़ें, तो उसके बाद क्या आना चाहिए, यह आपको पूर्वस्पष्ट होना चाहिए।
- अपने समय को अनावश्यक बातों पर बिलकुल खर्च न करें।
- हर सप्ताह अपनी तैयारी के हर अंग सामान्य अध्ययन, वैकल्पिक विषय, निबंध, सामान्य अंग्रेजी को समय दें। सप्ताह में आधे से एक दिन का समय दुहराव एवं स्वपरीक्षण हेतु रखें।
- हर रोज सुबह के 15 मिनट दिन में की जाने वाली तैयारी की प्लानिंग पर बिताएँ। यदि इसे आप टहलते हुए या प्राणायाम करते हुए करें, तो और भी बेहतर होगा।
- अपनी प्रतिदिन की पढ़ाई को 2 घंटों के अंतराल में बाँटें। हर अंतराल में अपने स्वास्थ्य-सुकून, आँखों और दिमाग को आराम देने वाली कोई मनपसंद गतिविधि या हॉबी को समय दें।

- अनावश्यक कार्यों, व्यर्थ की गपशप इत्यादि में समय नष्ट न करें। उसकी जगह कुछ सृजनात्मक रुचियों को समय दें। तैयारी को दवाब की तरह न लें, बल्कि उसे अपनी नियमित जीवनशैली का हिस्सा बनाएँ।
- पढ़ाई के समय की गुणवत्ता समय की मात्रा से ज्यादा महत्त्वपूर्ण है। प्रारंभिक परीक्षा के एक साल पहले से 8 घंटे की एकाग्रचित्त पढ़ाई काफी है। पढ़ने की तेज रफ्तार (उदाहरण के लिए हिंदी में कथा साहित्य पढ़ते हुए मैं एक घंटे में 100 पन्ने की रफ्तार से पढ़ता हूँ।) आपको दुहराव हेतु सहायक होगी।

मॉडल प्रश्न-पत्रों से अपनी तैयारी को जाँचना परीक्षा हॉल में समय प्रबंधन एवं अपनी तैयारी के कमजोर पहलुओं को मजबूत करने के दृष्टिकोण से काफी अच्छा है। मॉडल प्रश्न-पत्र स्वयं या अपने सहपाठियों से तैयार करवाए जा सकते हैं।

अध्याय

13

नोट्स कैसे बनाएँ

- बिंदुवार संक्षिप्त नोट्स बनाएँ।
- नोट्स मौलिक, प्रभावशाली एवं अद्वितीय होने चाहिए।
- नोट्स उन्हीं बिंदुओं पर बनाएँ जो मुख्य पुस्तक से पूरी तरह आच्छादित नहीं हो पा रहे हों। अर्थात्, किसी विषय की अतिरिक्त पुस्तकों, समाचार पत्र से कोई महत्त्वपूर्ण विषय या लाइब्रेरी की किसी अच्छी पुस्तक के किसी टॉपिक के ऐड-ऑन पॉइंट्स।
- पाठ्यक्रम के भारी-भरकम अंशों या उन अंशों के लिए जहाँ लगातार समसामयिकी से आँकड़ों-तथ्यों को अद्यतन करने की आवश्यकता हो, वहाँ नोट्स बनाएँ।
- छोटी-छोटी मगर काम की सूचनाएँ जहाँ से भी मिलें, उनका संग्रह करें।

नौकरी के साथ तैयारी करते हुए मैंने ए4 साइज के पन्नों पर संक्षिप्त एवं सारगर्भित नोट्स बनाए थे। प्रभावशाली शुरुआत, शानदार अंत पर जोर एवं मुख्य उत्तर में उपशीर्षों के साथ बिंदुवार विचार। मेरा विचार यह था कि उस विषय की तैयारी निबंध से लेकर लघु उत्तरीय प्रश्नों तक के लिए संपूर्ण हो। वैकल्पिक विषय एवं सामान्य अध्ययन के मेरे द्वारा बनाए गए नोट्स का एक-एक नमूना देख सकते हैं-

वैकल्पिक विषय हेतु यात्रा वृत्तांत पर बनाए गए नोट्स

हिंदी साहित्येतिहास

यात्रा-वृत्तांत

भूमिका :

यात्रा वृत्तांत हिंदी गद्य की एक आधुनिक विधा है। यात्रा के अनुभव जब कलात्मक रूप से यादों, अनुभवों, संवेदनाओं से परिपूरित होकर कागज के पन्नों पर आते हैं, तभी यात्रा वृत्तांत कहलाते हैं। अन्यथा वे महज पर्यटक मार्गदर्शिका बनकर रह जाएँगे।

- यात्रा के दौरान प्रकृति सौंदर्य का चित्रण
- मिले हुए लोग, जनजीवन का सौंदर्य, लेखक की प्रतिक्रियाएँ
- बाह्य यात्रा के साथ-साथ अंतर्यात्रा
- वहाँ की संस्कृति, इतिहास, स्थापत्य, रीति-रिवाज, कलात्मकता की विशिष्टता के अनुभव
- लेखक की सूक्ष्मता, संवेदनशीलता और भावुकता की पहचान

विशेषताएँ

① स्थानीयता - स्थान विशेष के सभी पक्षों का वर्णन - विविध शैलियों में

② तथ्यात्मकता - सरल-सहज रोचक शैली में

③ आत्मीयता - यही उसे गाइड बनने से रोकती है।

④ वैयक्तिकता - व्यक्तित्व की प्रभावशाली छाप मौजूद रहती है।

⑤ रोचकता - तकनीक के तौर पर - लोक कथा, लोकगीत
मिथक, अलंकार, मुहावरे, चित्रात्मक वर्णन, संवेदनशीलता

आरंभ: हिंदी में यात्रा-वृत्तांत लेखन की शुरुआत भारतेंदु युग से मानी जाती है
भारतेंदु के यात्रा-वृत्तांत हैं- 'सरयू पार की यात्रा', 'लखनऊ की यात्रा', मेहदावल की यात्रा, हरिद्वार की यात्रा, जगन्नाथ यात्रा.
बड़ा सजीव और रोचक वर्णन।

श्रीधर पाठक की 'देहरादून शिमला यात्रा'

सत्यदेव परिव्राजक- 'अमरीका भ्रमण', 'मेरी कैलाश यात्रा' 1915, मेरी जर्मन यात्रा 1926

कन्हैयालाल मिश्र - ~~मेरी~~ 'हमारी जापान यात्रा।

विकास

राहुल सांकृत्यायन

① मेरी तिब्बत यात्रा ② मेरी लद्दाख यात्रा ③ किन्नर देश में

④ रूस में 25 मास ⑤ यात्रा के पन्ने

यात्रा में आनेवाली कठिनाइयों के साथ उस स्थान की प्राकृतिक संपदा, आर्थिक और सांस्कृतिक जीवन तथा ऐतिहासिक अन्वेषण का भी वर्णन करते हैं।

रामवृक्ष बेनीपुरी – पैरों में पंख बांधकर, उड़ते चलो उड़ते चलो

यशपाल – लोहे की दीवार के दोनों ओर

अज्ञेय : अरे यायावर रहेगा याद, एक बूँद सहसा उछली

उनके यात्रा वृत्तांतों में कवि की सूक्ष्मता, कहानीकार की रोचकता और यात्री का रोमांचक साहस साथ-साथ मिलता है। एक बूंद सहसा उछली में अमेरिका और यूरोप के संस्मरण हैं।

मोहन राकेश – आखिरी चट्टान तक (दक्षिण भारत की यात्राओं का विवरण)

निर्मल वर्मा – चीड़ों पर चांदनी (यूरोप यात्रा का वर्णन)

यात्रा के बहाने इतिहास, दर्शन और संस्कृति से लेखक का सीधा संवाद होता है। संवेदनशीलता के साथ बौद्धिकता भी।

हाल-फिलहाल : रूसी सफरनामा – बलराज साहनी

ज्योतिपुंज हिमालय – विष्णु प्रभाकर

तना हुआ इंद्रधनुष – रामदरश मिश्र

यात्रा-वृत्तांतों में देश-विदेश के प्राकृतिक दृश्यों की रमणीयता, नर-नारियों के विभिन्न जीवन संदर्भ, प्राचीन एवं नवीन सौंदर्य चेतना की प्रतीक कलाकृतियों की भव्यता, तथा मानवीय सभ्यता के विकास के द्योतक अनेक वस्तु चित्र यायावर लेखक के मन में स्थापित होकर वैयक्तिक रागात्मक ऊष्मा से दीप्त हो जाते हैं। लेखक अपनी विधायिनी कल्पना शक्ति से उन्हें पुनः मूर्त करके पाठकों की जिज्ञासा-वृत्ति को तुष्ट कर देता है।

सामान्य अध्ययन हेतु बनाए गए नोट्स

राजा राममोहन राय

आधुनिक भारतीय इतिहास

राजा राममोहन राय आधुनिक भारत के पिता, संसार में तुलनात्मक धर्मशास्त्र के अध्ययन के प्रथम प्रामाणिक शोधकर्ता, भारतीय पुनर्जागरण के अग्रदूत, विश्व मानववाद के उद्गाता और नवयुग के भविष्यद्रष्टा थे।

भारतीय पुनर्जागरण में राजा राममोहन राय का योगदान

1) सती प्रथा का खात्मा

2) भारतीय पत्रकारिता - बंगला में संवाद कौमुदी ; फारसी में मिरात-उल-अखबार
बांग्ला, हिंदी और फारसी में बंगदूत

3) धार्मिक कुरीतियों, अंधविश्वासों, अलौकिक घटनाओं और चमत्कारों का विरोध
जाति प्रथा, बहुविवाह और लड़की बेचने की प्रथा का विरोध किया। स्त्रियों का पिता और पति की संपत्ति में अधिकार का समर्थन किया।

4) तर्कवाद को प्रतिष्ठित किया। उपनिषदों को प्रतिष्ठा दी। हिंदू धर्म के आधुनिकीकरण की दिशा में प्रयत्न किया। ईसाई मिशनरियों द्वारा धर्मपरिवर्तन के लिए हिंदू धर्म को नीचा दिखाने का डटकर तर्कपूर्ण जवाब दिया। सर्वव्यापी मानवधर्म के अन्वेषक।

5) शैक्षिक सुधार :
संस्कृत के विद्वान और भारतीय धर्मसंस्कृति के प्रेमी होते हुए भी राममोहन ने आधुनिक शिक्षा प्रद्धति का समर्थन किया ताकि गणित-विज्ञान के क्षेत्र में हुई नई प्रगतियों से भारतीय अवगत हो सके। अंततः, भारत में शिक्षा प्रद्धति की नींव, (भले ही मैकालियन विकृति से ग्रस्त) उनके सुझावों के अनुरूप ही पड़ी।

6) बांग्ला गद्य के जनक

7) राजनीतिक सुधार : प्रेस स्वातंत्र्य का समर्थन ; जूरी सदस्य बनाए जाने में भारतीयों से भेदभाव किए जाने के विरुद्ध आवाज उठाई और उसे बदलवाया
सिविल तथा फौजदारी कानून संहिता की स्थापना की मांग की
आयरलैंड पर ब्रिटिश अधिकार का विरोध किया।

फ्रांसीसी क्रांति से बड़े खुश हुए थे

8) आर्थिक सुधार,
किसानों की दयनीय दशा के विरुद्ध आवाज उठाई
नमक पर एकाधिकार के खिलाफ आवाज उठाई, ईस्ट इंडिया कंपनी का नमक पर एकाधिकार खत्म हुआ।
भारतीय धन के ब्रिटेन चले जाने पर चिंता व्यक्त करनेवाले शुरुआती लोगों में एक

9) ब्रह्मसमाज की स्थापना :
सभी धर्मों के एकेश्वरवादी लोगों का मिलन स्थल

राजा राममोहन राय भारतीयों के लिए परंपरा और आधुनिकता, पूर्व और पश्चिम धर्म और विज्ञान, पूर्वाग्रह और तर्क, धार्मिक संकीर्णता और मानववाद के बीच पुल के समान थे।

ईश्वरचंद्र विद्यासागर

आधुनिक इतिहास

भारतीय पुनर्जागरण या नवजागरण में ईश्वरचंद्र विद्यासागर का अहम योगदान है। पुनर्जागरण की प्रारंभिक अवस्था का प्रतिनिधित्व करनेवाले ईश्वरचंद्र बाल वैधव्य तथा बहु-विवाह जैसी सामाजिक कुरीतियों की समाप्ति हेतु प्रेरक बने और स्त्री शिक्षा की दिशा में भी उल्लेखनीय पहल की। वह आधुनिक दृष्टिकोण वाले परंपरागत भारतीय मनीषी थे और उनमें पूर्व और पश्चिम का आदर्श समन्वय मिलता है।

ईश्वरचंद्र का शिक्षा तथा समाजसुधार के क्षेत्र में योगदान
- संस्कृत की शिक्षा आधुनिक ढंग से दिए जाने पर बल
- बांग्ला की आरंभिक कक्षाओं के लिए कई पाठ्यपुस्तकें लिखीं जो आजतक चल रही हैं।
- स्त्री शिक्षा के लिए जे.इ.डी. बेथुन के प्रयासों में पूर्ण सहयोग : सामाजिक असहयोग के बीच भी लड़कियों के स्कूलों की स्थापना का कार्य जारी रहा
- विधवा पुनर्विवाह - शास्त्रोक्त प्रमाणों से इसे हिंदू धर्म के लिए उपयुक्त बताया (पुराण, संहिता)
  उनके प्रयत्नों से विधवा पुनर्विवाह अधिनियम (1856) बना।
- बहुविवाह का जमकर विरोध किया
- स्त्री को स्वतंत्रता और समानता दिए जाने के पक्षधर

- मद्यनिषेध के कार्यों में भी उत्साहपूर्वक भाग लिया
- अंग्रेजी शिक्षा को भी आधुनिक ज्ञान विज्ञान का सेतु मान बढ़ावा दिया।
- तत्वबोधिनी पत्रिका से जुड़े रहकर अपनी लेखनी से जनमानस को जागृत करते रहे।
- बांग्ला गद्य के निर्माता
- हिंदू धर्म की सीमाओं के भीतर रहकर सुधारों के पक्षधर।

विद्यासागर स्त्री शिक्षा और विधवा पुनर्विवाह की दिशा में किए गए अपने महती प्रयासों के लिए सदैव स्मरण किए जाएंगे। समाज सुधार के क्षेत्र में वे राजा राममोहनराय के सच्चे उत्तराधिकारी सिद्ध हुए।

□□□

अध्याय

14

वैकल्पिक विषय का चयन कैसे करें

हिंदी माध्यम से सिविल सेवा की तैयारी करने वाले छात्रों के लिए वैकल्पिक विषय का चयन एक बड़ी दुविधा होता है। मन में ढेरों प्रश्न होते हैं-किस विषय से ज्यादा अंक आएँगे, किस विषय से टॉपर बनते हैं, स्नातक तक पढ़े विषय को वैकल्पिक विषय के तौर पर लें या नहीं, इत्यादि।

सिविल सेवा परीक्षा के लिए वर्तमान में एक वैकल्पिक विषय का चयन करना होता है। इस वैकल्पिक विषय के 250 अंक के दो प्रश्न-पत्र होते हैं। इस तरह सिविल सेवा की परीक्षा में वैकल्पिक विषय के कुल 500 अंक हैं।

उपलब्ध विषयों की सूची

- इतिहास
- भूगोल
- समाजशास्त्र
- लोक प्रशासन
- नृविज्ञान
- राजनीति विज्ञान एवं अंतरराष्ट्रीय संबंध
- मनोविज्ञान

- दर्शनशास्त्र
- अर्थशास्त्र
- विधि
- प्रबंधन
- कृषि विज्ञान
- पशुपालन एवं पशु चिकित्सा विज्ञान
- हिंदी भाषा एवं साहित्य/संस्कृत भाषा एवं साहित्य/मैथिली भाषा एवं साहित्य/उर्दू भाषा एवं साहित्य एवं अन्य प्रमुख भारतीय भाषाओं का साहित्य
- वनस्पति विज्ञान
- रसायन विज्ञान
- सिविल इंजीनियरिंग
- वाणिज्य तथा लेखा विधि
- विद्युत इंजीनियरिंग
- भू-विज्ञान
- गणित
- यांत्रिक इंजीनियरिंग
- चिकित्सा विज्ञान
- भौतिकी
- सांख्यिकी
- प्राणी विज्ञान

कैसे चयन करें वैकल्पिक विषय का

इन सारे उपलब्ध विषयों को देखते हुए तथा अपनी शैक्षणिक पृष्ठभूमि और विषयों में रुचि को ध्यान में रखते हुए इन सारे विषयों में से चयन को 2-3 विषयों पर केंद्रित करें।

सामान्यत: उपर्युक्त किसी विषय को आपने स्नातक या परास्नातक स्तर पर हिंदी माध्यम में पढ़ा है और आप उस विषय में रुचि रखते हैं तो उस विषय का चयन सर्वोत्तम है।

- अगर आपने दिए गए विषयों में किसी को स्नातक या परास्नातक स्तर पर पढ़ा है पर उसमें आपकी रुचि नहीं है तो फिर आप दी गई सूची से अपनी रुचि के 2–3 विषयों को शॉर्ट लिस्ट कर लें। इन चयनित विषयों के सारे टॉपिक देखें, इनके सिविल सेवा के सिलेबस और क्वेश्चन बैंक को देखें और यह अनुमान लगाएँ कि इस विषय को आप 3–6 महीने में अच्छे से तैयार कर सकते हैं या नहीं।
- अगर आप अपने स्नातक या परास्नातक के विषय को वैकल्पिक विषय के तौर पर नहीं ले रहे हैं तो इस बात का भी ध्यान रखें कि वैकल्पिक विषय से आपको सामान्य अध्ययन, निबंध पत्र एवं साक्षात्कार में कितनी मदद मिल रही है।
- सामान्य अध्ययन में काफी सहायता पहुँचाने वाले विषय हैं–
    - इतिहास, लोक प्रशासन, राजनीति विज्ञान एवं अंतरराष्ट्रीय संबंध, समाजशास्त्र, नृविज्ञान, भूगोल, अर्थशास्त्र, विधि
- निबंध एवं साक्षात्कार में सहायक वैकल्पिक विषय–
    - इतिहास, लोक प्रशासन, राजनीति विज्ञान एवं अंतरराष्ट्रीय संबंध, समाजशास्त्र, नृविज्ञान, भूगोल, अर्थशास्त्र, विधि, दर्शनशास्त्र, मनोविज्ञान, प्रबंधन, हिंदी एवं अन्य भारतीय भाषाओं का साहित्य

इस बात का ध्यान रखें कि विषय में आपकी रुचि या उस विषय का आपके द्वारा पहले पढ़ा होना काफी महत्त्वपूर्ण घटक हैं। इसके बाद ही सामान्य अध्ययन, निबंध या साक्षात्कार में उस वैकल्पिक विषय से होने वाले लाभ के बारे में सोचें। शॉर्ट लिस्ट किए हुए 2–3 विषयों में से आपको परीक्षा में होने वाली लाभ–हानि की गणना कर अपने लिए उपयुक्त वैकल्पिक विषय का चयन करें। चयन आपका स्वयं का होना चाहिए, किसी दवाब में आकर नहीं। चयन के लिए पर्याप्त समय लें और एक अच्छा निर्णय लें।

❑❑❑

अध्याय

15

वैकल्पिक विषय की तैयारी एवं रणनीति

हिंदी भाषा एवं साहित्य वैकल्पिक विषय के तौर पर

दोस्तो, सिविल सेवा परीक्षा के आँकड़ों को देखें तो वैकल्पिक विषय के तौर पर हिंदी भाषा और साहित्य के साथ अन्य भारतीय भाषाओं तथा साहित्य को वैकल्पिक विषय के तौर पर लेकर सफल होने वाले अभ्यर्थियों की संख्या दिन-पर-दिन बढ़ती जा रही है। सिर्फ सफलता ही नहीं, भारतीय भाषाओं को वैकल्पिक विषय के तौर पर लेने वाले छात्रों ने कई बार इस परीक्षा में प्रथम स्थान तक प्राप्त किया है। साहित्य को एक वैकल्पिक विषय के रूप में लेकर सिविल सेवा में बैठने वाले छात्रों की संख्या भी काफी तेजी से बढ़ रही है। मेरे बैच अर्थात् 2008 में आईएएस में 10 के आसपास ऐसे छात्र थे जिन्होंने एक विषय हिंदी साहित्य रखा था। इस विषय में अंक भी काफी अच्छे आ रहे हैं। हिंदी माध्यम में वैकल्पिक विषय के रूप में यह सबसे लोकप्रिय विषयों में से एक के रूप में उभर रहा है। अभी के नए पैटर्न में जहाँ एक ही वैकल्पिक विषय रखना है, हिंदी की वैकल्पिक विषय के रूप में महत्ता और भी बढ़ेगी, इसमें कोई संदेह नहीं।

कैसे छात्र रखें हिंदी वैकल्पिक विषय सिविल सेवा परीक्षा के लिए-

हर छात्र की विषय विशेष के प्रति अपनी रुचि और रुझान होता है। हिंदी वैकल्पिक विषय ऐसे छात्रों के लिए उपयुक्त है जिन्होंने-

- ✦ बी.ए./एम.ए. में हिंदी भाषा और साहित्य पढ़ा है और इस विषय पर उनकी अच्छी पकड़ है।
- ✦ ऐसे छात्र जिन्होंने स्नातक या स्नातकोत्तर के स्तर पर हिंदी नहीं पढ़ी है पर हिंदी भाषा और साहित्य में जिनकी गहन रुचि है और जो हिंदी में अपने विचारों को शुद्धता और स्पष्टता के साथ आसानी से रख लेते हैं।
- ✦ ऐसे छात्र जो हिंदी में रचनात्मक क्षमता रखते हैं और हिंदी की किसी भी विधा में लेखन में लगे हैं।
- ✦ ऐसे छात्र जिनकी शिक्षा हिंदी माध्यम से है और जिन्हें हिंदी भाषा में प्रभावी अभिव्यक्ति में कोई दिक्कत नहीं है।

यदि आपने स्नातक या स्नातकोत्तर किसी स्तर पर हिंदी साहित्य का अध्ययन किया है, या फिर हिंदी में रचनात्मक लेखन में आपकी रुचि है और आप किसी भी विषय पर अपने विचारों को सहज–सरल भाषा में प्रभावशाली रूप में अभिव्यक्त कर सकते हैं तो फिर यह विषय आपके लिए ही बना है। यह विषय सामान्य अध्ययन में तो आपको कोई फायदा नहीं पहुँचाता पर निबंध के प्रश्न–पत्र में आपकी काफी अच्छे नंबर लाने में जरूर सहायता करता है। साथ ही, यह सामान्य अध्ययन के प्रश्न–पत्रों में भी आपकी लेखन के बिंदु से मदद करता है। इसे वैकल्पिक विषय के तौर पर रखने पर सामान्य हिंदी के प्रश्न–पत्र के लिए भी आपको ज्यादा नहीं सोचना पड़ेगा।

हिंदी भाषा और साहित्यः वैकल्पिक विषय का पाठ्यक्रम

मुख्य परीक्षा में हिंदी वैकल्पिक विषय के 250 अंकों के दो प्रश्न–पत्र (कुल 500 अंक)हैं। पहला प्रश्न–पत्र हिंदी भाषा और साहित्य के इतिहास पर केंद्रित है। दूसरे प्रश्न–पत्र में हिंदी साहित्य की विभिन्न विधाओं की कृतियों का आस्वादन और उन पर केंद्रित प्रश्न पूछे जाएँगे।

प्रश्न–पत्र 1

(उत्तर हिंदी में लिखने होंगे)

खंड 'क'

1. हिंदी भाषा एवं नागरी लिपि का इतिहास

1. अपभ्रंश, अवहट्ट एवं आरंभिक हिंदी का व्याकरणिक एवं अनुप्रयुक्त स्वरूप
2. मध्यकाल में ब्रज एवं अवधी का साहित्यिक भाषा के रूप में विकास
3. सिद्धनाथ साहित्य, खुसरो, संत साहित्य, रहीम आदि कवियों एवं दक्खिनी हिंदी में खड़ी बोली हिंदी का प्रारंभिक स्वरूप।

4. उन्नीसवीं शताब्दी में खड़ी बोली और नागरी लिपि का विकास।
5. हिंदी भाषा और नागरी लिपि का मानकीकरण।
6. स्वतंत्रता आंदोलन के दौरान राष्ट्रभाषा के रूप में हिंदी का विकास।
7. भारतीय संघ की राजभाषा के रूप में हिंदी का विकास।
8. हिंदी भाषा का वैज्ञानिक और तकनीकी विकास।
9. हिंदी की प्रमुख बोलियाँ और उनका परस्पर संबंध।
10. नागरी लिपि की प्रमुख विशेषताएँ और उसके सुधार के प्रयास तथा मानक हिंदी का स्वरूप।
11. मानक हिंदी की व्याकरणिक संरचना।

खंड 'ख'

2. हिंदी साहित्य का इतिहास

1. हिंदी साहित्य की प्रासंगिकता और महत्त्व तथा हिंदी साहित्य के इतिहास लेखन की परंपरा।
2. हिंदी साहित्य के इतिहास के निम्नलिखित चार कालों की साहित्यिक प्रवृत्तियाँ–

   क) **आदिकाल**– सिद्ध, नाथ एवं रासो साहित्य।

   प्रमुख कवि– चंदरबरदाई, खुसरो, हेमचंद्र, विद्यापति।

   ख) **भक्तिकाल**– संत काव्यधारा, सूफी काव्यधारा, कृष्ण भक्तिधारा एवं राम भक्तिधारा।

   प्रमुख कवि– कबीर, जायसी, सूर एवं तुलसी।

   ग) **रीतिकाल**– रीतिकाव्य, रीतिबद्ध काव्य एवं रीतिमुक्त काव्य।

   प्रमुख कवि– केशव, बिहारी, पद्माकर एवं घनानंद।

   घ) **आधुनिक काल**– नवजागरण, गद्य का विकास, भारतेंदु मंडल।

   प्रमुख लेखक– भारतेंदु, बालकृष्ण भट्ट एवं प्रताप नारायण मिश्र।

आधुनिक हिंदी कविता की प्रमुख प्रवृत्तियाँ– छायावाद, प्रगतिवाद, प्रयोगवाद, नई कविता, नवगीत, समकालीन कविता और जनवादी कविता।

प्रमुख कवि- मैथिलीशरण गुप्त, प्रसाद, निराला, महादेवी, दिनकर, अज्ञेय, मुक्तिबोध, नागार्जुन।

3. उपन्यास एवं कथा साहित्य

क) उपन्यास और यथार्थवाद।

ख) हिंदी उपन्यासों का उद्भव और विकास।

प्रमुख उपन्यासकार-प्रेमचंद, जैनेंद्र, यशपाल, रेणु एवं भीष्म साहनी।

ग) हिंदी कहानी का उद्भव और विकास।

प्रमुख कहानीकार-प्रेमचंद, प्रसाद, अज्ञेय, मोहन राकेश एवं कृष्णा सोबती।

4. नाटक और रंगमंच

क) हिंदी नाटक का उद्भव और विकास।

प्रमुख नाटककार-भारतेंदु, जयशंकर प्रसाद, जगदीश चंद्र माथुर, रामकुमार वर्मा, मोहन राकेश।

ख) हिंदी रंगमंच का विकास।

5. आलोचना

क) हिंदी आलोचना का उद्भव एवं विकास

सैद्धांतिक, व्यवहारिक, प्रगतिवादी, मनोविश्लेषणवादी एवं नई आलोचना।

प्रमुख आलोचक- रामचंद्र शुक्ल, हजारी प्रसाद द्विवेदी, रामविलास शर्मा एवं नागेंद्र

6. हिंदी गद्य की अन्य विधाएँ

ललित निबंध, रेखाचित्र, संस्मरण, यात्रा-वृत्तांत

प्रश्न-पत्र 2

(उत्तर हिंदी में लिखने होंगे)

इस प्रश्न-पत्र में निर्धारित मूल पाठ्य पुस्तकों को पढ़ना अपेक्षित होगा और ऐसे प्रश्न पूछे जाएँगे जिनसे अभ्यर्थी की आलोचनात्मक क्षमता की परीक्षा हो सके।

खंड 'क'

1. कबीर : कबीर ग्रंथावली, संपादक श्यामसुंदर दास (आरंभिक 100 पद)
2. सूरदासः भ्रमरगीत सार, संपादक रामचंद्र शुक्ल (आरंभिक 100 पद)
3. तुलसीदासः रामचरितमानस (सुंदर कांड), कवितावली (उत्तरकांड)
4. जायसी : पद्मावत, संपादक श्यामसुंदर दास (सिंघल द्वीप खंड एवं नागमती वियोग खंड)
5. बिहारी : बिहारी रत्नाकर, संपादक जगन्नाथ प्रसाद रत्नाकर (आरंभिक 100 दोहे)
6. मैथिलीशरण गुप्त : भारत भारती
7. जयशंकर प्रसाद : कामायनी (चिंता और श्रद्धा सर्ग)
8. सूर्यकांत त्रिपाठी 'निराला' : राग-विराग, संपादक रामविलास शर्मा ('राम की शक्ति पूजा' और 'कुकुरमुत्ता')
9. रामधारी सिंह दिनकर : कुरुक्षेत्र
10. अज्ञेय : आँगन के पार द्वार (असाध्य वीणा)
11. मुक्तिबोध : ब्रह्मराक्षस
12. नागार्जुन : बादल को घिरते देखा है, अकाल के बाद, हरिजन गाथा

खंड 'ख'

1. भारतेंदु : भारत दुर्दशा
2. मोहन राकेश : आषाढ़ का एक दिन
3. रामचंद्र शुक्ल : चिंतामणि (भाग 1)- 'कविता क्या है', 'श्रद्धा और भक्ति'
4. डॉ. सत्येंद्र : निबंध निलय-बालकृष्ण भट्ट, प्रेमचंद, गुलाबराय, हजारी प्रसाद द्विवेदी, रामविलास शर्मा, अज्ञेय, कुबेर नाथ राय
5. प्रेमचंद : गोदान

प्रेमचंद की सर्वश्रेष्ठ कहानियाँ, संपादक अमृत राय/मंजूषा-प्रेमचंद की सर्वश्रेष्ठ कहानियाँ, संपादक अमृत राय

6. जयशंकर प्रसाद : स्कंदगुप्त
7. यशपाल : दिव्या

8. फणीश्वरनाथ रेणु : मैला आँचल

9. मन्नू भंडारी : महाभोज

10. राजेंद्र यादव : एक दुनिया समानांतर (सभी कहानियाँ)

हिंदी विषय के लिए संक्षिप्त पुस्तक सूची

प्रथम प्रश्न-पत्र

1. हिंदी भाषा, हरदेव बाहरी
2. हिंदी भाषा का विकास, गोपाल राय
3. इग्नू से हिंदी भाषा एवं साहित्य में स्नातक (BA) व स्नातकोत्तर (MA) के भाषा एवं साहित्येतिहास खंड के नोट्स। इग्नू की पुस्तकों से आप कवियों एवं साहित्यकारों के बारे में, हिंदी साहित्य के इतिहास के बारे में सम्यक् तैयारी कर सकते हैं। पहले प्रश्न-पत्र का एक बड़ा हिस्सा इग्नू की इन पुस्तकों से पूरा किया जा सकता है। आपकी पूरी तैयारी में इनकी लगभग पचास से साठ प्रतिशत तक भूमिका रहेगी।
4. हिंदी साहित्य एवं संवेदना का विकास, रामस्वरूप चतुर्वेदी
5. हिंदी काव्य संवेदना का विकास, रामस्वरूप चतुर्वेदी

द्वितीय प्रश्न-पत्र

1. भारत दुर्दशा-संवेदना व शिल्प : रेवती रमण/सिद्धनाथ कुमार
2. मोहन राकेश और आषाढ़ का एक दिन-गिरीश रस्तोगी
3. महाकाव्य से मुक्ति-रेवती रमण
4. चिंतामणि प्रकाश-रेवती रमण
5. प्रसाद और स्कंदगुप्त-रेवती रमण
6. सूरदास और भ्रमरगीत सार-डॉ. किशोरीलाल गोस्वामी*
7. कबीर साखी सुधा- डॉ. वासुदेव सिंह*
8. प्रेमचंद की कहानियाँ: सादगी का सौंदर्यशास्त्र-डॉ. सदानंद शाही
9. कवितावली-संपादक सुधाकर पांडेय

---

* मूल पुस्तक खरीदने की जरूरत नहीं है आलोचना और मूल पुस्तक दोनों एक साथ हैं।

10. सुंदरकांड–संपादक डॉ. योगेंद्र प्रताप सिंह
11. निराला और मुक्तिबोध–4 लंबी कविताएँ–नंदकिशोर नवल
12. भक्ति आंदोलन और काव्य–शिवकुमार मिश्र
13. निराला: पुनर्मूल्यांकन–अरविंदाक्षन
14. भारतीय साहित्य के निर्माता श्रृंखला (साहित्य अकादमी)–मैथिलीशरण गुप्त, निराला, महादेवी वर्मा, दिनकर, रामचंद्र शुक्ल, मोहन राकेश, प्रसाद, तुलसीदास, रेणु, नागार्जुन।

(दी गई पुस्तक सूची में अधिकांश पुस्तकें अनुपम प्रकाशन (पटना) तथा राजकमल या वाणी प्रकाशनों द्वारा प्रकाशित हैं।)

पुस्तकों के अलावा छात्र कुछ साहित्यिक पत्रिकाएँ यथा–आजकल, नया ज्ञानोदय, तद्भव, कथन, कथादेश, समकालीन भारतीय साहित्य आदि में से कोई एक या दो, नियमित रूप से ले सकते हैं। हिंदी की इन साहित्यिक पत्रिकाओं में पाठ्यक्रम के किसी साहित्यकार या विषय पर कोई नया–पुराना अंक मिलने पर अपने नोट्स बना लें। याद रखें कि ज्ञान प्राप्त करने हेतु पढ़ने के लिए जिंदगी पड़ी है, अभी फिलहाल पाठ्यक्रम को सही से तैयार करने और अच्छे अंक लाने के लिए पढ़ें। साथ ही हिंदी में इंटरनेट पर उपलब्ध सामग्री में www.hindisamay.com तथा कविताकोश एवं कहानी कोश का संदर्भ के तौर पर प्रयोग कर सकते हैं। पुस्तक मेलों में भी आपको अपनी पसंद की तथा नई–नई पुस्तकों के बारे में जानकारी मिलेगी।

मेरी राय में हिंदी भाषा पर अच्छी पकड़ रखने वाले छात्र या फिर वे छात्र जिनका हिंदी साहित्य से गहरा अनुराग है, वे हिंदी भाषा एवं साहित्य वैकल्पिक विषय के साथ अपना आईएएस, आईपीएस, आईएफएस एवं अन्य प्रतिष्ठित केंद्रीय सेवाओं में जाने का सपना पूरा कर सकते हैं।

हिंदी भाषा और साहित्य: वैकल्पिक विषय की तैयारी की रणनीति

✦ प्रश्न–पत्र 1 में सभी विषयों को दीर्घ उत्तरीय प्रश्न के रूप में तैयार करें। ऐसा करने से आप उन्हें जिस भी रूप में पूछा जाए (दीर्घ उत्तरीय–20 अंक, लघु उत्तरीय 15 अंक, टिप्पणीपरक 10 अंक), लिख पाएँगे। दो प्रश्न अनिवार्य होते हैं जिनमें सामान्यत: 150 शब्दों में 10 अंकों की पाँच टिप्पणियाँ लिखनी होती हैं।

✦ टिप्पणी के दो अनिवार्य प्रश्नों को छोड़ आपको दोनों खंडों में कम–से–कम एक प्रश्न और लिखते हुए 3 प्रश्न और हल करने हैं। आप इस विकल्प का अपनी तैयारी और परीक्षा भवन में सही से प्रयोग करें।

- शब्द-सीमा न दिए होने पर भी टिप्पणी के 10 अंकों के लिए 150 शब्दों को मार्गदर्शक के तौर पर लेकर चलें। अन्यथा, कुछ प्रश्नों के ज्यादा लंबे उत्तर लिखने से फायदा कुछ नहीं होगा बल्कि कुछ प्रश्नों के उत्तर लिखने में समयाभाव होने से नुकसान ज्यादा हो जाएगा।
- हिंदी साहित्य के दूसरे प्रश्न-पत्र में व्याख्या सबसे ज्यादा अंक दिलानेवाली होती है। दो अनिवार्य व्याख्या के प्रश्नों (5-5 अंक की) को अच्छे से तैयार करें और 150 अंकों की शब्द-सीमा में अच्छे से लिखे। 10 अंकों के लिए 150 शब्दों को मार्गदर्शक के तौर पर लेते हुए अन्य प्रश्नों में भी शब्द-सीमा का पालन करें।
- यदि आपका काव्य खंड ज्यादा मजबूत है, तो आप बाकी बचे प्रश्नों में दो प्रश्न इस खंड से लिखने का विकल्प चुन सकते हैं क्योंकि यहाँ काव्य पंक्तियों के उदाहरण देकर आप उत्तर में अधिक अंक प्राप्त कर सकते हैं।
- आपकी भाषा और लेखन शैली सुंदर, मौलिक और प्रभावोत्पादक होनी चाहिए।

राजनीति विज्ञान एवं अंतरराष्ट्रीय संबंध: वैकल्पिक विषय के तौर पर

साथियो, सिविल सेवा के लिए राजनीति विज्ञान एक पसंदीदा वैकल्पिक विषय रहा है। हिंदी और अंग्रेजी, दोनों ही माध्यमों के अभ्यर्थियों ने अपनी सफलता के लिए इस विषय पर भरोसा किया है। परीक्षा के परिणाम भी इस बात की पुष्टि करते हैं कि इस विषय ने अपने चाहनेवालों को निराश नहीं किया है। आलोक कुमार झा, मंजू राजपाल जैसे लोगों ने दिखाया है कि इस विषय को लेकर आप सफलता की दौड़ में सबसे आगे आने का ख्वाब देख सकते हैं।

इस विषय की सबसे बड़ी खासियत यह है कि मुख्य परीक्षा के सामान्य अध्ययन प्रश्न-पत्र में यह सबसे ज्यादा मदद पहुँचाने वाला वैकल्पिक विषय है। पहले प्रश्न-पत्र में आने वाले भारत का स्वाधीनता संग्राम के 40-50 अंक के प्रश्नों को यह विषय अपने में समेटे हुए है तथा दूसरे प्रश्न-पत्र में भारतीय संविधान और राजव्यवस्था खंड तथा अंतरराष्ट्रीय संबंध एवं भारत के विश्व संबंध खंड के लगभग 250 अंक के सामान्य अध्ययन के प्रश्न इस वैकल्पिक विषय के छात्रों के लिए खुद-ब-खुद तैयार हो जाते हैं। इसके अलावा प्रारंभिक परीक्षा में भी सामान्य अध्ययन के भारतीय संविधान और राजव्यवस्था खंड तथा अंतरराष्ट्रीय संबंध एवं भारत के विश्व संबंध के अंतर्गत 15-20 प्रश्न इस वैकल्पिक विषय से कवर हो जाते हैं। यह वैकल्पिक विषय निबंध प्रश्न-पत्र एवं साक्षात्कार की तैयारी में भी काफी मददगार है।

अब प्रश्न उठता है कि कैसे अभ्यर्थियों के लिए यह विषय उपयुक्त है ? मेरा मानना है कि ऐसे अभ्यर्थी जिन्होंने राजनीति विज्ञान का किसी भी स्तर पर अध्ययन किया है, उनके लिए यह एक स्वाभाविक पसंद है। साथ ही ऐसे लोग जिन्हें अंतरराष्ट्रीय संबंध में काफी रुचि है और जो भारतीय प्रशासन की बारीकियों के अध्ययन में दिलचस्पी रखते हैं, उनके लिए यह अच्छा विषय है।

राजनीति विज्ञान एवं अंतरराष्ट्रीय संबंधः वैकल्पिक विषय का पाठ्यक्रम

प्रश्न-पत्र 1

राजनीतिक सिद्धांत एवं भारतीय राजनीति

1. **राजनीतिक सिद्धांत** : अर्थ एवं उपागम
2. **राज्य के सिद्धांत** : उदारवादी, नवउदारवादी, मार्क्सवादी, बहुवादी, पश्च-उपनिवेशी एवं नारी-अधिकारवादी
3. **न्याय** : रॉल के न्याय के सिद्धांत के विशेष संदर्भ में न्याय के संप्रत्यय एवं इसके समुदायवादी समालोचक
4. **समानता** : सामाजिक, राजनीतिक एवं आर्थिक समानता एवं स्वतंत्रता के बीच संबंध, सकारात्मक कार्य
5. **अधिकार** : अर्थ एवं सिद्धांत, विभिन्न प्रकार के अधिकार, मानवाधिकार की संकल्पना
6. **लोकतंत्र** : क्लासिकी एवं समकालीन सिद्धांत, लोकतंत्र के विभिन्न मॉडल- प्रतिनिधिक, सहभागी एवं विमर्शी
7. शक्ति, प्राधान्य, विचारधारा एवं वैधता की संकल्पना
8. **राजनीतिक विचारधाराएँ** : उदारवाद, समाजवाद, मार्क्सवाद, फासीवाद, गाँधीवाद एवं नारी अधिकारवाद
9. **भारतीय राजनीतिक चिंतनः** धर्मशास्त्र, अर्थशास्त्र एवं बौद्ध परंपराएँ, सर सैयद अहमद खान, श्री अरविंद, एम.के.गाँधी, बी. आर. अंबेडकर, एम.एन. रॉय
10. **पाश्चात्य राजनीतिक चिंतनः** प्लेटो, अरस्तू, मैकियावेली, हॉब्स, लॉक, जॉन. एस. मिल, मार्क्स, ग्राम्स्की, हान्ना आरेंट

भारतीय शासन एवं राजनीति

1. **भारतीय राष्ट्रवाद :**

   क) भारत के स्वाधीनता संग्राम की राजनीतिक कार्यनीतियाँ: संविधानवाद से जन सत्याग्रह, असहयोग आंदोलन, सविनय अवज्ञा एवं भारत छोड़ो, उग्रवादी एवं क्रांतिकारी आंदोलन, किसान एवं कामगार आंदोलन

   ख) भारतीय राष्ट्रीय आंदोलन के परिप्रेक्ष्य : उदारवादी, समाजवादी एवं मार्क्सवादी, उग्र मानववादी एवं दलित

2. **भारत के संविधान का निर्माण :** ब्रिटिश शासन का रिक्थ, विभिन्न सामाजिक एवं राजनीतिक परिप्रेक्ष्य

3. **भारत के संविधान की प्रमुख विशेषताएँ :** प्रस्तावना, मौलिक अधिकार तथा कर्त्तव्य, नीति निर्देशक सिद्धांत, संसदीय प्रणाली एवं संशोधन प्रक्रिया, न्यायिक पुनर्विलोकन एवं मूल रचना सिद्धांत

4. **क) संघ सरकार के प्रधान अंग :** कार्यपालिका, विधायिका एवं सर्वोच्च न्यायालय की विचारित भूमिका एवं वास्तविक कार्यप्रणाली

   ख) राज्य सरकार के प्रधान अंग : कार्यपालिका, विधायिका एवं उच्च न्यायालयों की विचारित भूमिका एवं वास्तविक कार्यप्रणाली

5. **आधारिक लोकतंत्र :** पंचायती राज एवं नगर शासन, 73वें एवं 74वें संशोधनों का महत्त्व, आधारिक आंदोलन

6. नियंत्रक एवं महालेखा परीक्षक, वित्त आयोग, संघ लोक सेवा आयोग, राष्ट्रीय अनुसूचित जाति आयोग, राष्ट्रीय अनुसूचित जनजाति आयोग, राष्ट्रीय महिला आयोग, राष्ट्रीय मानवाधिकार आयोग, राष्ट्रीय अल्पसंख्यक आयोग, राष्ट्रीय पिछड़ा वर्ग आयोग

7. **संघ राज्य पद्धति :** सांविधानिक उपबंध, केंद्र-राज्य संबंधों का बदलता स्वरूप, एकीकरणवादी प्रवृत्तियाँ एवं क्षेत्रीय आकांक्षाएँ, अंतर-राज्य विवाद

8. **योजना एवं आर्थिक विकास :** नेहरूवादी एवं गाँधीवादी परिप्रेक्ष्य, योजना की भूमिका एवं निजी क्षेत्र, हरित क्रांति, भूमि सुधार एवं कृषि संबंध, उदारीकरण एवं आर्थिक सुधार

9. भारतीय राजनीति में जाति, धर्म एवं नृजातीयता

10. **दल प्रणाली :** राष्ट्रीय एवं क्षेत्रीय राजनीतिक दल, दलों के वैचारिक एवं सामाजिक आधार, बहुदलीय राजनीति के स्वरूप, दवाब समूह, निर्वाचक आचरण की प्रवृत्तियाँ, विधायकों के बदलते सामाजिक-आर्थिक स्वरूप

11. **सामाजिक आंदोलन** : नागरिक स्वतंत्रताएँ एवं मानवाधिकार आंदोलन, महिला आंदोलन, पर्यावरण आंदोलन

प्रश्न–पत्र 2

तुलनात्मक राजनीति तथा अंतरराष्ट्रीय संबंध

तुलनात्मक राजनीतिक विश्लेषण एवं अंतरराष्ट्रीय राजनीति

1. **तुलनात्मक राजनीति** : स्वरूप तथा प्रमुख उपागम, राजनीतिक अर्थव्यवस्था एवं राजनीतिक समाजशास्त्रीय परिप्रेक्ष्य, तुलनात्मक प्रक्रिया की सीमाएँ
2. **तुलनात्मक परिप्रेक्ष्य में राज्य:** पूँजीवादी एवं समाजवादी अर्थव्यवस्थाओं में राज्य के बदलते स्वरूप एवं उनकी विशेषताएँ तथा उन्नत औद्योगिक एवं विकासशील समाज
3. **राजनीतिक प्रतिनिधान एवं सहभागिता** : उन्नत औद्योगिक एवं विकासशील समाजों में राजनीतिक दल, दवाब समूह एवं सामाजिक आंदोलन
4. **भूमंडलीकरण** : विकसित एवं विकासशील समाजों से प्राप्त अनुक्रियाएँ
5. **अंतरराष्ट्रीय संबंधों के अध्ययन के उपागम:** आदर्शवादी, यथार्थवादी, मार्क्सवादी, प्रकार्यवादी एवं प्रणाली सिद्धांत
6. **अंतरराष्ट्रीय संबंधों में आधारभूत संकल्पनाएँ:** राष्ट्रीय हित, सुरक्षा एवं शक्ति, शक्ति संतुलन एवं प्रतिरोध; पर-राष्ट्रीय कर्ता एवं सामूहिक सुरक्षा; विश्व पूँजीवादी अर्थव्यवस्था एवं भूमंडलीकरण
7. **बदलती अंतरराष्ट्रीय राजनीति व्यवस्था:** महाशक्तियों का उदय, कार्यनीतिक एवं वैचारिक द्विध्रुवीयता, शस्त्रीकरण की होड़ एवं शीत युद्ध, नाभिकीय खतरा
8. **अंतरराष्ट्रीय आर्थिक व्यवस्था का उद्‍भव** : ब्रेटनवुड से विश्व व्यापार संगठन तक। समाजवादी अर्थव्यवस्थाएँ तथा पारस्परिक आर्थिक सहायता परिषद् (CMEA); नव अंतरराष्ट्रीय आर्थिक व्यवस्था की तृतीय विश्व की माँग : विश्व अर्थव्यवस्था का भूमंडलीकरण
9. **संयुक्त राष्ट्र** : विचारित भूमिका एवं वास्तविक लेखा-जोखा; विशेषीकृत संयुक्त राष्ट्र अभिकरण –लक्ष्य एवं कार्यकरण; संयुक्त राष्ट्र सुधारों की आवश्यकता
10. **विश्व राजनीति का क्षेत्रीयकरण** : EU, ASEAN, APEC, SAARC, NAFTA
11. **समकालीन वैश्विक सरोकार** : लोकतंत्र, मानवाधिकार, पर्यावरण, लिंग न्याय, आतंकवाद, नाभिकीय प्रसार

भारत तथा विश्व

1. **भारत की विदेश नीति :** विदेश नीति के निर्धारक तत्त्व, नीति निर्माण की संस्थाएँ, निरंतरता एवं परिवर्तन
2. **गुटनिरपेक्षता आंदोलन को भारत का योगदानः** विभिन्न चरण, वर्तमान भूमिका
3. **भारत और दक्षिण एशिया :**
   क) क्षेत्रीय सहयोग संगठन : SAARC -पिछले निष्पादन एवं भावी प्रत्याशाएँ
   ख) दक्षिण एशिया मुक्त व्यापार क्षेत्र के रूप में
   ग) भारत की पूर्व अभिमुखन नीति
   घ) क्षेत्रीय सहयोग की बाधाएँ: नदी जल विवाद, अवैध सीमा पार आप्रवासन, नृजातीय द्वंद्व एवं विप्लव, सीमा विवाद
4. **भारत एवं वैश्विक दक्षिण :** अफ्रीका एवं लातीनी अमेरिका के साथ संबंध, NIEO एवं WTO वार्ताओं के लिए आवश्यक नेतृत्व की भूमिका
5. **भारत एवं वैश्विक शक्ति केंद्रः** USA, यूरोपीय संघ, जापान, चीन और रूस
6. **भारत एवं संयुक्त राष्ट्र प्रणालीः** संयुक्त राष्ट्र शांति अनुरक्षण में भूमिका, सुरक्षा परिषद् में स्थायी सदस्यता की माँग
7. **भारत एवं नाभिकीय प्रश्नः** बदलते प्रत्यक्षण एवं नीति
8. **भारतीय विदेश नीति में हाल के विकासः** अफगानिस्तान में हाल के संकट पर भारत की दृष्टि, इराक एवं पश्चिम एशिया, USA एवं इजराइल के साथ बढ़ते संबंध, नई विश्व व्यवस्था की दृष्टि

राजनीति विज्ञान एवं अंतरराष्ट्रीय संबंध विषय हेतु पुस्तक सूची

प्रथम प्रश्न-पत्र

1. राजनीतिक सिद्धांत की रूपरेखा-ओ. पी. गाबा-मयूर प्रकाशन

   या

   समकालीन राजनीतिक सिद्धांत-जे. सी. जौहरी-स्टर्लिंग पब्लिकेशन
2. राजनीतिक चिंतन की रूपरेखा-ओ. पी. गाबा-मयूर प्रकाशन

3. भारतीय प्रशासन एवं राजनीति (राज्यों की राजनीति सहित)-बी. एल. फड़िया-प्रतियोगिता साहित्य

4. संविधान-डी. डी. बसु/सुभाष कश्यप

5. संसद-सुभाष कश्यप

6. राजनीति विज्ञान-NCERT-XI, XII

   IGNOU BPSC 101 राजनीतिक सिद्धांत

   IGNOU BPSC 102 संवैधानिक सरकार एवं भारत में लोकतंत्र

   IGNOU BPSC 103 राजनीतिक सिद्धांत-थ्योरी एवं बहसें

   IGNOU BPSC 104 भारत में राजनीतिक प्रक्रिया

   IGNOU BPSC 105 तुलनात्मक सरकार एवं राजनीति का परिचय

   IGNOU BPAC 108 भारत में प्रशासन एवं पब्लिक पॉलिसी

   IGNOU BPSC 109 तुलनात्मक परिप्रेक्ष्य में राजनीतिक प्रक्रियाएँ एवं संस्थाएँ

   IGNOU BPSC 111 शास्त्रीय राजनीतिक दर्शन

   IGNOU BPSC 112 भारतीय राजनीतिक चिंतन (प्राचीन)

   IGNOU BPSC 113 आधुनिक राजनीतिक सिद्धांत

   IGNOU BPSC 114 भारतीय राजनीतिक चिंतन (आधुनिक)

   IGNOU BPSE 143 भारत में राज्य राजनीति

द्वितीय प्रश्न-पत्र

1. तुलनात्मक राजनीति एवं राजनीतिक संस्थाएँ-सी. बी. गेना-विकास पब्लिशिंग हाउस

   या

   तुलनात्मक राजनीति की रूपरेखा-ओ. पी. गाबा-मयूर प्रकाशन

   या

   तुलनात्मक राजनीति- जे. सी. जौहरी-स्टर्लिंग पब्लिकेशन

2. अंतरराष्ट्रीय राजनीति (सैद्धांतिक एवं व्यावहारिक पक्ष) - बी. एल. फड़िया-प्रतियोगिता साहित्य
3. अंतरराष्ट्रीय संगठन-पुष्पेश पंत-TMH
4. अंतरराष्ट्रीय संबंध-वी. एन. खन्ना-विकास पब्लिशिंग हाउस, नई दिल्ली
5. 21वीं शताब्दी में अंतरराष्ट्रीय संबंध-पुष्पेश पंत-TMH

IGNOU BPSC 107 अंतरराष्ट्रीय संबंध एवं विश्व इतिहास के आयाम

IGNOU BPSC 110 वैश्विक राजनीति

IGNOU BPSE 142 भूमंडलीकृत विश्व में भारत की विदेश नीति

The Hindu से अंतरराष्ट्रीय संबंध पर नोट्स

Frontline से नोट्स

IGNOU Political Science book of BA & MA EPW

सिविल सेवा के लिए निकलनेवाली स्तरीय पत्रिकाओं के अंतरराष्ट्रीय संबंध विशेषांक

पुस्तकों की यह सूची मात्र सांकेतिक है, इनके अलावा भी हिंदी माध्यम में राजनीति विज्ञान के हर अंग पर दो-चार अच्छी पुस्तकें उपलब्ध हैं। हाँ, ये पुस्तकें आपके पाठ्यक्रम को पूरा कवर कर लेती हैं। उसके बाद आप अन्य उपलब्ध पुस्तकों को देखकर ये जान सकते हैं कि आपको उनकी जरूरत है या नहीं।

अध्याय

16

कुछ अन्य वैकल्पिक विषयों की पुस्तक सूची

समाजशास्त्र की पुस्तक सूची

साथियो, समाजशास्त्र हिंदी माध्यम से सिविल सेवा की तैयारी करने वालों के लिए एक लोकप्रिय वैकल्पिक विषय रहा है। यह विषय उन छात्रों के लिए है जो समाज और सामाजिक मुद्दों से गहरा ताल्लुक रखते हैं, समसामयिक सामाजिक मुद्दों में गहरी रुचि रखते हैं एवं समाज की जटिलताओं को समझकर सामाजिक समस्याओं के समाधान सुझाना चाहते हैं। यह वैकल्पिक विषय मुख्य परीक्षा के सामान्य अध्ययन प्रश्न-पत्र एवं निबंध प्रश्न-पत्र के लिए भी काफी उपयोगी है।

इग्नू की BASOH (समाजशास्त्र से ऑनर्स) एवं MA की समाजशास्त्र की पुस्तकें इस विषय की तैयारी के लिए एक अच्छा आधार प्रदान करती हैं। BSWG (बैचलर ऑफ सोशल वर्क) के कुछ अंश इसके लिए उपयोगी हैं। इनकी कोर्स सामग्री हिंदी में उपलब्ध है और IGNOU की वेबसाइट से मुफ्त में डाउनलोड की जा सकती है। इस विषय की हिंदी माध्यम में उपलब्ध कुछ स्तरीय पुस्तकों की सूची मैं यहाँ पर दे रहा हूँ। यह सूची बस सांकेतिक है तथा कोई और अच्छी पुस्तक सामने आने पर वो भी इसमें जोड़ दी जाएगी। एक और बात याद रखें कि आपको तैयारी सिविल सेवा के पाठ्यक्रम की करनी है, पुस्तकों की नहीं। एक ही विषय पर कोई पुस्तक आपको पढ़ने में सरल लग सकती है और किसी को जटिल। विषय के बारे में आधारभूत जानकारी के बाद उस विषय की किसी भी पुस्तक

को देखकर आप इस बात का निश्चय कर सकते हैं कि वह पुस्तक आपकी तैयारी के लिए आवश्यक है या नहीं।

प्रश्न–पत्र 1

इग्नू की BASOH एवं MA की समाजशास्त्र की हिंदी माध्यम की पुस्तकें

- समाजशास्त्र: एक परिचय– सत्यपाल रूहेला–डायमंड पब्लिकेशन– (1, 2, 3, 6, 7, 8, 9)
- समाजशास्त्र परिचय –संपादक– राम गणेश यादव एवं जे. पी. मिश्र–ओरिएंट ब्लैक स्वान पब्लिकेशन (1, 2, 5, 8, 9, 10)
- सामाजिक विचारक–एस. एल. दोषी, पी. सी. जैन– रावत पब्लिकेशन– जयपुर, दिल्ली (मार्क्स, दुर्खीम, वेबर विस्तार से) (प्रश्न–पत्र 1, 4 क, ख, ग)
- उच्चतर समाजशास्त्रीय सिद्धांत– शंभूलाल दोषी, मधुसूदन त्रिवेदी– रावत प्रकाशन– जयपुर एवं नई दिल्ली (प्रश्न–पत्र 1- 1, 2, 3, 4 आंशिक रूप से)
- समाजशास्त्र–अवधारणाएँ एवं सिद्धांत–जे. पी. सिंह– प्रेंटिस हॉल ऑफ इंडिया, नई दिल्ली (1, 2, 5, 10)
- सामाजिक विचारधारा एवं सामाजिक विचारक– डॉ. गणेश पांडेय एवं अरुणा पांडेय

प्रश्न–पत्र 2

इग्नू की BA एवं MA की समाजशास्त्र की पुस्तकें

- भारतीय समाज एवं विचारधाराएँ–डी. आर. जाटव –नेशनल पब्लिशिंग हाउस– जयपुर, नई दिल्ली
  (प्राचीन, मध्यकालीन, आधुनिक भारत का समाज चिंतन, राजनीतिक आंदोलनों में सामाजिक प्रवृत्तियाँ, समाज चिंतन के समकालीन संप्रदाय,)
- भारतीय समाज संरचना एवं परिवर्तन–सत्यपाल रूहेला–उत्तर प्रदेश हिंदी ग्रंथ अकादमी (जनसंख्या, धर्म, जाति प्रथा, जनजातियाँ, सामाजिक वर्ग, विवाह–परिवार–सांपत्तिक अधिकार, शिक्षा, ग्रामीण और नगर संस्था, शासक और शासित)
- भारतीय सामाजिक संरचना एवं परिवर्तन– के. एल. शर्मा–रावत पब्लिकेशन–जयपुर एवं नई दिल्ली

(भारतीय समाज, उद्भव, सामाजिक आंदोलन, जनजाति, ग्रामीण एवं नगरीय समुदाय, परिवार, जाति, नारी, जनसंख्या, सामाजिक परिवर्तन)

- हाशिये की वैचारिकी- संपादक- उमाशंकर चौधुरी- अनामिका प्रकाशन- दिल्ली (जाति, दलित, जनजाति प्रश्न)

दर्शनशास्त्र की पुस्तक सूची

दर्शनशास्त्र हिंदी माध्यम के विद्यार्थियों के लिए काफी लोकप्रिय वैकल्पिक विषय रहा है। निबंध प्रश्न-पत्र के लिए इसकी प्रासंगिकता और उपयोगिता को देखते हुए इसका वैकल्पिक विषय के रूप में महत्त्व और भी बढ़ गया है। ऐसे छात्र जिन्हें दर्शन में और साहित्यिक-सामाजिक समस्याओं के गहन अनुशीलन, चिंतन और समाधान खोजने में आनंद आता है और जिनकी भाषा पर अच्छी पकड़ है, वे निस्संकोच इस विषय का चयन कर सकते हैं। दर्शनशास्त्र के साथ सिविल सेवा की तैयारी के लिए पुस्तक सूची निम्नलिखित है-

प्रश्न-पत्र 1 एवं 2

- प्राचीन भारतीय धर्म एवं दर्शन-डॉ. शिवस्वरूप सहाय-मोतीलाल बनारसीदास प्रकाशन
- भारतीय दर्शन-संपादक- डॉ. नंद किशोर देवराज-उत्तर प्रदेश हिंदी संस्थान, लखनऊ
- भारतीय दर्शन(दो भागों में)- डॉ. राधाकृष्णन-(अनुवादक-नंदकिशोर गोभिल)-राजपाल एंड संस प्रकाशन
- भारतीय दर्शन-सी. डी. शर्मा, राममूर्ति पाठक
- नीतिशास्त्र के प्रमुख सिद्धांत-डॉ. डी. आर. जाटव- मालिक एंड कंपनी-दिल्ली
- पाश्चात्य दर्शन-याकूब मसीह/सी. डी. शर्मा/एच. एस. उपाध्याय
- समकालीन पाश्चात्य दर्शन-बी. के. लाल
- धर्म-दर्शन-याकूब मसीह/जॉन हिक, वी. पी. वर्मा
- समाज दर्शन-ओ. पी. गाबा, शिवभानु सिंह
- भारतीय संस्कृति-नरेंद्र मोहन-प्रभात प्रकाशन-नई दिल्ली
- इग्नू की बी. ए. एवं एम. ए. दर्शनशास्त्र की पुस्तकें
- विस्तृत अध्ययन हेतु-(पुस्तकालय की मदद से)

- दर्शन दिग्दर्शन–राहुल सांकृत्यायन–किताबघर प्रकाशन
- भारतीय दर्शनशास्त्र का इतिहास–जयदेव वेदालंकार–न्यू भारतीय बुक कारपोरेशन–नई दिल्ली
  (मध्यकालीन आचार्यों का दर्शन–आचार्य शंकर, रामानुज, आचार्य मध्व, बल्लभ और चैतन्य दर्शन)
- भारतीय दर्शन का इतिहास (5 खंडों में)– डॉ. सुरेंद्रनाथ गुप्ता–राजस्थान हिंदी ग्रंथ अकादमी द्वारा अनूदित एवं प्रकाशित
- भारतीय दर्शन की मूलगामी समस्याएँ–नारायण शास्त्री द्रविड़–विश्वविद्यालय प्रकाशन, सागर

वैकल्पिक विषय की तैयारी करते हुए यह बात ध्यान में रखें कि आपको सिलेबस तैयार करना है और पूरी समझ के साथ, रट्टा मारकर नहीं। साथ–ही–साथ इस बात का भी ध्यान रखें कि ज्ञान अनंत और अथाह है। ज्ञान प्राप्ति के लिए हम जीवनभर पढ़ सकते हैं और पढ़ते रहेंगे। अभी अपना सारा ध्यान चिड़िया की आँख अर्थात् सिविल सेवा में अच्छे रैंक के साथ सफलता पाने पर लगाएँ। पुस्तकों पर नहीं, टॉपिक पर अपना ध्यान केंद्रित करें। जब आप सारे टॉपिक कुछ चुनिंदा स्तरीय पुस्तकों से तैयार कर लेते हैं तो फिर अन्य स्तरीय पुस्तकों से दुहराते हुए कोई नई बात मिलने पर उसे नोट कर लें।

मनोविज्ञान की पुस्तक सूची

BAPCH-इग्नू की मनोविज्ञान की स्नातक की पुस्तकें

प्रश्न–पत्र 1

- सामान्य मनोविज्ञान के मूल तत्त्व– एस. पी. चौबे–कॉन्सेप्ट पब्लिशिंग कंपनी– दिल्ली (प्रश्न–पत्र 2 के 1, 2, 3 खंड भी)
- मनोविज्ञान–सी. टी. मॉर्गन (अनुवाद–डॉ. निर्मल शर्मा)– बिहार हिंदी ग्रंथ अकादमी (प्रश्न–पत्र 2 के 2, 3, 4, 6, खंड भी)
- आधुनिक सामाजिक मनोविज्ञान– डॉ. रामजी श्रीवास्तव एवं काजी आसिम आलम–मोतीलाल बनारसीदास प्रकाशन
- मनोवैज्ञानिक प्रयोग गाइड और मुख्य सांखिकीय सूत्र–डॉ. सरयू प्रसाद चौबे –कॉन्सेप्ट पब्लिशिंग कंपनी, नई दिल्ली

प्रश्न-पत्र 2

- बाल विकास मनोविज्ञान के मूल तत्त्व-एस. पी. चौबे-कॉन्सेप्ट पब्लिशिंग कंपनी-दिल्ली
- विकासात्मक मनोविज्ञान-अखिलेश श्रीवास्तव-अर्जुन पब्लिशिंग हाउस
- समायोजनात्मक मनोविज्ञान (शिक्षा मनोविज्ञान)-डॉ. महेंद्र कुमार मिश्र-अर्जुन पब्लिशिंग हाउस
- व्यावहारिक मनोविज्ञान(कार्यात्मक मनोविज्ञान)-अखिलेश श्रीवास्तव-अर्जुन पब्लिशिंग हाउस

(विस्तृत अध्ययन के लिए पुस्तकालय की मदद लें)

- मनोविज्ञान के क्षेत्र-राममूर्ति लूमा, हिंदी समिति, सूचना विभाग, उत्तर प्रदेश

लोक प्रशासन की पुस्तक सूची

प्रश्न-पत्र 1

1. लोक प्रशासन-संकल्पनाएँ एवं सिद्धांत-रुम्की बासु-जवाहर पब्लिशर्स
2. लोक प्रशासन- अवस्थी एवं माहेश्वरी-लक्ष्मी नारायण अग्रवाल
3. लोक प्रशासन के नए आयाम-मोहित भट्टाचार्य-जवाहर पब्लिशर्स
4. प्रशासनिक विचारक-नरेंद्र थोरी-आर. बी. एस. ए. पब्लिशर, जयपुर

प्रश्न-पत्र 2

1. भारतीय प्रशासन-श्रीराम माहेश्वरी-ओरिएंट लॉन्गमैन प्रकाशन
   या
   भारतीय लोक प्रशासन-डॉ. सुरेंद्र कटारिया-नेशनल पब्लिशिंग हाउस
2. लोक प्रशासन के बदलते आयाम-संपादक एस. एन. मिश्र-भारतीय लोक प्रशासन संस्थान, दिल्ली

- इग्नू की बीए एवं एमए की लोक प्रशासन की पुस्तकें
- BAPAH-इग्नू का लोक प्रशासन स्नातक कार्यक्रम
- इग्नू का लोक प्रशासन स्नातकोत्तर कार्यक्रम

- MPA 11 राज्य, समाज एवं लोक प्रशासन
- MPA 12 लोक प्रशासन के सिद्धांत
- MPA 13 लोक व्यवस्था प्रबंधन
- MPA 14 मानव संसाधन प्रबंधन
- MPA 15 पब्लिक पॉलिसी का विश्लेषण
- MPA 16 विकेंद्रीकरण एवं स्थानीय प्रशासन
- MPA 17 ई-गवर्नेंस
- MPA 18 आपदा प्रबंधन
- MPS 003 भारत-लोकतंत्र एवं विकास

भूगोल की पुस्तक सूची

- NCERT भूगोल कक्षा 6 से 12वीं की पुस्तकें
- भारत एवं विश्व का भूगोल-माजिद हुसैन
- भारत का भूगोल-खुल्लर

इतिहास की पुस्तक सूची

इतिहास विषय अब तक हुई सिविल सेवा परीक्षाओं में निरंतर एक लोकप्रिय विषय के तौर पर अभ्यर्थियों को सफलता दिलाता रहा है, इतिहास के लिए पुस्तकों की संक्षिप्त सूची मैं आपके सामने रख रहा हूँ-

- **प्राचीन भारत-**
  - के.सी. श्रीवास्तव
  - झा एवं श्रीमाली
  - IGNOU BA बुक्स
- **मध्यकालीन भारत-**
  - हरिश्चंद्र वर्मा-दोनों भाग- हिंदी माध्यम क्रियान्वयन निदेशालय, दिल्ली विश्वविद्यालय या

- सतीश चंद्रा-दो भाग-जवाहर पब्लिशर्स, दिल्ली
- इम्तियाज अहमद
- IGNOU BA बुक्स

✦ **आधुनिक भारत-**

- आधुनिक भारत का इतिहास एक नवीन मूल्यांकन-बी. एल. ग्रोवर एवं यशपाल-एस. चाँद प्रकाशन
- आधुनिक भारत-संपादक विपिन चंद्र-अनामिका प्रकाशन, दिल्ली
- पलासी से विभाजन तक और उसके बाद-आधुनिक भारत का इतिहास-शेखर बंदोपाध्याय (अनुवाद-नरेश नदीम), ओरिएंट ब्लैकस्वान प्रकाशन
- IGNOU BA

✦ **विश्व इतिहास-**

- जैन एवं माथुर
- लालबहादुर वर्मा
- IGNOU BA बुक्स
- IGNOU MA बुक्स

(गहन अध्ययन के लिए पुस्तकालय की सहायता लें)

यहाँ पर दी हुई सारी पुस्तकों को पढ़ना सिविल सेवा की तैयारी के हिसाब से अनिवार्य नहीं है। हाँ, अगर आपके पास के किसी पुस्तकालय में ये पुस्तकें उपलब्ध हैं तो ऊपर दी गई पुस्तकों को पढ़ने के बाद आप इन पुस्तकों को संक्षेप में पढ़कर सिविल सेवा के हिसाब से जरूरी अंशों के नोट्स बना सकते हैं।

✦ प्राचीन भारत की संस्कृति एवं सभ्यता-डी. डी. कौशाम्बी (अनुवाद- गुनाकर मुले, ईशान प्रकाशन, दिल्ली

✦ भारतीय लिपियों की कहानी-गुणाकर मुले-राजकमल प्रकाशन

✦ भारत का इतिहास-रोमिला थापर-राजकमल प्रकाशन

✦ प्राचीन भारत-डॉ. रमेशचंद्र मजूमदार-मोतीलाल बनारसीदास प्रकाशन

✦ मध्यकालीन भारत-विद्याधर महाजन-एस. चाँद प्रकाशन

- आधुनिक भारत का इतिहास-संपादक-डॉ. आर. एल. शुक्ल-हिंदी माध्यम क्रियान्वयन निदेशालय, दिल्ली विश्वविद्यालय
- आज का भारत-रजनी पामदत्त (अनुवाद-आनंदस्वरूप वर्मा), मैकमिलन प्रकाशन

पुस्तकों की यह सूची मात्र सांकेतिक है, मेरा मानना है कि पुस्तकों से आप कितना ग्रहण कर पा रहे हैं वो ज्यादा महत्त्वपूर्ण है। एक ही विषय पर कई सारी स्तरीय पुस्तकें हो सकती हैं, एक बार पूरे पाठ्यक्रम को किसी एक पुस्तक से समाप्त करने के बाद Question बैंक को देखते हुए आप स्वयं का आकलन कर सकते हैं और अपनी जरूरत के हिसाब से और पुस्तकें ले सकते हैं। अगर आपके आस-पास कोई अच्छी लाइब्रेरी हो तो कुछ टॉपिक्स की तैयारी के लिए आप उसकी मदद ले सकते हैं। साथ ही, इतिहास विषय की तैयारी करते हुए कॉन्सेप्ट को क्लियर रखने पर पूरा ध्यान दें और थोड़ा अपनी कल्पनाशीलता की मदद लेकर उस युग को अपनी आँखों के आगे जीवंत करने का प्रयास करें। इससे तैयारी आपके लिए मजेदार हो उठेगी।

अध्याय

17

सामान्य हिंदी प्रश्न-पत्र की तैयारी

सिविल सेवा मुख्य परीक्षा में सबसे पहला पेपर भारतीय भाषा का है जिसमें भारतीय संविधान की आठवीं अनुसूची में शामिल किसी भी भाषा को चुना जा सकता है। हिंदी भाषियों के लिए सबसे सुगम विकल्प हिंदी है। कुछ लोग अपनी सुविधानुसार मैथिली भाषा भी चुन सकते हैं। यह प्रश्न पत्र UPSC के नोटिस के अनुसार दसवीं के स्तर का है मगर वास्तविकता में यह उससे थोड़ा–सा कठिन है। वैसे तो इस प्रश्न–पत्र के अंक आपके रैंक को निर्धारित करने में कोई भूमिका नहीं निभाते, लेकिन अगर आप इस प्रश्न–पत्र में 25% अंक नहीं लाते हैं तो आपके सिविल सेवा में आने के सपने को एक साल का और इंतजार करना पड़ सकता है। इस प्रश्न–पत्र में 25% अंक होने पर ही आपके अन्य प्रश्न–पत्रों की जाँच की जाएगी। इस प्रश्न–पत्र की तैयारी के लिए मुख्य बातें मैं संक्षेप में आपके सामने रख रहा हूँ।

वर्तमान में यह प्रश्न–पत्र 300 अंकों का है जिसके लिए 3 घंटे का समय निर्धारित है। अर्हक अंक UPSC 2023 की नोटिफिकेशन के अनुसार 25% हैं। आत्मविश्वस्त रहने के लिए इस प्रश्न–पत्र में कम–से–कम 60% अंक आ सकें, ऐसी तैयारी रखें।

इस प्रश्न–पत्र के वर्तमान पैटर्न में 600 शब्दों में निबंध लिखना होता है जिसकी तैयारी आपको अलग से करने की कोई आवश्यकता नहीं है। इसके लिए 100 अंक हैं। यह निबंध प्रश्न–पत्र की तैयारी के साथ स्वयमेव तैयार हो जाएगा। वर्ष 2022 में सामान्य हिंदी प्रश्न–पत्र में पूछे गए निबंध इस प्रकार हैं –

- नवीकरणीय ऊर्जा-संभावनाएँ एवं चुनौतियाँ
- संचार क्रांति का महत्त्व

- ✦ खेलों का बढ़ता व्यवसायीकरण
- ✦ खान-पान का स्वास्थ्य पर प्रभाव

इसके अतिरिक्त 60 अंकों के गद्यांश आधारित प्रश्न होते हैं जिन्हें हल करने में ज्यादा परेशानी नहीं होनी चाहिए। सामान्यतः यदि आप अच्छे पाठक हैं तो ये प्रश्न आपके लिए चुटकी बजाते हल होनेवाले हैं। इसके अलावा, प्रारंभिक परीक्षा के सीसैट प्रश्न-पत्र में भी आप गद्यांश आधारित प्रश्नों की तैयारी कर चुके होते हैं।

अगला खंड है दिए गए गद्यांश का एक तिहाई शब्दों में संक्षेपण लिखने का। इसके लिए भी 60 अंकों का प्रावधान है। इसके लिए थोड़ा अभ्यास वांछनीय है।

फिर 20 अंकों का अंग्रेजी से हिंदी और 20 अंकों का हिंदी से अंग्रेजी अनुवाद है। यह खंड कुछ विद्यार्थियों को थोड़ा मुश्किल लग सकता है पर चूँकि यह प्रश्न-पत्र क्वालीफाइंग है, इसलिए किसी भी खंड को लेकर आप फिलहाल तनावग्रस्त न हों। हालाँकि, वर्तमान में संपर्क भाषा के तौर पर ठीक-ठाक अंग्रेजी जानना आपके आत्मविश्वास के लिए अच्छा है।

इसके बाद का 40 अंकों का खंड हिंदी व्याकरण का है। मुहावरों का वाक्य में प्रयोग, वाक्यों को शुद्ध करके लिखने जैसे प्रश्न, पर्यायवाची शब्द, श्रुतिसम भिन्नार्थक शब्दों के वाक्य प्रयोग द्वारा अर्थांतर स्पष्ट करने जैसे 10-10 अंकों के चार प्रश्न आते हैं।

इस प्रश्न-पत्र की तैयारी के लिए डॉ. वासुदेवनंदन प्रसाद की 'आधुनिक हिंदी व्याकरण और रचना' या कोई भी अन्य समकक्ष हिंदी व्याकरण एवं रचना की पुस्तक ली जा सकती है। पुस्तक से सब कुछ तैयार करने की जगह निर्धारित पाठ्यक्रम पर ध्यान केंद्रित करें।

कुल मिलाकर, हिंदी भाषी विद्यार्थियों के लिए यह एक सरल प्रश्न-पत्र है। मगर इसको हलके में लेने की भूल न करें। अगर इस प्रश्न-पत्र में 30% मार्क्स नहीं आए, तो आपका सिविल सेवा का सपना टूट सकता है।

❑❑❑

अध्याय

18

सामान्य अंग्रेजी प्रश्न-पत्र की तैयारी

सिविल सेवा मुख्य परीक्षा में हिंदी माध्यम के छात्रों के लिए अनिवार्य English प्रश्न-पत्र थोड़ा चिंता का कारण होता है। यह प्रश्न-पत्र UPSC के नोटिस के अनुसार दसवीं के स्तर का होता है मगर वास्तविकता में यह उससे थोड़ा-सा मुश्किल है। वैसे तो इस प्रश्न-पत्र के अंक आपके रैंक को निर्धारित करने में कोई भूमिका नहीं निभाते, लेकिन अगर आप इस प्रश्न-पत्र में 25% अंक नहीं लाते हैं तो आपके सिविल सेवा में आने के सपने को एक साल का और इंतजार करना पड़ सकता है। इस प्रश्न-पत्र में पास होने पर ही आपके अन्य प्रश्न-पत्रों की जाँच की जाएगी। इस प्रश्न-पत्र की तैयारी के लिए मुख्य बातें मैं संक्षेप में आपके सामने रख रहा हूँ।

वर्तमान में यह पत्र 300 अंकों का है जिसके लिए 3 घंटे का समय निर्धारित है। अर्हक अंक UPSC 2023 की नोटिफिकेशन के अनुसार 25% हैं। आत्मविश्वस्त रहने के लिए इस प्रश्न-पत्र में कम-से-कम 60% अंक आ सकें, ऐसी तैयारी रखें।

इस प्रश्न-पत्र के वर्तमान पैटर्न में 600 शब्दों में ESSAY लिखना होता है जिसकी तैयारी आपको अलग से करने की कोई आवश्यकता नहीं है। इसके लिए 100 अंक हैं। यह निबंध प्रश्न-पत्र की तैयारी के साथ स्वयमेव तैयार हो जाएगा। वर्ष 2022 में अनिवार्य English प्रश्न-पत्र में पूछे गए Essay इस प्रकार हैं-

A) Mathematics : A mirror of modern civilisation

B) New frontiers of science need to be explored in modern times

C) Education is a mean of shaping character and shaping change

D) The role of literature in common man's life

फिर, 75 अंकों के गद्यांश आधारित लगभग 5 प्रश्न (15 अंकों का एक प्रश्न) हैं जिन्हें हल करने में ज्यादा परेशानी नहीं होनी चाहिए। सामान्यत: यदि आप अच्छे पाठक हैं तो ये प्रश्न आपके लिए सुगमता से हल होनेवाले हैं। इसके अलावा, प्रारंभिक परीक्षा के सीसैट में भी आप गद्यांश आधारित प्रश्नों की तैयारी कर चुके होते हैं। उसी तरह के प्रश्न यहाँ अंग्रेजी में होंगे। कोशिश करें कि गद्यांश की भाषा की जगह अपने शब्दों में स्पष्टता से उत्तर दें।

अगला खंड है दिए गए गद्यांश का एक तिहाई शब्दों में संक्षेपण लिखने का। इसके लिए भी 75 अंकों का प्रावधान है। इसके लिए थोड़ा अभ्यास वांछनीय है। अपने शब्दों में सरल-सहज शैली में लिखें।

यह खंड कुछ विद्यार्थियों को थोड़ा मुश्किल लग सकता है पर चूँकि यह प्रश्न-पत्र क्वालीफाइंग है, इसलिए किसी भी खंड को लेकर आप फिलहाल तनावग्रस्त न हों। हालाँकि, वर्तमान में संपर्क भाषा के तौर पर ठीक-ठाक अंग्रेजी जानना आपके आत्मविश्वास के लिए अच्छा है।

इसके बाद का 50 अंकों का खंड अंग्रेजी ग्रामर का है। Idioms/Phrases का वाक्य में प्रयोग, वाक्यों को शुद्ध करके लिखने जैसे प्रश्न, Antonyms, वाक्य में रिक्त शब्द की पूर्ति, वाक्य को परिवर्तित करके लिखना, वाक्य प्रयोग द्वारा अर्थांतर स्पष्ट करने जैसे 5-10 अंकों के कुल 50 अंकों के प्रश्न आते हैं।

कुल मिलाकर, हिंदी भाषी विद्यार्थियों के लिए यह प्रश्न-पत्र गंभीरता से लेने लायक है। पिछले वर्षों के प्रश्न-पत्रों को हल करते हुए अपने स्तर को जाँचें। 12वीं के स्तर की एक अच्छी इंग्लिश ग्रामर एवं कम्पोजीशन की पुस्तक (Wren & Martin, राजेंद्र पाल या कोई अन्य स्तरीय पुस्तक) लेकर अपनी तैयारी को माँजते रहें। हाँ, अगर हिंदी के साथ-साथ अंग्रेजी पर भी आपकी अच्छी पकड़ है और आप हिंदी माध्यम में तैयारी करते हुए अंग्रेजी पत्र-पत्रिकाओं को भी आवश्यकतानुसार प्रयोग करने में सक्षम हैं, तो इस प्रश्न-पत्र में सामान्य तैयारी से काम चल जाएगा।

❑❑❑

अध्याय

19

परीक्षा से पूर्व एवं परीक्षा भवन में किन बातों का रखें ध्यान

साथियो, यूपीएससी की परीक्षा का काफी दबाव होता है, इसे मैं अपने अनुभव से जानता हूँ। हालाँकि, इस परीक्षा में भाग ले रहे सभी साथियों को मैं सुझाव दूँगा कि अपने आप पर परीक्षा या अपनी परिस्थितियों की टेंशन को हावी न होने दें और इस परीक्षा को सहज और संयत भाव से लें। महात्मा बुद्ध के शब्दों का उदाहरण देते हुए कहूँ तो कहूँगा–

"यूपीएससी की परीक्षा की तैयारी में कष्ट है, इस कष्ट से बचने का उपाय है और सम्यक् तरीके से सफलता-विफलता के सुख-दुःख से परे होकर निरपेक्ष भाव से इसकी तैयारी करने से आप इस दुःख से बच सकते हैं।"

साथियो, आप में से जो लोग यूपीएससी की सिविल सेवा परीक्षा में शामिल हो रहे हैं, उनके लिए परीक्षा पूर्व और परीक्षा हॉल की कुछ नसीहतें इस प्रकार हैं–

परीक्षा से पहले

- आप लोग सिलेबस का पर्याप्त अध्ययन कर चुके होंगे। वैसे भी प्रारंभिक परीक्षा का सीसैट और सामान्य अध्ययन प्रश्न-पत्र सिलेबस के दायरों से छलक-छलक पड़ता है। इसलिए कितनी भी तैयारी करने के बाद आप आश्वस्त नहीं रह सकते कि

आपकी तैयारी संपूर्ण है। इसलिए जितनी भी तैयारी की है, उससे संतुष्ट होकर अपने मन को आश्वस्त रखें।

- रिवीजन यानी पढ़े हुए का बार-बार दुहराव इस समय काफी महत्त्वपूर्ण है। प्रारंभिक परीक्षा में समझ के साथ-साथ आपकी याददाश्त की भी परीक्षा होती है। बहुत सारे तथ्यात्मक प्रश्नों में आपकी स्मरण शक्ति ही साथ देगी। इसलिए अपने बनाए हुए शॉर्ट नोट्स, सामान्य अध्ययन की पत्रिकाओं के पिछले साल-डेढ़ साल के अंक, प्रतियोगिता दर्पण की अर्थशास्त्र एवं समसामयिक वार्षिकी, प्रकाशन विभाग की भारत वार्षिकी का त्वरित दुहराव करें। दुहराव में इस बात का ध्यान रखें कि आप अपनी मेमोरी का टेस्ट ले रहे हैं, अतः पाठ या चैप्टर को शब्दशः पढ़ना जरूरी नहीं है। किसी भी टॉपिक को देखकर उसके मुख्य तथ्यों को रिकॉल करें, यदि आप उसके मुख्य तथ्यों को रिकॉल कर पा रहे हैं तो उस टॉपिक को सरसरी निगाह से देखते हुए आगे बढ़ चलें। यदि सारे तथ्य याद नहीं आ रहे हों या आपको कन्फ्यूजन हो रहा हो तो फिर उस टॉपिक को थोड़ी गहराई से पढ़कर सारी शंकाओं को दूर करें और फिर आगे बढ़ें।
- इंटरनेट का परीक्षा तक कम-से-कम इस्तेमाल करें।
- सामान्य अध्ययन और सीसैट के उन भागों पर ज्यादा ध्यान दें जिनमें आप अपने को मुश्किल में महसूस कर रहे हैं। इतिहास, प्रशासन एवं संविधान, समसामयिकी, भारतीय अर्थव्यवस्था जैसे तथ्यबहुल अंगों का दुहराव ज्यादा काम आएगा। सामान्य अध्ययन के प्रश्न-पत्र की प्रवृत्ति को देखते हुए विषय पर गहरी पकड़ जरूरी है। सतही ज्ञान से अब काम नहीं चलने वाला है।
- परीक्षा की पूर्व संध्या से अपने मन को शांत रखें, रात में अच्छे से नींद लें और अगली सुबह अपने आपको सकारात्मक और सफलता प्राप्ति के विचारों से भरते हुए परीक्षा के लिए जाएँ।

परीक्षा के दिन एवं परीक्षा भवन में

- परीक्षा के लिए आवश्यक सभी सामग्रियों (एडमिट कार्ड, बॉल पेन, घड़ी) के साथ समय से परीक्षा भवन पहुँचें। परीक्षा भवन में समय से लगभग एक घंटा पूर्व पहुँचने से निश्चिंत रहेंगे।
- परीक्षा हॉल में अपने साथियों से अनावश्यक बातचीत करने में मशगूल न हों, हो सकता है कि किसी की निराशा भरी बात आपको भी संशयग्रस्त कर जाए। अतः अपने में मगन रहें।

- अगर परीक्षा केंद्र पर बिना टेंशन के पढ़ सके और काफी समय रहते आप वहाँ पहुँचे हैं तो कोई एकांत कोना तलाश कर अपने शॉर्ट नोट्स को सरसरी नजर से देखे या फिर किसी भी स्तरीय समसामयिक वार्षिकी को एक नजर देखें। इसका उद्देश्य बस बिना टेंशन के समय बिताना है। अगर आपको टेंशन हो रही हो तो शांत कोने में आराम से बैठकर लंबी-गहरी साँसें लेते हुए मन को समझाएँ कि आप परीक्षा में अपनी तैयारी के हिसाब से काफी अच्छा परफॉर्म करेंगे।
- गर्मी को ध्यान में रखते हुए पानी की बोतल अपने पास रखें, मन हो तो उसमें ग्लूकोस मिलाकर रखें। बहुत बार एग्जाम हॉल में टेंशन की वजह से आपको गला सूखता महसूस होगा और समय की तंगी की वजह से आप अपनी जगह से उठकर पानी पीने की जहमत में अपना समय बरबाद करना नहीं चाहेंगे। अत: बेहतर है कि आप पानी की बोतल अपने पास रखें।
- निगेटिव मार्किंग को ध्यान में रखते हुए जिन प्रश्नों के बारे में थोडा भी पता न हो, उन्हें छोड़ देना ही बेहतर है। हाँ, अगर आप 4 विकल्पों में से दो या एक विकल्प के सही उत्तर न होने के बारे में श्योर हों तो फिर इंटेलीजेंट गेस कर सकते हैं।
- यूपीएससी के द्वारा अंग्रेजी में सेट प्रश्नों के मशीनी हिंदी अनुवाद की समस्या को देखते हुए, यदि किसी भी प्रश्न को समझने में दुविधा हो तो उसके अंग्रेजी प्रश्न को देखना व्यावहारिक होगा। यूपीएससी के कॉम्प्रिहेंशन के खंड में हिंदी अनुवाद में पिछले प्रश्नों में (मैंग्रूव वन) भयंकर भूल मैंने स्वयं देखी है।
- प्रारंभिक परीक्षा के प्रश्न-पत्र 1(सामान्य अध्ययन) में प्रश्नों की प्रवृत्ति का ध्यान से अध्ययन करें। सामान्यत: अब हर प्रश्न के उत्तर में 3 - 4 कथन होते हैं और फिर उन कथनों में कौन-कौन से सही हैं, यह आपको उत्तर में बताना होता है। इसलिए इन प्रश्नों को ध्यान से पढ़कर क्या पूछा गया है, इसके बारे में कन्फर्म होकर फिर ध्यान से विकल्पों को देखें और सही विकल्प चुनें।
- प्रश्न-पत्र 2 में परिच्छेद पर आधारित प्रश्नों में आपके उत्तर सिर्फ परिच्छेद पर आधारित होने चाहिए। इन प्रश्नों की बहुसंख्या को देखते हुए इनमें अच्छा प्रदर्शन आपकी सफलता का पथ प्रशस्त करेगा।
- कथन या आँकड़ों या चित्र के आधार पर निष्कर्ष निकालने वाले प्रश्नों में आपकी विश्लेषण क्षमता का टेस्ट है। इन प्रश्नों की संख्या भी अच्छी-खासी है। इन्हें समय देते हुए आराम से हल करें।
- गणितीय योग्यता एवं मानसिक योग्यता परीक्षण के प्रश्न काफी सावधानी और समझ-बूझ के साथ करें।

- किसी एक प्रश्न पर औसत से ज्यादा समय न दें। परीक्षा भवन को समय से पहले न छोड़ें। उत्तर लिखने से पहले थोड़ा-सा समय उत्तर की योजना बनाने में लगाएँ।
- उत्तर लिखते हुए समय-सीमा, शब्द-सीमा, विषय-सीमा का ध्यान रखें।

प्रश्न सह उत्तर पुस्तिका में की जानेवाली त्रुटियाँ एवं उनके निराकरण हेतु सुझाव

- उत्तर पुस्तिका के पहले पन्ने पर जहाँ परीक्षा का नाम, माध्यम, अनुक्रमांक लिखने की जगह है, वहीं लिखें। अनुक्रमांक या रोल नंबर अपनी निर्धारित जगह के अलावा भूलकर भी किसी अन्य जगह न लिखें। प्रश्न सह उत्तर पुस्तिका में कहीं भी ऐसा कुछ न लिखें जिससे आपकी पहचान जाहिर होती हो। प्रश्न के उत्तर के अंग के रूप में भी कहीं अपना नाम, मोबाइल नंबर, ई-मेल आईडी, सोशल मीडिया अकाउंट डिटेल और पता न लिखें, ना ही हस्ताक्षर करें।
- ध्यान रखें कि उत्तर पुस्तिका में किसी भी तरह की अनावश्यक बात न लिखें। उत्तर पुस्तिका आपकी निजी संपत्ति या डायरी नहीं है। अत: उसकी शुरुआत में शुभारंभ वाली औपचारिक बातों या आपकी किसी तरह की ड्राइंग बनाने की जगह नहीं है। किसी भी तरह का धार्मिक चिन्ह उत्तर पुस्तिका के शुरुआती पृष्ठ पर या कहीं भी न बनाएँ। कार्यालय के प्रयोग हेतु खंड में भी कुछ न लिखें।
- उत्तर लेखन में दो भाषा माध्यमों का प्रयोग न करें। आप अपने उत्तर उसी भाषा में दें जो आपने मुख्य परीक्षा हेतु चुना है। वैकल्पिक विषयों के भाषा एवं साहित्य वाले विषय तथा अनिवार्य भारतीय भाषा के विषय में उस विषय हेतु निर्धारित भाषा माध्यम में लिखें।
- उत्तर का कुछ अंश कलम से और कुछ अंश पेंसिल से लिखने जैसी गलती न करें। हालाँकि आरेख, चित्र बनाने में पेंसिल का प्रयोग किया जा सकता है।
- परीक्षक से प्रत्यक्ष/अप्रत्यक्ष याचना न करें। जैसे कि अगर मैं इस बार पास न कर पाया तो मैं डिप्रेशन में चला जाऊँगा, यह मेरा आखिरी प्रयास है, इसलिए सहानुभूतिपूर्वक विचार करें।
- लिखावट साफ, स्पष्ट और आसानी से पढ़ी जाने लायक हो। न तो बहुत बड़े अक्षरों में लिखें और न ही इतने छोटे अक्षर हों जिन्हें पढ़ने के लिए मैग्नीफाइंग ग्लास लगाना पड़े।
- प्रश्न का उत्तर उसकी निर्धारित जगह में दें। किसी प्रश्न के उत्तर को अगले प्रश्न के उत्तर के लिए निर्धारित जगह में न ले जाएँ। सामान्यत: एक पन्ने में 75-90 शब्द लिखे जाने के हिसाब से प्रश्न सह उत्तर पुस्तिका बनाई गई है।

- हम में से बहुत लोग तनाव दूर करने के लिये लिखने के साथ-साथ कुछ फूल-पत्ती-डिजाइन बनाने जैसी कलाकारी दिखाने में माहिर होते हैं। सिविल सेवा की प्रश्न सह उत्तर पुस्तिका में अनावश्यक कुछ भी, कहीं भी चित्रकारी करने से बचें।

- किसी प्रश्न के उत्तर को यदि काटना है या रद्द करना है, तो स्पष्टता के साथ करें। उसे बॉक्स से घेरकर रद्द/Cancelled लिखना उचित रहेगा।

- प्रश्न-पत्र की शुरुआत में लिखे निर्देशों को देखें एवं उनका पालन करें। किसी भी निर्देश का उल्लंघन करने पर अंक की कटौती, उम्मीदवारी रद्द करना, भविष्य में परीक्षा देने पर रोक लगाना जैसे दंड दिए जा सकते हैं।

❑❑❑

निबंध खंड

आपके व्यक्तित्व का दर्पण है निबंध

अध्याय

1

सिविल सेवा के निबंध प्रश्न-पत्र की तैयारी

यूपीएससी की नोटिफिकेशन के अनुसार निबंध प्रश्न-पत्र का विवरण इस प्रकार है-

- उम्मीदवारों को एक विनिर्दिष्ट विषय पर निबंध लिखना होगा।
- विषयों के विकल्प दिए जाएँगे। उनसे आशा की जाती है कि वे अपने विचारों को निबंध के विषय के निकट रखते हुए क्रमबद्ध करें तथा संक्षेप में लिखें।
- प्रभावशाली एवं सटीक अभिव्यक्ति के लिए श्रेय दिया जाएगा।

मुख्य परीक्षा के निबंध प्रश्न-पत्र के बारे में बहुत सारे छात्र शंकित रहते हैं कि क्या लिखना है और कैसे लिखना है? बहुत सारे छात्र इस प्रश्न-पत्र को गंभीरता से नहीं लेते, पर यह ध्यान रखें कि निबंध प्रश्न-पत्र के अंक बहुत बार आपकी सफलता को निर्धारित करते हैं। निबंध में कोई 30 प्रतिशत अंक लाता है तो कोई 90 प्रतिशत। अब आप सोच सकते हैं कि निबंध के अंकों का क्या महत्त्व है? वर्ष 2013 से नए बदलावों के साथ निबंध प्रश्न-पत्र के अंक 250 कर दिए जाने से इसकी महत्ता और आपको सफलता दिलाने में इस प्रश्न-पत्र की भूमिका और भी बढ़ गई है।

मुख्य परीक्षा में सामान्य अध्ययन के चार प्रश्न-पत्रों के 1000 अंक, एक वैकल्पिक विषय के दो प्रश्न-पत्रों के 500 अंक और निबंध के 250 अंक हैं। अत: 1750 अंकों की मुख्य परीक्षा में सफलता के लिए 250 अंकों के निबंध प्रश्न-पत्र का जो कुल अंकों

का सातवाँ हिस्सा है, की भूमिका काफी अहम् है। मुख्य परीक्षा में सफल उम्मीदवारों के लिए 275 अंकों का साक्षात्कार परीक्षण है। कुल मिलाकर 2025 अंकों की इस परीक्षा में निबंध प्रश्न-पत्र के 250 अंक आपको सफल बनाने तथा आपकी मनचाही रैंक पाने या आपकी इच्छित सेवा पाने में या उससे वंचित रखने में अब और भी महत्त्वपूर्ण भूमिका में हैं।

निबंध प्रश्न-पत्र के साथ एक और दिक्कत जो छात्रों के सामने आती है वो यह है कि पुराने प्रश्न-पत्र उपलब्ध नहीं हो पाते। हालाँकि अब यूपीएससी की वेबसाइट पर कुछ वर्षों के निबंध के प्रश्न-पत्र उपलब्ध हैं। खैर, जहाँ तक निबंध के विषयों की बात है तो 2015 से नए पैटर्न के अनुसार सामान्यतः दो खंडों में दिए गए 4-4 विषयों में से आपको प्रत्येक खंड के किसी एक विषय पर 3 घंटों में दो निबंध लिखने होते हैं। दोनों निबंधों में शब्द-सीमा 1250 शब्दों के आसपास रखनी है।

खंड 'क' में चार विषयों में से किसी एक पर और फिर खंड 'ख' के चार विषयों में से किसी एक पर निबंध लिखना होता है।

निबंध के विषयों में काफी विविधता होती है और हर एक निबंध अलग क्षेत्र से होता है। इसलिए यहाँ हर किसी के लिए गुंजाइश है। सामान्यतः समसामयिक मुद्दे, भारतीय समाज और अर्थव्यवस्था से जुड़े मुद्दे, अंतरराष्ट्रीय मुद्दे, सामाजिक मुद्दे, साहित्यिक-दार्शनिक-चिंतनपरक विषय से निबंध के विकल्प दिए जाते हैं। आपको देखना है कि आप किस विषय पर सबसे अच्छा और सबसे हटकर अपने आपको अभिव्यक्त कर सकते हैं।

आपकी भाषिक योग्यता, विषय-वस्तु की समझ, आलोचनात्मक मूल्यांकन, समग्र चिंतन की गुणवत्ता, विचारों का गठन एवं प्रस्तुति, अभिव्यक्ति की सुस्पष्टता आपको निबंध के प्रश्न-पत्र में अच्छे अंक दिला सकते हैं। आपके मौलिक विचार और रचनात्मकता यहाँ काफी महत्त्व रखते हैं।

विगत वर्षों में पूछे गए निबंध

2015

खंड क

1. किसी को अनुदान देने से उसके काम में हाथ बँटाना बेहतर है।
2. फुर्तीला किंतु संतुलित व्यक्ति ही दौड़ में विजयी होता है।
3. किसी संस्था का चरित्र उसके नेतृत्व में प्रतिबिंबित होता है।
4. मूल्यों से वंचित शिक्षा, जैसी अभी उपयोगी है, व्यक्ति को अधिक चतुर शैतान बनाने जैसी लगती है।

खंड ख

5. प्रौद्योगिकी, मानवशक्ति को विस्थापित नहीं कर सकती।
6. भारत के सम्मुख संकट-नैतिक या आर्थिक।
7. वे सपने जो भारत को सोने न दें।
8. क्या पूँजीवाद द्वारा समावेशित विकास हो पाना संभव है ?

2016

खंड क

1. स्त्री-पुरुष के समान सरोकारों को शामिल किए बिना विकास संकटग्रस्त है।
2. आवश्यकता लोभ की जननी है तथा लोभ का आधिक्य नस्लें बरबाद करता है।
3. संघीय भारत में राज्यों के बीच जल-विवाद।
4. नवप्रवर्तन आर्थिक संवृद्धि और सामाजिक कल्याण का अपरिहार्य निर्धारक है।

खंड ख

5. सहकारी संघवाद : मिथक अथवा यथार्थ।
6. साइबर स्पेस और इंटरनेट : दीर्घ अवधि में मानव सभ्यता के लिए वरदान या अभिशाप।
7. भारत में लगभग रोजगारविहीन संवृद्धि : आर्थिक सुधार की विसंगति या परिणाम।
8. डिजिटल अर्थव्यवस्था : एक समताकारी या आर्थिक विषमता का स्रोत।

2017

खंड क

1. भारत में अधिकतर कृषकों के लिए कृषि जीवन निर्वाह का एक सक्षम स्रोत नहीं रही है।
2. भारत में संघ और राज्यों के बीच राजकोषीय संबंधों पर नये आर्थिक उपायों का प्रभाव।
3. राष्ट्र के भाग्य का स्वरूप-निर्माण उसकी कक्षाओं में होता है।
4. क्या गुटनिरपेक्ष आंदोलन (नाम)एक बहुध्रुवी विश्व में अपनी प्रासंगिकता खो बैठा है ?

खंड ख

5. हर्ष कृतज्ञता का सरलतम रूप है।
6. भारत में 'नए युग की नारी' की परिपूर्णता एक मिथक है।

7. हम मानवीय नियमों का तो साहसपूर्वक सामना कर सकते हैं, परंतु प्राकृतिक नियमों का प्रतिरोध नहीं कर सकते।
8. 'सोशल मीडिया' अंतर्निहित रूप से एक स्वार्थपरक माध्यम है।

2018

खंड क

1. जलवायु परिवर्तन के प्रति सुनम्य भारत हेतु वैकल्पिक तकनीकें।
2. एक अच्छा जीवन प्रेम से प्रेरित तथा ज्ञान से संचालित होता है।
3. कहीं पर भी गरीबी, हर जगह की समृद्धि के लिए खतरा है।
4. भारत के सीमा विवादों का प्रबंध : एक जटिल कार्य

खंड ख

5. रूढ़िगत नैतिकता आधुनिक जीवन का मार्गदर्शक नहीं हो सकती है।
6. 'अतीत' मानवीय चेतना तथा मूल्यों का एक स्थायी आयाम है।
7. जो समाज अपने सिद्धांतों के ऊपर अपने विशेषाधिकारों को महत्त्व देता है, वह दोनों से हाथ धो बैठता है।
8. यथार्थ आदर्श के अनुरूप नहीं होता है, बल्कि उसकी पुष्टि करता है।

2019

खंड क

1. विवेक सत्य को खोज निकालता है।
2. मूल्य वे नहीं जो मानवता है, बल्कि वे हैं जैसा मानवता को होना चाहिए।
3. व्यक्ति के लिए जो सर्वश्रेष्ठ है, वह आवश्यक नहीं कि समाज के लिए भी हो।
4. स्वीकारोक्ति का साहस एवं सुधार करने की निष्ठा सफलता के दो मंत्र हैं।

खंड ख

5. दक्षिण एशियाई समाज सत्ता के आस-पास नहीं बल्कि अपनी अनेक संस्कृतियों और विभिन्न पहचानों के ताने-बाने से बने हैं।
6. प्राथमिक स्वास्थ्य सेवा एवं शिक्षा की उपेक्षा भारत के पिछड़ेपन के कारण हैं।
7. पक्षपातपूर्ण मीडिया भारत के लोकतंत्र के समक्ष एक वास्तविक खतरा है।
8. कृत्रिम बुद्धि का उत्थान : भविष्य में बेरोजगारी का खतरा अथवा पुनर्कौशल और उच्च कौशल के माध्यम से बेहतर रोजगार के सृजन का अवसर।

2020

खंड क

1. मनुष्य होने और मानव बनने के बीच का लंबा सफर ही जीवन है।
2. विचारपरक संकल्प स्वयं के शांतचित्त रहने का उत्प्रेरक है।
3. जहाज अपने चारों तरफ के पानी के वजह से नहीं डूबा करते, जहाज अपने अंदर पानी के समा जाने की वजह से डूबते हैं।
4. सरलता चरम परिष्करण है।

खंड ख

5. जो हम हैं, वह संस्कार; जो हमारे पास है, वह सभ्यता।
6. बिना आर्थिक समृद्धि के सामाजिक न्याय नहीं हो सकता, किन्तु बिना सामाजिक न्याय के आर्थिक समृद्धि निरर्थक है।
7. पितृसत्ता की व्यवस्था नजर में बहुत कम आने के बावजूद सामाजिक विषमता की सबसे प्रभावी संरचना है।
8. अंतरराष्ट्रीय संबंधों के मौन कारक के रूप में प्रौद्योगिकी।

2021

खंड क

1. आत्म-संधान की प्रक्रिया अब तकनीकी रूप से बाह्य स्रोतों को सौंप दी गई है।
2. आपकी मेरे बारे में धारणा, आपकी सोच दर्शाती है; आपके प्रति मेरी प्रतिक्रिया, मेरा संस्कार है।
3. इच्छारहित होने का दर्शन काल्पनिक आदर्श (यूटोपिया) है, जबकि भौतिकता माया है।
4. सत ही यथार्थ है और यथार्थ ही सत है।

खंड ख

5. पालना झुलाने वाले हाथों में ही संसार की बागडोर होती है।
6. शोध क्या है, ज्ञान के साथ एक अजनबी मुलाकात!
7. इतिहास स्वयं को दोहराता है, पहली बार एक त्रासदी के रूप में, दूसरी बार एक प्रहसन के रूप में।
8. सर्वोत्तम कार्यप्रणाली(बेस्ट प्रैक्टिसेज) से बेहतर कार्यप्रणालियाँ भी होती हैं।

2022

खंड क

1. आर्थिक समृद्धि हासिल करने के मामले में वन सर्वोत्तम प्रतिमान होते हैं।
2. कवि संसार के अनधिकृत रूप से मान्य विधायक होते हैं।
3. इतिहास वैज्ञानिक मनुष्य के रूमानी मनुष्य पर विजय हासिल करने का एक सिलसिला है।
4. जहाज बंदरगाह के भीतर सुरक्षित होता है, परंतु इसके लिए तो वह होता नहीं है।

खंड ख

5. छप्पर मरम्मत करने का समय तभी होता है, जब धूप खिली हुई हो।
6. आप उसी नदी में दोबारा नहीं उतर सकते।
7. हर असमंजस के लिए मुस्कुराहट ही चुनिंदा साधन है।
8. केवल इसलिए कि आपके पास विकल्प है, इसका यह अर्थ कदापि नहीं है कि उनमें से किसी को भी ठीक होना ही होगा।

निबंध लिखने की शैली की जहाँ तक बात है तो वो हर किसी के लिए अलग–अलग होती है। आपको अपनी शैली स्वयं निखारनी होगी। बेहतर यह है कि आप एक नोटबुक बनाकर उसमें निबंध के लिए महत्त्वपूर्ण 10–15 सदाबहार मुद्दे और 20–25 समसामयिक मुद्दों के लिए ढाँचा तैयार कर लें। इसके अंतर्गत आप सामान्य अध्ययन में दिए गए कुछ सामाजिक मुद्दों, पर्यावरण संबंधित मुद्दों को भी निबंध के लिए तैयार कर सकते हैं। आपको चुने हुए विषयों पर जो भी जानकारी पत्र–पत्रिकाओं या पुस्तकों से मिलती है उसे आप अपनी नोटबुक में जगह देते चलें। जरूरी आँकड़े, उद्धरण, काव्य पंक्तियाँ, वर्तमान व सटीक उद्धरण ये सब जहाँ से भी मिलें उन्हें संबंधित निबंध के अंतर्गत नोट करते चलें। सप्ताह में कम–से–कम एक निबंध लिखने का अभ्यास करें।

साथ ही, किसी भी विषय पर मौलिक, तार्किक सोचने और अपने विचारों को सरल–सहज प्रवाहमयी भाषा में प्रभावी ढंग से रखने के लिए मेहनत करें। आपका निबंध विचारोत्तेजक, सुसंबद्ध, प्रवाहमय और रोचक होना चाहिए। अन्यों के आभूषणों से अपने निबंध को न सजाएँ–उसे मौलिक, ताजा और अपनी सादगी में सुंदर रहने दें। यह न केवल आपको निबंध के प्रश्न–पत्र बल्कि सामान्य अध्ययन के दीर्घ उत्तरीय प्रश्नों को हल करने में भी मदद करेगा। साथ ही, जीवन में भी पग–पग पर आपकी मदद करेगा।

विगत वर्षों में आए निबंधों के विश्लेषण के आधार पर कुछ उपयोगी सुझाव मैं अपने अनुभव के आधार पर देना चाहूँगा –

- निबंध के विषय का चयन करते हुए विषयों को हिंदी के साथ-साथ अंग्रेजी में भी पढ़ें ताकि विषय को समझने में किसी भी गलती की कोई गुंजाइश न रहे।
- निबंध के विषय का चयन करने में उन विषयों से परहेज कर सकते हैं जिनमें आपकी व्यक्तिगत राय और परीक्षक की राय में आकाश-पाताल का अंतर होने की संभावना हो। जिस विषय को आप अच्छी तरह नहीं समझ रहे हैं, उनसे भी दूरी भली।
- वर्तमान वर्षों में तथ्य आधारित निबंधों की जगह अमूर्त और दार्शनिक निबंधों पर ज्यादा जोर है। ऐसे निबंधों का नियमित अभ्यास जरूरी है। मुहावरापरक एवं जीवनदर्शनपरक निबंधों का नियमित अभ्यास करें। सामान्य अध्ययन के चौथे प्रश्न-पत्र के कई विषय भी निबंध के रूप में तैयार किए जा सकते हैं।
- जिन विषयों में आप निबंध के विषय से पूर्णत: विरोधी विचार रखते हैं, उनको भी यदि अन्य उपयुक्त विकल्पों के अभाव में लिखना हो तो सिक्के के दोनों पहलुओं को दिखाते हुए निष्कर्ष में अपने सुसंगत तर्कसंगत विचार विनम्रतापूर्वक लिखें।

निबंध प्रश्न-पत्र के लिए कुछ जरूरी पत्र-पत्रिकाओं की सूची-

- कुरुक्षेत्र
- योजना
- विज्ञान प्रगति
- अहा जिंदगी
- नवनीत
- कथन (त्रैमासिक)
- इंडिया टुडे, आउटलुक के कुछ महत्त्वपूर्ण अंक
- द हिंदू समाचार पत्र एवं फ्रंटलाइन (दोनों अंग्रेजी के हैं) के आलेख
- सिविल सेवा से संबंधित पत्रिकाओं के आलेख
- समाचार पत्रों के संपादकीय पृष्ठ के आलेख।
- संस्कृत सूक्ति कोश-साहित्य अकादमी-संपादक शशि तिवारी

यह सूची आरंभिक मार्गदर्शन के लिए है, जैसे-जैसे आप अपनी तैयारी में गहरे उतरते जाएँगे, आपको खुद-ब-खुद जरूरी-गैर जरूरी का फर्क समझ आता जाएगा। हंस की तरह नीर-क्षीर विवेक आपको सूचनाओं के ढेर और भाषा की भूलभुलैया में से अपने काम की सामग्री चुनने में मदद करेगा। और हाँ, सीधी-सादी दिल को छू जाने वाली भाषा में लिखें। परीक्षक भी आपसे प्रसन्न हुए बिना नहीं रह पाएगा।

❑❑❑

अध्याय

2

सामान्य अध्ययन एवं निबंध प्रश्न-पत्र की करें साथ-साथ तैयारी

सिविल सेवा की वर्तमान तैयारी में एक सुझाव मैं सभी अभ्यर्थियों को देना चाहूँगा। निबंध के प्रश्न–पत्र की महत्ता काफी बढ़ गई है और इस प्रश्न–पत्र की तैयारी का कोई बँधा–बँधाया फार्मूला भी नहीं है। ऐसे में पत्र–पत्रिकाएँ, अच्छी पुस्तकें, आपके जीवन का अच्छा–बुरा सारा अनुभव, आपकी भाषा–सब मिलकर आपको निबंध के प्रश्न–पत्र एवं साथ ही साक्षात्कार के लिए तैयार करते हैं।

निबंध के प्रश्न–पत्र की तैयारी में अभ्यास का काफी महत्त्व है। मेरा सुझाव है कि सामान्य अध्ययन के चारों प्रश्न–पत्रों में लगभग एक तिहाई से ज्यादा विषय ऐसे हैं जिन्हें अगर आप निबंध के लिए तैयार कर लें तो एक पंथ दो काज होंगे। हाँ, वही प्रश्न निबंध की जगह सामान्य अध्ययन में आने पर 1250 शब्दों की जगह 150–250 शब्दों में सुंदर, सटीक एवं प्रासंगिक उत्तर लिख पाने की कला आप में होनी चाहिए।

सामान्य अध्ययन प्रश्न–पत्र 1 के पाठ्यक्रम के हिस्से जिन्हें निबंध के रूप में तैयार कर सकते हैं –

- भारतीय समाज की मुख्य विशेषताएँ, भारत की विविधताएँ
- महिलाओं की भूमिका और महिला संगठन,
- जनसंख्या एवं संबद्ध मुद्दे,

- गरीबी और विकासात्मक विषय
- शहरीकरण, उसकी समस्याएँ और रक्षोपाय
- भारतीय समाज पर भूमंडलीकरण का प्रभाव
- सामाजिक सशक्तीकरण, संप्रदायवाद, क्षेत्रवाद और धर्मनिरपेक्षता

सामान्य अध्ययन प्रश्न–पत्र 2 के पाठ्यक्रम के हिस्से जिन्हें निबंध के रूप में तैयार कर सकते हैं, पाठ्यक्रम के कुछ बिंदुओं का कुछ हिस्सा निबंध के तौर पर तैयार किया जा सकता है जिसे मैंने कोष्ठक में दिया है–

- संघीय ढाँचे से संबंधित विषय एवं चुनौतियाँ
- स्थानीय स्तर पर शक्तियों एवं वित्त का हस्तांतरण और उसकी चुनौतियाँ

  (इसे भारत में पंचायती राज/स्थानीय स्वशासन की सफलता एवं उसकी चुनौतियों के रूप में तैयार कर सकते हैं।)
- विभिन्न घटकों के बीच शक्तियों का पृथक्करण, विवाद निवारण तंत्र तथा संस्थान

  (केंद्र/राज्य/स्थानीय स्वशासन–राज्यपाल की संस्था की प्रासंगिकता)
- विकास प्रक्रिया तथा विकास उद्योग–गैर सरकारी संगठनों, स्वयं सहायता समूहों, विभिन्न समूहों और संघों, दानकर्ताओं, लोकोपकारी संस्थाओं, संस्थागत एवं अन्य पक्षों की भूमिका
- केंद्र एवं राज्यों द्वारा जनसंख्या के अति संवेदनशील वर्गों के लिए कल्याणकारी योजनाएँ एवं इन योजनाओं का कार्य–निष्पादन, इन अति संवेदनशील वर्गों की रक्षा एवं बेहतरी के लिए गठित तंत्र, विधि, संस्थान एवं निकाय
- स्वास्थ्य, शिक्षा, मानव संसाधनों से संबंधित सामाजिक क्षेत्र/सेवाओं के विकास और प्रबंधन से संबंधित विषय
- गरीबी एवं भूख से संबंधित विषय
- शासन व्यवस्था, पारदर्शिता और जवाबदेही के महत्त्वपूर्ण पक्ष, ई गवर्नेंस–अनुप्रयोग, मॉडल, सफलताएँ, सीमाएँ और संभावनाएँ, नागरिक चार्टर, पारदर्शिता एवं जवाबदेही और संस्थागत तथा अन्य उपाय
- लोकतंत्र में सिविल सेवाओं की भूमिका
- द्विपक्षीय क्षेत्रीय एवं वैश्विक समूह और भारत से संबंधित और/अथवा भारत के हितों को प्रभावित करने वाले करार

सामान्य अध्ययन प्रश्न-पत्र 3 के पाठ्यक्रम के हिस्से जिन्हें निबंध के रूप में तैयार कर सकते हैं-

- भारतीय अर्थव्यवस्था तथा योजना, संसाधनों को जुटाने, प्रगति, विकास तथा रोजगार से संबंधित विषय (विकास तथा रोजगार से संबंधित)
- समावेशी विकास तथा इससे उत्पन्न विषय
- उदारीकरण का अर्थव्यवस्था पर प्रभाव, औद्योगिक नीति में परिवर्तन तथा औद्योगिक विकास पर इसका प्रभाव
- विज्ञान एवं प्रौद्योगिकी में भारतीयों की उपलब्धियाँ; देशज रूप से प्रौद्योगिकी का विकास और नई प्रौद्योगिकी का विकास
- संरक्षण, पर्यावरण प्रदूषण और क्षरण, पर्यावरण प्रभाव का आकलन
- आपदा और आपदा प्रबंधन
- विकास और फैलते उग्रवाद के बीच संबंध
- संचार नेटवर्क के माध्यम से आंतरिक सुरक्षा को चुनौती, आंतरिक सुरक्षा चुनौतियों में मीडिया और सोशल नेटवर्किंग साइटों की भूमिका, साइबर सुरक्षा की बुनियादी बातें, धन-शोधन और इसे रोकना
- सीमावर्ती क्षेत्रों में सुरक्षा चुनौतियाँ एवं उनका प्रबंधन-संगठित अपराध और आतंकवाद के बीच संबंध

पाठ्यक्रम से जुड़े विषय -

- भारतीय किसान- कैसे हों खुशहाल
- जन वितरण प्रणाली -क्या प्रत्यक्ष धन अंतरण है ज्यादा बेहतर विकल्प

सामान्य अध्ययन प्रश्न-पत्र 4 के पाठ्यक्रम के हिस्से जिन्हें निबंध के रूप में तैयार कर सकते हैं-

- मूल्य विकसित करने में परिवार, समाज और शैक्षणिक संस्थाओं की भूमिका
- सिविल सेवा के लिए अभिरुचि तथा बुनियादी मूल्य, सत्यनिष्ठा, भेदभाव रहित तथा गैर-तरफदारी, निष्पक्षता, सार्वजनिक सेवा के प्रति समर्पण भाव, कमजोर वर्गों के प्रति सहानुभूति, सहिष्णुता तथा संवेदना
- शासन व्यवस्था में नीतिपरक तथा नैतिक मूल्यों का सुदृढ़ीकरण; अंतरराष्ट्रीय संबंधों तथा निधि व्यवस्था (फंडिंग) में नैतिक मुद्दे; कॉर्पोरेट शासन व्यवस्था

✦ शासन व्यवस्था में ईमानदारी : लोक सेवा की अवधारणा; सरकार में सूचना का आदान-प्रदान और पारदर्शिता, सूचना का अधिकार, भ्रष्टाचार की समस्या

पिछले वर्ष सामान्य अध्ययन प्रश्न-पत्र में आए एक प्रश्न तथा निबंध के प्रश्न-पत्र में आए एक निबंध को मैं यहाँ आपके मार्गदर्शन के लिए दोनों के रूप में दे रहा हूँ

प्रश्न- *क्या हम वैश्विक पहचान के लिए अपनी स्थानीय पहचान खोते जा रहे हैं? युक्तियुक्त विवेचन करें।* (15 अंक-250 शब्द)

या

निबंध- *क्या पाश्चात्य सभ्यता-संस्कृति भारतीय सभ्यता-संस्कृति पर हावी हो रही है? अपने तर्कसंगत विचार रखें।* (125 अंक-1250 शब्द)

निबंध

बड़े लोगों से मिलने में हमेशा फासला रखना।
जहाँ कतरा समंदर से मिला, कतरा नहीं रहता।

-बशीर बद्र

वैश्विक पहचान और स्थानीय पहचान को उपरोक्त शेर में दिए गए उदाहरण से बड़ी आसानी से पहचाना जा सकता है। वैश्विक पहचान का मतलब है एक विश्व मानव के रूप में हमारी पहचान। वहीं स्थानीय पहचान हमें हमारी जड़ों, हमारे निवास स्थान, समाज, क्षेत्र एवं देश के साथ जोड़ते हुए बनी हुई पहचान है। स्थानीय पहचान को सूक्ष्म स्तर पर समाज या समुदाय के स्तर तक भी देखा जा सकता है। मगर यदि हम वैश्विक पहचान के संदर्भ में तुलना करें तो स्थानीय पहचान से हमारी भारतीय पहचान अपेक्षित है। अगर हम पूरी मानव सभ्यता की बात करें तो वैश्विक पहचान भी जरूरी है। मगर वैश्विक पहचान में स्थानीय पहचान गुम नहीं होनी चाहिए। स्थानीय पहचान और वैश्विक पहचान उसी तरह आपस में जुड़े होने चाहिए जैसे मोतियों की माला में हर मोती अपना स्वतंत्र अस्तित्व बनाए रखते हुए माला की खूबसूरती को बढ़ाता है।

भारत के संदर्भ में देखें तो वैश्वीकरण के आक्रमण ने हमारी स्थानीय पहचान को बहुत हद तक क्षति पहुँचाई है। विदेशी आक्रमणकारियों ने कई बार भारत पर हमला किया। कइयों ने इस देश की संपत्ति को लूटा और यहाँ से चले गए। मगर उनमें से बहुतेरे यहीं बस गए और यहाँ की पहचान में अपनी जीवनशैली की खुशबू मिलाकर आत्मसात् हो गए। शायर इकबाल ने इसे ही कुछ यूँ कहा है कि -

यूनान-ओ-मिस्त्र-ओ-रूमा सब मिट गए जहाँ से
अब तक मगर है बाकी नाम-ओ-निशाँ हमारा

कुछ बात है कि हस्ती मिटती नहीं हमारी
सदियों रहा है दुश्मन दौर-ए-जमाँ हमारा।

वैश्वीकरण और वैश्विक पहचान से स्थानीय पहचान के आक्रांत होने को शिक्षा, स्वास्थ्य, संस्कृति, सभ्यता, कला, नृत्य के साथ जीवन के कई अंगों में देखा जा सकता है। वैश्वीकरण का सबसे बड़ा नुकसान यह है कि हमें हमेशा दूर के ढोल सुहावने लगते हैं। वैश्विक पहचान की चकाचौंध में हम अपनी स्थानीय पहचान की गरिमा को भूलने लगते हैं।

शिक्षा में अंग्रेजी माध्यम के कॉन्वेंट स्कूलों का वर्चस्व

शिक्षा के क्षेत्र में देखें तो हम भारतीय भाषाओं के माध्यम से शिक्षा को नकारने लगे हैं। आज गरीब-से-गरीब आदमी भी यह सोचता है कि अगर बच्चे को कुछ बनाना है तो उसे अंग्रेजी मीडियम के स्कूल में भेजना पड़ेगा।

इंटरनेशनल स्कूल के ब्रांड के आगे नालंदा, विक्रमशिला विश्वविद्यालय और गुरुदेव रवींद्रनाथ के भारतीय पहचान में रचे-बसे शांतिनिकेतन जैसे शिक्षा के महती केंद्रों की स्थानीय पहचान लुप्त हो रही है। अपने बच्चों को विश्व नागरिक बनाने की चाह में हम उनकी भारतीय पहचान को विलुप्त कर रहे हैं। उच्च शिक्षा के लिए भी उच्च वर्ग के परिवारों में अपने बच्चों को विदेश में ऑक्सफोर्ड, कैंब्रिज, MIT जैसी वैश्विक पहचान वाली संस्थाओं में भेजने की होड़ लगी रहती है। शोध के क्षेत्र में भी जगदीश चंद्र बोस, सर सी. वी. रमन, होमी जहाँगीर भाभा, विक्रम साराभाई की स्वदेशी शोध की राह को भूल हमें लगता है कि उच्च स्तर का शोध और खोज भारत में रहकर नहीं हो सकता। ऐसी शिक्षा से शायद हमारे बच्चे आधुनिक कहला सकें, मगर इस आधुनिकता को पाने के लिए बहुधा स्थानीय पहचान के नेपथ्य में जाने की कीमत चुकानी पड़ती है।

अपनी मातृभाषा एवं साहित्य में भारतीय वांग्मय और लेखन के प्रति उपेक्षा

वैश्विक पहचान की एक और बड़ी बुराई यह देखने को मिल रही है कि हमारे बच्चों को शेक्सपियर और वड्‌र्सवर्थ के नाम तो मालूम होते हैं लेकिन उनसे अगर प्रेमचंद, महादेवी वर्मा, तकषी शिवशंकर पिल्लई, फकीरचंद सेनापति, विभूतिभूषण बंदोपाध्याय, काजी नजरुल इस्लाम, सुब्रह्मण्यम भारती, विद्यापति, कबीर के बारे में पूछें तो उन्हें पता नहीं होता। अपनी मातृभाषा और उसके साहित्य को पाश्चात्य साहित्य से हीन समझने की मनोग्रंथि वैश्विक पहचान के आगे घुटने टेकने जैसी है। शिक्षित तबके का तो यह आलम है कि वो अपनी मातृभाषा को छोड़ दैनंदिन व्यवहार में भी अंग्रेजों के कान काटने लगा है। उन्हें अपनी बोली और जुबान में बोलना पिछड़ेपन की निशानी लगता है। यह सैकड़ों भारतीय भाषाओं और स्थानीय पहचान के लिए अस्तित्व का संकट पैदा कर रहा है।

स्वास्थ्य के क्षेत्र में एलोपैथी का वर्चस्व

स्वास्थ्य के क्षेत्र में भारतीयों ने योग पर भी तब ज्यादा ध्यान देना शुरू किया, जब वह वैश्विक पहचान का हिस्सा बन गया और अंतरराष्ट्रीय स्तर पर योग दिवस मनाने की शुरुआत हुई। आयुर्वेद, सिद्ध एवं यूनानी, तिब्बती जैसी पब्लिक हेल्थ में कारगर भारतीय चिकित्सा पद्धतियों की घनघोर उपेक्षा की गई और उनके विकास के लिए अभी भी पर्याप्त प्रयास नहीं हो रहे हैं। कोरोना संकट के समय में जब प्रतिरक्षा तंत्र को मजबूत करने की बात आई है, तब जाकर लोग फिर से आयुर्वेद एवं सिद्ध चिकित्सा प्रणालियों की ओर मुड़े। भारत के देशज आयुर्वेद और सिद्ध में प्रकृति की अनमोल जड़ी-बूटियों और हजारों वर्षों के अनुभव का सार छुपा है और इस स्थानीय पहचान का आदर करने और इसका और विकास करने की जरूरत है।

कला, संगीत, नाटक एवं सिनेमा के क्षेत्र में

सौभाग्यवश इस क्षेत्र में भारत की मिली-जुली संस्कृति तथा सभ्यता की समृद्ध विरासत के कारण हमारी स्थानीय पहचान ने अपनी विशिष्टता कायम रखी है और वैश्विक योगदान भी दिया है। भारत के शास्त्रीय नृत्य यथा-भरतनाट्यम, कथकली, कुचिपुड़ी, मोहिनीअट्टम, कथक ने अपनी वैश्विक पहचान बनाई है। भारत के शास्त्रीय संगीत एवं संगीतकारों ने भी पूरे विश्व में अपनी प्रतिभा का लोहा मनवाया है। पंडित रविशंकर, बिरजू महाराज, सोनल मानसिंह जैसे बहुमुखी प्रतिभा के धनी कलाकारों ने पूरे विश्व में नाम कमाया है। सिनेमा में भी बॉलीवुड एवं भारतीय सिनेमा ने विश्व के कई हिस्सों में अपनी अमिट छाप छोड़ी है। नाटक के क्षेत्र में पृथ्वी थिएटर, जन नाट्य मंच जैसी संस्थाओं ने भारतीय पहचान को मजबूत किया है। सत्यजीत रे, अडूर गोपालकृष्णन, हबीब तनवीर जैसे लोगों ने सिनेमा और थिएटर की विधा की भारतीय पहचान को विश्व स्तर पर नाम दिलाया।

धर्म-दर्शन-अध्यात्म के क्षेत्र में

इस क्षेत्र में भी भारतीय नवजागरण के नायकों की वजह से भारतीय पहचान ने वैश्विक पहचान को प्रभावित किया। धार्मिक पर्यटन की दृष्टि से यहाँ हर धर्म के कई पवित्र स्थल मौजूद हैं। हिंदू, बुद्ध, जैन, सिख धर्म की यह जन्मभूमि है। पारसी धर्म को भी इसने आश्रय देकर जिलाए रखा है। मुस्लिम और ईसाई धर्म भी यहाँ अपनी स्थापना के शुरुआती दौर में ही आए और भारतीय प्रभाओं के साथ मौजूद हैं। बुद्ध, कबीर, विवेकानंद, कृष्णमूर्ति, अरविंद जैसे महान लोगों ने भारतीय धर्म और अध्यात्म का पूरे विश्व में परचम लहराया। गीता और उपनिषदों के उपदेश की भी विश्व में धूम रही। जयदेव, विद्यापति, चैतन्य से प्रेरित स्वामी प्रभुपाद का इस्कॉन पूरे विश्व में कृष्ण भक्ति की पताका फहरा रहा है। आध्यात्मिक शांति के लिए पूरी दुनिया बनारस, पांडिचेरी, बोधगया, सारनाथ जैसे अनगिन पवित्र स्थलों के चक्कर लगाती है। चाणक्य नीति से लेकर पंचतंत्र, कथासरित्सागर से लेकर कथाएँ, रामायण तथा महाभारत ने वैश्विक मानस पर भारतीय धर्म और दर्शन की गहरी छाप छोड़ी है।

फैशन एवं रहन-सहन

इस क्षेत्र में हमारी स्थानीय पहचान कुछ हद तक वैश्विक पहचान से प्रभावित हुई है और कुछ हद तक इसने वैश्विक पहचान को प्रभावित किया है। साड़ी, बिंदी, चूड़ी और हमारे आभूषणों ने पूरे विश्व में अपनी छवि बनाई है। वहीं सूट, पैंट, शर्ट ने हमारे धोती-कुर्ते के पहनावे पर बहुत प्रभाव डाला है। आज पहनावे के मामले में उच्च वर्ग विदेशी पहचान को पूरी तरह आत्मसात् कर रहा है। मगर ग्रामीण भारत और महिलाओं ने पहनावे में स्थानीय पहचान को तरजीह दी है। हालाँकि विदेशी ब्रांडों के प्रति हमारा मोह और विश्वास गहरा हो रहा है।

खेल-कूद के क्षेत्र में

खेल-कूद भी एक ऐसा क्षेत्र है जहाँ भारतीय पहचान वैश्विक स्तर पर दब जाती है। हॉकी के स्वर्णिम दिनों को छोड़ दें तो क्रिकेट की दीवानगी ने अन्य भारतीय खेलों को हाशिये पर धकेल दिया है। ओलंपिक में भारत का प्रदर्शन जनसंख्या के अनुपात में शर्मनाक है। खेल में राजनीति एवं देश में खेल संस्कृति का अभाव भी इसका एक कारण है। हालाँकि, तीरंदाजी, निशानेबाजी, शतरंज, बैडमिंटन जैसे खेलों में हमारा प्रदर्शन सुधरा है मगर अभी भी खेलों में भारतीय पहचान को विश्व पटल पर सम्मान दिलाने को बहुत कुछ करना बाकी है।

औद्योगिक पहचान और स्थानीय बनाम वैश्विक ब्रांड

भारत जिस एक चीज में पिछड़ा है, वह है हमारा औद्योगिक विकास। आज स्टील से लेकर मोटरकार, बाइक, दवाएँ, जैसे कई उत्पादों में हम विश्व में अग्रणी हैं। हीरो तथा टीवीएस आदि कंपनियाँ बाइक उत्पादन में विश्व में अग्रणी हैं। भारत दुनियाभर को सस्ती दवाएँ देकर वर्ल्ड फार्मेसी कहलाता है। आयुर्वेद की पूरे विश्व में माँग बढ़ रही है। लेकिन कई ऐसे उत्पाद भी हैं जिनमें क्षमता होते हुए भी हम विदेशों पर निर्भर हैं। हमारा युवा छाछ, लस्सी, फलों के जूस जैसे हजारों स्वस्थ पेय छोड़ कोकाकोला, पेप्सी जैसे विदेशी कोल्ड ड्रिंक तथा देशी नमकीन और भुजिया को छोड़ Lays चिप्स जैसे विदेशी उत्पादों का दीवाना है। हमारे देश की जनता फिनलैंड के नोकिआ, साउथ कोरिया के सैमसंग, अमेरिका के एप्पल और चीन के वीवो जैसे मोबाइल खरीदने को बाध्य है क्योंकि हम मोबाइल निर्माण के भारतीय ब्रांडों को नहीं बढ़ा पाए हैं। ऐसे और भी कई उदाहरण दिए जा सकते हैं। यह ऐसा क्षेत्र है जहाँ हमें लोकल के लिए वोकल होना पड़ेगा और भारतीय उत्पादों को विदेशी उत्पादों की तुलना में तरजीह देनी होगी। जिन वस्तुओं का अभी भारत में उत्पादन नहीं हो रहा है, उनके उत्पादन की क्षमता को बढ़ाने के लिए हमें प्रयास करना होगा।

रीति-रिवाज एवं पर्व-त्यौहार

हमारी स्थानीय पहचान में हमारी रीतियों जैसे जन्म से लेकर शादी व श्राद्ध तक होने वाली परिपाटियों में न के बराबर बदलाव आया है। हमारे पर्व-त्यौहार जैसे होली, दीवाली, ईद, छठ, दुर्गा पूजा, नवरोज (पारसी), बुद्ध पूर्णिमा यथावत हैं। हाँ, वैश्विक पहचान से हमने क्रिसमस, ईसाई नववर्ष, मदर्स डे, फादर्स डे जैसे पर्व और दिनों को भी मनाना सीखा है जिसमें कुछ अच्छे हैं और कुछ सांकेतिक होने के कारण अनावश्यक हैं।

खान-पान

भारत में खान-पान की विविधता ने पूरे विश्व को प्रभावित किया है। साथ ही विश्व से पिज़्ज़ा, फास्टफूड जैसे कई प्रभाव भी हमने लिए हैं। मगर हमारे मसालों, मिठाइयों, नमकीन, अचार, पापड़, शाकाहारी एवं मांसाहारी व्यंजनों ने पूरे विश्व को अपना दीवाना बनाया है और आज विश्व के कोने-कोने में भारतीय रेस्टोरेंट मौजूद हैं।

वैश्विक पहचान के संदर्भ में जब हम स्थानीय पहचान की बात करते हैं तो वह देशीय पहचान या भारतीय पहचान होती है। देखा जाए तो भारतीय पहचान अपने आप में कई स्थानीय पहचानों को समेटे है। सैकड़ों भाषाएँ, बोलियाँ, वेशभूषा, आभूषण, गीत-संगीत, लोकनृत्य, रीति-रिवाज, धर्म, पर्व-त्यौहार, खान-पान, रहन-सहन को आपस में समेटे भारतीय पहचान अपने आप में विविधता में एकता का एक जीवंत अनूठा उदाहरण है। भारतवर्ष में आपको सैकड़ों जीवन शैलियाँ और स्थानीय पहचान मिल जाएँगी जो समग्र रूप से भारत की स्थानीय पहचान को निर्मित करती हैं। इन स्थानीय पहचानों और प्रभावों को बचाए रखना भी भारत की विशिष्ट पहचान को बचाए रखने और इसे वैश्विक पहचान में अपनी विशिष्टता बनाए रखने में सहायक होगा।

गाँधीजी के शब्दों में थोड़ा फेर-बदल कर कहें तो हम यह नहीं चाहते कि हमारी स्थानीय पहचान संकीर्ण हो और उस घर की तरह हो जिसके दरवाजे और खिड़कियाँ बंद हों। घर के दरवाजे और खिड़कियाँ खुले रहने चाहिए ताकि वैश्विक पहचान की ताजी हवा के आने की जगह हो, कुछ प्रभावित करने और कुछ हमारी पहचान की सुवास से प्रभावित होने की जगह हो। मगर ऐसा भी न हो कि जब वैश्विक पहचान की आँधी चले तो हम अपनी स्थानीय पहचान के घर के सभी खिड़की-दरवाजे खुले रखें, क्योंकि इससे घर के तूफान में उड़ने का खतरा है। वैश्विक पहचान के फूलों की बगिया में हमारी स्थानीय पहचान के फूल को अपनी विशिष्ट पहचान, फूल और खुशबू बचाए रखनी है। इसी में भारत और विश्व दोनों का भला है।

सामान्य अध्ययन प्रश्न-पत्र 1, 2019

प्रश्न संख्या 20 का उत्तर-

बड़े लोगों से मिलने में हमेशा फासला रखना।
जहाँ कतरा समंदर से मिला, कतरा नहीं रहता।

-बशीर बद्र

अगर हम पूरी मानव सभ्यता की बात करें तो वैश्विक पहचान भी जरूरी है। मगर वैश्विक पहचान में स्थानीय पहचान गुम नहीं होनी चाहिए। भारत के संदर्भ में देखें तो वैश्वीकरण के आक्रमण ने हमारी स्थानीय पहचान को बहुत हद तक क्षति पहुँचाई है।

शिक्षा के क्षेत्र में देखें तो हम भारतीय भाषाओं के माध्यम से शिक्षा को नकारने लगे हैं। आज गरीब-से-गरीब आदमी भी यह सोचता है कि अगर बच्चे को कुछ बनाना है तो उसे अंग्रेजी मीडियम के स्कूल में भेजना पड़ेगा। अमीर लोग अपने बच्चों को भारत की जगह विदेशों में उच्च शिक्षा एवं शोध के लिए भेजना पसंद करते हैं।

स्थानीय पहचान को एक और बड़ा खतरा भाषा और साहित्य के क्षेत्र में है। हमारे बच्चों को शेक्सपियर और वड्र्सवर्थ के नाम तो मालूम होते हैं मगर भारतीय लेखकों के बारे में मालूम नहीं होता। शिक्षित तबके का तो यह आलम है कि वो अपनी मातृभाषा को छोड़ दैनंदिन व्यवहार में भी अंग्रेजों के कान काटने लगा है।

स्वास्थ्य के क्षेत्र में भी भारतीयों ने योग पर तब ज्यादा ध्यान देना शुरू किया जब योग वैश्विक पहचान का हिस्सा बन गया और अंतरराष्ट्रीय स्तर पर योग दिवस मनाने की शुरुआत हुई। भारतीय चिकित्सा पद्धतियों आयुर्वेद, सिद्ध आदि की उपेक्षा की गई।

कला, संगीत, नाटक एवं सिनेमा के क्षेत्र में भारत की मिली-जुली संस्कृति तथा सभ्यता की समृद्ध विरासत के कारण हमारी स्थानीय पहचान ने अपनी विशिष्टता कायम रखी है और वैश्विक योगदान भी दिया है। भारत के शास्त्रीय नृत्य यथा-भरतनाट्यम, कथकली, कुचिपुड़ी, मोहिनीअट्टम, कथक ने अपनी वैश्विक पहचान बनाई है। पंडित रविशंकर, बिरजू महाराज, सोनल मानसिंह जैसे बहुमुखी प्रतिभा के धनी कलाकारों ने पूरे विश्व में नाम कमाया है। रंगमंच के क्षेत्र में पृथ्वी थिएटर और जन नाट्य मंच तथा सिनेमा के क्षेत्र में सत्यजीत रे, अडूर गोपालकृष्णन, राज कपूर, हबीब तनवीर जैसे दिग्गजों ने विश्व स्तर पर पहचान दिलाई है।

धर्म-दर्शन-अध्यात्म के क्षेत्र में भारतीय नवजागरण के नायकों की वजह से भारतीय पहचान ने वैश्विक पहचान को प्रभावित किया। हिंदू, बौद्ध, जैन व सिख धर्म की यह

जन्मभूमि है। बुद्ध, कबीर, विवेकानंद, कृष्णमूर्ति, अरविंद जैसे महान लोगों ने भारतीय धर्म और अध्यात्म का पूरे विश्व में परचम लहराया है। वेद, उपनिषद्, गीता, बुद्धोपदेश, चाणक्य नीति से लेकर पंचतंत्र, कथासरित्सागर, रामायण तथा महाभारत ने वैश्विक मानस पर भारतीय धर्म और दर्शन की गहरी छाप छोड़ी है।

फैशन एवं रहन-सहन के क्षेत्र में हमारी स्थानीय पहचान कुछ हद तक वैश्विक पहचान से प्रभावित हुई और कुछ प्रभाव भी डाला है। साड़ी, बिंदी, चूड़ी और हमारे आभूषणों ने पूरे विश्व में अपना छवि बनाई। वहीं सूट, पैंट, शर्ट ने हमारे धोती-कुर्ते के पहनावे पर बहुत प्रभाव डाला है। भारतीय खान-पान और मसालों ने भी विश्व में अपनी छाप छोड़ी है।

हमारे रीति-रिवाजों जैसे जन्म से लेकर शादी व श्राद्ध तक होने वाली परिपाटियों में न के बराबर बदलाव आया है। हमारे पर्व-त्यौहार जैसे होली, दीवाली, ईद, छठ, दुर्गा पूजा, नवरोज (पारसी), बुद्ध पूर्णिमा यथावत हैं। हाँ, वैश्विक पहचान से हमने क्रिसमस, ईसाई नववर्ष, मदर्स डे, फादर्स डे जैसे पर्व और दिनों को मनाना सीखा है।

खेल-कूद भी एक ऐसा क्षेत्र है जहाँ भारतीय पहचान वैश्विक स्तर पर दब जाती है। हॉकी के स्वर्णिम दिनों को छोड़ दें तो क्रिकेट की दीवानगी ने अन्य भारतीय खेलों को हाशिये पर धकेल दिया है। ओलंपिक में भारत का प्रदर्शन जनसंख्या के अनुपात में शर्मनाक है मगर हाल के वर्षों में तीरंदाजी, निशानेबाजी, शतरंज, बैडमिंटन जैसे खेलों में हमारा प्रदर्शन सुधरा है। खेल में राजनीति एवं देश में खेल संस्कृति का अभाव भी इसका एक कारण है।

भारत जिस एक चीज में पिछड़ा है, वह है हमारा औद्योगिक विकास। आज स्टील से लेकर मोटरकार, बाइक, दवाएँ, जैसे कई उत्पादों में हम विश्व में अग्रणी हैं। हीरो तथा टीवीएस बाइक उत्पादन में विश्व में अग्रणी हैं। भारत दुनियाभर को सस्ती दवाएँ देकर वर्ल्ड फार्मेसी कहलाता है। आईटी एवं पर्यटन में भी भारत की विश्वभर में अलग पहचान है। जरूरत है, भारत के विकास की इस इमारत को और सुदृढ़ करने की।

गाँधीजी के शब्दों में थोड़ा फेर-बदल कर कहें तो हम यह नहीं चाहते कि हमारी स्थानीय पहचान संकीर्ण हो और उस घर की तरह हो जिसके दरवाजे और खिड़कियाँ बंद हों और उसमें बाहर की हवा ही न आ सके। मगर ऐसा भी न हो कि जब वैश्विक पहचान की आँधी चले तो हमारा घर तूफान से उड़ जाए। वैश्विक पहचान की फूलों के बगिया में हमारी स्थानीय पहचान के फूल को अपनी विशिष्ट पहचान, फूल और खुशबू बचाए रखनी है। इसी में भारत और विश्व दोनों का भला है।

❑❑❑

अध्याय

3

निबंध के कुछ उदाहरण

सिविल सेवा परीक्षा की तैयारी में लगे छात्रों के लिए उदाहरणस्वरूप मैं कुछ निबंध आपके सामने रख रहा हूँ-

1. आपदा प्रबंधन-नए आयाम

आपदा प्रबंधन एक प्रशासक एवं एक नागरिक के रूप में भी हम में से हर एक के लिए एक प्रमुख क्षेत्र है। केरल में आई प्रलय जैसी बाढ़ एवं भू-स्खलन ने भी हमें मानो चेतावनी दी कि विकास को प्रकृति को साथ लेकर ही चलना होगा। हमें इस बात को समझना होगा कि सतत विकास प्रकृति के साथ लड़कर नहीं बल्कि उसको साथ लेकर ही संभव हो सकता है। कथासरित्सागर से संस्कृत की यह सूक्ति भी आपदा चाहे वह व्यक्तिगत हो या सामूहिक हेतु काफी प्रासंगिक है -

आपदि स्फुरति प्रज्ञा यस्य धीरः स एव हि।

अर्थात्, आपदा के समय भी जिसकी बुद्धि जागती है, स्फुरित होती है, वही धैर्यवान है।

केरल की आपदा ने एक नया आयाम भी जोड़ा आपदा प्रबंधन में। राज्य सरकार के साथ जनता, स्वयंसेवी संगठन, विद्यार्थी, अन्य राज्य, विदेशों में बसे भारतीय समुदाय, सब ने मिलकर जन भागीदारी के साथ बचाव, राहत और पुनर्वास का एक नया मॉडल सामने रखा।

भारत में वर्ष 2005 में आपदा प्रबंधन अधिनियम के द्वारा आपदा प्रबंधन को संस्थागत ढाँचा दिया गया। इस अधिनियम के अंतर्गत केंद्र, राज्य एवं जिला स्तर पर आपदा प्रबंधन प्राधिकरण को नया रूप दिया गया, जिसकी अध्यक्षता क्रमश: प्रधानमंत्री, मुख्यमंत्री एवं

जिला कलेक्टर को सौंपी गई। इसी सिलसिले को आगे बढ़ाते हुए वर्ष 1 जून, 2016 को भारत सरकार ने राष्ट्रीय आपदा प्रबंधन योजना को मंजूरी दी जो कि सतत विकास लक्ष्यों एवं आपदा प्रबंधन में सेंडाई फ्रेंमवर्क (सामाजिक व्यवस्था) को ध्यान में रखकर बनाई गई है।

आपदा प्रबंधन में सबसे महत्त्वपूर्ण चरण है तैयारी का। आपदाओं को पूरी तरह से रोकना असंभव है। लेकिन अगर आप तैयार हैं तो जान-माल की क्षति कम-से-कम होगी। इस सिलसिले में जिले, राज्य और देश में आपदा प्रबंधन प्लान बनाना एक प्रमुख प्रक्रिया है जहाँ आप हर तरह की आपदा की संभावना को मापते हैं और उससे निपटने की रणनीति बनाते हैं। इसके प्रमुख घटक हैं-

- जिले के स्तर पर सभी प्रमुख विभागों में आपदा की स्थिति में काम में आने वाले सभी उपकरणों एवं सामग्री को हर समय तैयार हालत में रखना।
- आपदा शेल्टर होम की पहचान एवं उसे हमेशा तैयार रखना।
- राजस्व विभाग, पुलिस विभाग, फायर एवं रेस्क्यू, स्वास्थ्य विभाग जैसे बचाव एवं राहत कार्य में प्रमुख भूमिका निभाने वाले विभागों की नियमित ट्रेनिंग एवं अभ्यास करवाना।
- जिले में अतीत में हुई आपदाओं को ध्यान में रखते हुए आपदा संभाव्यता मैपिंग करना और संवेदनशील क्षेत्रों में आवश्यक एहतियात बरतना, इस कार्य में जिले, राज्य या राज्य से बाहर की वैज्ञानिक संस्थाओं की मदद लेना।
- जिले में NGO एवं अन्य नागरिक संगठनों की क्षमता का आकलन और उन्हें भी इस कार्य में भागीदार बनाना।
- आस-पास के जिलों के साथ सहयोग एवं साझीदारी।
- सुदृढ़ संचार व्यवस्था एवं आपदा की स्थिति में वैकल्पिक संचार व्यवस्था का प्रबंध।

इन सब बातों का ध्यान रखकर बनाए गए जिला आपदा प्रबंधन प्लान को जिला आपदा प्रबंधन प्राधिकरण में विस्तृत चर्चा कर अंगीकृत किया जाता है। इस प्लान को हर छह महीने/साल में अपडेट किया जाना इसके प्रभावी बने रहने के लिए अत्यावश्यक है।

आपदा के समय प्रबंधन के तीन मुख्य चरण होते हैं- बचाव, राहत एवं पुनर्वास। पहला चरण बचाव का है जिसमें आपदा से प्रभावित लोगों और जानवरों को सुरक्षित स्थान पर पहुँचाने का काम किया जाता है। इसके बाद का चरण राहत का है जहाँ आपदा प्रभावित क्षेत्रों एवं आपदा शेल्टर होम में लोगों को जरूरत की चीजें मुहैया करने का काम किया जाता है। इस चरण में लोगों के लिए खाना-पानी, कपड़े, दवाएँ और अन्य जरूरत की चीजें जुटाकर उन तक पहुँचाई जाती हैं। सबसे अंत का चरण है पुनर्वास, जिसमें आपदा से प्रभावित लोगों को फिर से पहले जैसी अवस्था में लाने की कोशिश की जाती है। यह चरण एक लंबी प्रक्रिया है।

केरल की आपदा का उदाहरण लें तो यहाँ बचाव के कार्य में जिला प्रशासन के साथ कंधे-से-कंधा मिलाकर NDRF, आर्मी, नेवी, एयर फोर्स, पैरा मिलिट्री फोर्स, NGO एवं आम लोगों ने बचाव कार्यों में हिस्सा लिया। केरल में मछुआरों ने जलमग्न क्षेत्रों में फँसे लोगों की जान बचाने में सराहनीय कार्य किया। स्वास्थ्य एवं आयुष विभाग ने इस बात को सुनिश्चित किया कि आपदा के बाद बीमारियों से कम-से-कम लोग प्रभावित हों और हर राहत कैंप में लोगों को चिकित्सा सुविधा उपलब्ध हो। केरल के समाज ने इस विपदा का बड़ी ही हिम्मत और धैर्य के साथ सामना किया। यह इस समाज की अंतर्निहित मजबूती को दर्शाता है।

शुरुआती बचाव कार्य के बाद के राहत कार्य के चरण में केंद्र एवं अन्य राज्य सरकारों ने एवं नागरिकों, संगठनों ने अपनी तरफ से राहत कार्य में आवश्यक सामग्री पहुँचाने में हरसंभव मदद की। कपड़े, दवाएँ, खाने-पीने की वस्तुएँ, अन्य जरूरत की सामग्री हर तरफ से पहुँची। मीडिया, सोशल मीडिया एवं तकनीक ने जरूरत की चीजें सही जगह पहुँचाने में बड़ी मदद की।

इसके बाद का चरण पुनर्वास, खासकर बड़ी आपदा के बाद एक लंबा समय लेता है। केरल की आपदा में भी आधारभूत संरचना घर, कृषि, रोजगार, पर्यटन-इन सबको पूर्वावस्था में आने में एक लंबा समय लगेगा। मगर इनके लिए सही दिशा में शुरुआत की जा चुकी है। इस तरह की आपदा यह भी सिखाती है कि आपदा की संभावना वाले क्षेत्रों में कोई भी काम या आधारभूत संरचना आपदा को ध्यान में रखकर ही बनाई जानी चाहिए।

भारत में आपदा प्रबंधन के क्षेत्र में बीते वर्षों में काफी प्रगति हुई है। मगर, आपदाओं का पूर्वानुमान लगाने की क्षमता विकसित करने, जान-माल का नुकसान कम-से-कम करने और समाज और प्रशासन की आपदा को रोकने एवं उससे निपटने की क्षमता विकसित करने के क्षेत्र में अभी काफी कुछ किया जाना बाकी है। आपदा प्रबंधन के बारे में सूत्र वाक्य के तौर पर कह सकते है कि- तैयारी ही बचाव है।

"चिन्तनीया हि विपदां आदावेव प्रतिक्रिया।"

अर्थात् जो विपत्ति आ सकती है, उसका उपाय पहले से ही सोचकर रखना चाहिए।

कुछ उपयोगी लिंक्स -

https://ndma.gov.in/images/guidelines/NPDM-HINDI.pdf

https://ndma.gov.in/hi/

DDMA आर्डर वायनाड

2. भ्रष्टाचार को भारत से भगाने के लिए फिर से एक स्वाधीनता संग्राम की जरूरत है*

भारत को अंग्रेजों ने जितना न लूटा, उससे ज्यादा इसी देश के भ्रष्टाचारियों ने लूटा। यही वो महान देश है जहाँ ट्रकों के पीछे कई बार हमें देखने को मिलता है-

"सौ में नब्बे बेईमान,
फिर भी मेरा देश महान।"

और, उसी ट्रक को कहीं-न-कहीं, कोई-न-कोई सरकारी मुलाजिम रोककर वसूली करता है। आखिर देश के नब्बे प्रतिशत लोगों का ही तो लोकतंत्र में ज्यादा हिस्सा है ना?

यही वो महान देश है जहाँ भ्रष्टाचार के खिलाफ उठने वाली हर उस आवाज को, जिसने धमकियों या तबादले से चुप होना स्वीकार नहीं किया, गोलियों की भाषा से चुप करा दिया जाता है। आखिर, ईमानदार लोग लातों के भूत होते हैं, बातों से तो वो मानने से रहे।

नहीं-नहीं, ऐसा मत सोचिए कि मैं अतिशयोक्ति कर रहा हूँ या देश की हालात को ज्यादा बढ़ा-चढ़ा कर पेश कर रहा हूँ। यही सच है इस वक्त का। यह वक्त ईमानदारों का नहीं है। हमारे समाज ने समझदारी सीख ली है, उसने पैसे की कद्र जान ली है। वो संस्कृत में एक कहावत है न-

"यस्यास्ति वित्तं स नरः कुलीनः
स पण्डितः स श्रुतवानगुणज्ञः
स एव वक्ता स च दर्शनीयः
सर्वे गुणाः काञ्चन्माश्रयन्ति।

(जिसके पास पैसा है, वह कुलीन है, वह रूपवान है, सर्वज्ञ है। इससे सिद्ध होता है कि वाकई, सारे गुण स्वर्ण अर्थात् धन के आश्रित हैं।)

यही वह देश है जिसमे सत्येंद्र दुबे जैसे होनहार ईमानदार नौजवान को राष्ट्रीय राजमार्ग परियोजना में भ्रष्टाचार को उजागर करने पर गोलियों की सौगात मिली। आईआईटी से अच्छी डिग्री लेकर निकले इस उत्साही नौजवान ने देश की सड़कों को बदलने का सपना देखा था, अपने लिए नहीं, अपने देश-समाज के लिए। मगर कमीशनखोरों की सारी जमात ने मिलकर उस ईमान की बुलंद आवाज को सदा के लिए खामोश कर दिया। बोधगया,

* (निबंध में व्यक्त विचार लेखक की निजी सोच को प्रदर्शित करते हैं। निबंध यूपीएससी के अभ्यर्थियों और अन्य छात्रों के निबंध प्रश्न-पत्र में मार्गदर्शन हेतु लिखा गया है एवं सामान्य अध्ययन के चौथे प्रश्न-पत्र के लिए प्रासंगिक है।)

जहाँ पर भगवान बुद्ध को ज्ञान की प्राप्ति हुई थी, वही पर सत्येंद्र दुबे के बहाने ईमानदारों की सारी जमात को यह ज्ञान मिला कि इस कलयुग में ईमान का पुरस्कार गोली है। कबीर की उक्ति याद आती है-

"हम घर जाड़ा आपना, लिया लुकाठी हाथ।
जो घर जाड़े आपना, चले हमारे साथ।।

वाकई, आज के युग में ईमान एक दोधारी तलवार के समान है जिस पर चलने की हिम्मत बिरले ही कर पा रहे हैं। इस युग में ईमानदार होना आश्चर्य की बात हो गई है।

भ्रष्टाचार का वटवृक्ष

वर्तमान भारत में देखें तो भ्रष्टाचार की शुरुआत चोटी से होती है। राजनीतिक भ्रष्टाचार सारे भ्रष्टाचार की जड़ है। यहीं से उगा भ्रष्टाचार का बरगद अपनी शाखाएँ फैलाता हुआ सब कुछ अपनी चपेट में ले रहा है। अभी की व्यवस्था में चुनाव के प्रबंधन में जो खामियाँ हैं, उनका खमियाजा सारी जनता को भुगतना पड़ता है। चुनाव के लिए ढेर सारे पैसों की जरूरत होती है जिसे जुटाने की कोई पारदर्शी व्यवस्था नहीं है। फलस्वरूप, राजनीतिक दल पैसे वाले बाहुबलियों को ज्यादा प्राथमिकता देते हैं। साथ ही, कॉर्पोरेट क्षेत्र से भी उन्हें अच्छी-खासी राशि चुनाव के लिए वसूलनी होती है। फलतः चुनाव के बाद उन्हें जिन-जिन से भरपूर चंदा मिलता है, उनके हितों को जनता के हित से ऊपर प्राथमिकता देनी होती है। वर्तमान भारत में देखें तो सरकार बचाने के लिए विधायकों की खरीद-फरोख्त से लेकर संसद में प्रश्न पूछने के लिए पैसे लेने जैसे उदाहरणों ने देश के प्रशासनिक तंत्र में जनता के विश्वास को हिलाकर रख दिया है।

भ्रष्टाचार की शुरुआत चुनावों से होती है, बाहुबल और पैसों के प्राधान्य के कारण ईमानदार और कर्त्तव्यनिष्ठ लोग राजनीति से कतराने लगे हैं और इस कारण संसद से लेकर विधान सभा और विधान परिषदों तक धन और बल शक्ति वालों का बोलबाला है। ऐसी सरकारों से ईमानदारी की उम्मीद करना आकाशकुसुम माँगने जैसा है। जो लोग ढेर सारा पैसा खर्च करके चुनावों में जीतेंगे, उन्हें अपने निवेश पर समुचित मुनाफे की उम्मीद तो रहेगी ही। ऐसे में पिसती है बेचारी जनता और निरीह ईमानदार सरकारी कर्मचारी। सरकारों के हाथ में ट्रांसफर एक शक्तिशाली हथियार की तरह है जिसका उपयोग न झुकने वाले ईमानदार लोगों को सही राह पर लाने के लिए किया जाता है। इसके अलावा शंटिंग पोस्टिंग भी एक कारगर हथियार है-जो कर्मचारी ज्यादा ईमानदार होने की गफलत में उछलकूद कर रहा हो, उसे ऐसी जगह पर पोस्ट करो जहाँ अपने ईमानदार होने पर उसे दस बार पुनर्विचार करना पड़े। वाकई, ईमानदार होना बड़ी बात नहीं, जिंदगी भर ईमानदार बने रहना बहुत बड़ी तपस्या है-एक ऐसी तपस्या जिसकी कद्र लोग भूल गए हैं।

नेताओं की बात तो कर ली, पर बाबू लोग भी पीछे कहाँ रहने वाले हैं। राजनीतिक भ्रष्टाचार से आम जनता का पाला प्रत्यक्षत: नहीं पड़ता पर प्रशासनिक भ्रष्टाचार से तो हमारा सामना गाहे-बगाहे होता ही रहता है।

हर चीज की कीमत बँधी है, बेईमानी इस युग का नियम है, ईमानदारी अपवाद है। तभी तो शायद इसे कलयुग की संज्ञा दी गई है।

सरकारी दफ्तरों में चपरासी से लेकर ऊपर तक सब कुछ एक बँधे-बँधाए तरीके से होता है। ईमानदार लोग भी हैं, पर वो बस अपने काम में ईमानदारी दिखा पाते हैं, और ज्यादातर बेकार की जगहों में पोस्ट करके रखे जाते हैं। ऑफिसर से मिलाने से लेकर फाइल को सबसे ऊपर रखने तक की फीस होती है। कोई ईमानदार ऑफिसर भी हो तो ज्यादातर यही होता है कि वो पैसे नहीं ले रहा है, पर उसके हर एक हस्ताक्षर पर लोग पैसे बना रहे होते हैं। इस समय का सबसे बड़ा दुर्भाग्य यही है कि लोग ईमानदारी को स्वयं तक ही सीमित करके संतुष्ट हो लेते हैं। ऐसे ईमानदार अधिकारी का क्या फायदा जिसका कार्यालय बेईमानों से भरा हो। मेरी नजर में ऐसी ईमानदारी छद्म ईमानदारी है, ढोंग है। ईमानदारी के लिए सबसे बड़ा खतरा ऐसे ईमानदार लोग हैं जो अपनी ईमानदारी पर हमेशा रोते मिलते हैं।

सरकारी व्यवस्था में देखें तो कुछ सबसे ज्यादा भ्रष्ट विभागों में पुलिस, यातायात, टैक्स, राजस्व आदि आते हैं। पैसे की दुनिया है और यहाँ पैसा बोलता है, पैसा सुनता है। लोगों को अपने छोटे-छोटे कामों के लिए भी इतनी उतावली रहती है कि लाइन से बचने के लिए अपनी जेब थोड़ी ढीली करना उन्हें नहीं अखरता। इस संस्कृति ने भ्रष्टाचार को और शह दी है। भ्रष्टाचार भी एक तरह का नशा है जो एक बार लग जाए तो फिर छूटने का नाम नहीं लेता। कई राज्यों में तो यह हाल है कि एफआईआर लिखने के लिए भी पुलिस दोनों पक्षों से पैसे लेती है। ऐसे में न्याय एक स्वप्न की तरह दीखता है।

सरकारी सेवाओं में भ्रष्टाचार का विश्लेषण करें तो दो तथ्य सामने आते हैं-कुछ जगहें ऐसी हैं जहाँ व्यवस्था जनता को भ्रष्ट तरीके अपनाने को मजबूर करती है, जबकि कुछ जगहें ऐसी हैं जहाँ जनता अपनी सुविधा के लिए भ्रष्ट तरीके अपनाती है। इसके अलावा कुछ जगहों में दोनों बातें होती हैं। जैसे, पहले तरीके का उदाहरण है- 2जी घोटाला-यहाँ पर अपारदर्शी व्यवस्था ने घूसखोरी को बढ़ावा दिया। दूसरे तरीके का सबसे अच्छा उदाहरण ऐसी सेवाएँ हैं जहाँ जनता को अपनी बारी का इंतजार करना पड़ता है। वहाँ लोग जल्दी सेवा पाने के लिए थोड़े पैसे देने में गुरेज नहीं करते तथा स्वयं आगे बढ़कर पेशकश करते हैं। तीसरे तरीके का एक उदाहरण पुलिस है। वहाँ एक तरफ व्यवस्था कभी घूस देने पर मजबूर करती है तो कभी लोग अपनी स्वार्थसिद्धि के लिए व्यवस्था को आगे बढ़कर घूस ले मनमाफिक काम कर देने का ऑफर देते हैं।

ऐसा नहीं है कि बेईमानी सिर्फ सरकार में ही है। बेईमानी तो हमारे समाज की रग-रग में समा चुकी है। कॉर्पोरेट और व्यापार जगत् के भ्रष्टाचार के किस्से तो जगजाहिर हैं। हाल में ही नीरा राडिया टेप कांड से कॉर्पोरेट जगत् में भ्रष्टाचार की कुरूप तस्वीर जनता के सामने आई है। वैसे भी प्रसिद्ध व्यापारिक घरानों के टैक्स चोरी और अपना काम निकलवाने के लिए सरकार और सरकारी दफ्तरों को घूसखोर बनाने के लिए तरह-तरह के हथकंडे अपनाने से जनता भली-भाँति परिचित है। छोटे स्तर पर देखें तो दुकानों में बिल न देकर सरकारी टैक्स चुराने वाले दुकानदार और थोड़ी छूट के लोभ में बिल न लेने वाली जनता भी भ्रष्ट ही हैं। भारत में हम बड़े फख्र से 'जुगाड़' का जिक्र करते हैं। यह जुगाड़ ही तो भ्रष्टाचार देव का सुदर्शन चक्र है। नौकरी लगवाने से लेकर ड्राइविंग लाइसेंस, पासपोर्ट, पुलिस वेरिफिकेशन हर चीज को जल्दी करवाने की भारत में रामबाण दवा है 'जुगाड़'।

भारतीय न्याय व्यवस्था को भी इस मकड़जाल को हटाने में सफलता कम ही मिली है। अब तो आलम यह है कि न्याय भी पैसे की देवी के आगे मोहताज है। भारत में न्याय व्यवस्था इतनी महँगी, समयसाध्य और दुरूह हो गई है कि भ्रष्ट लोगों को सजा मिलने के पहले ही वो धराधाम का सुख भोग स्वर्ग की ओर प्रस्थान कर चुके होते हैं। पिसते हैं गरीब लोग जिनका शिकार भ्रष्टाचार नाम का खूँखार शिकारी बड़े मजे से करता है। आजाद भारत के इतिहास में देखें तो किसी बड़े भ्रष्टाचार कांड में किसी बड़े शख्स को सजा मिलने की घटनाएँ अपवादस्वरूप ही मिलेंगी। हवाला से लेकर चारा घोटाला हो या बोफोर्स घोटाला और वर्तमान में आएँ तो कॉमनवेल्थ घोटाला हो या 2जी घोटाला या कोयला घोटाला, मुकदमे चलते रहते हैं, अभियुक्त सम्मानपूर्वक अपनी जिंदगी गुजारकर इस धरती से प्रस्थान कर जाते हैं पर हमारी जाँच पूरी नहीं होती या फिर सबूतों के अभाव में अभियुक्त बाइज्जत बरी कर दिया जाता है।

आशा के उजले दीप

ऐसे में लगता है कि क्या आशा एक विलुप्त चिड़िया का नाम है? मगर, घनघोर अँधेरे में भी आशा के टिमटिमाते दिए आश्वासन देते हुए दिख ही जाते हैं। सूचना का अधिकार ऐसा ही एक टिमटिमाता दिया है जिसने डूबती ईमानदारी को तिनके का सहारा दिया है। इस अधिकार के आने के साथ अब लोग फाइल बनाने में सावधान रहने लगे हैं, क्योंकि जनता के प्रति अब उनकी जिम्मेदारी बनती है। इस अधिकार के दायरे में अगर राजनीतिक दल, स्वयंसेवी संगठन और कॉर्पोरेट जगत् को भी ला दिया जाए, तो वाकई नजारा ही बदला हुआ दिखेगा। खैर, वर्तमान स्वरूप में भी सूचना के अधिकार ने काफी हद तक पारदर्शिता और जनोन्मुख प्रशासन को बढ़ावा देने में अहम् भूमिका निभाई है।

आशा की दूसरी किरण ई-प्रशासन है। जिन-जिन सेवाओं को ई-सेवा के दायरे में लाया गया है, वहाँ जनता को सही समय पर बिना कोई रिश्वत दिए सेवा मिल रही है। जैसे-जैसे ई-सेवाओं का दायरा बढ़ता जाएगा, वैसे-वैसे भ्रष्टाचार मुक्त सेवाएँ पाना सुलभ

होता जाएगा। उदाहरण के तौर पर रेलवे आरक्षण को ई-सेवा के दायरे में लाने के बाद आए बदलाव को देख सकते हैं। काफी हद तक इससे लोगों को दलालों और घूस देने की मजबूरी से बचने में मदद मिली है। इसी प्रकार पासपोर्ट बनवाने के लिए ऑनलाइन व्यवस्था ने जनता की परेशानी और भ्रष्टाचार को भी काफी हद तक नियंत्रित किया है।

आशा की एक और किरण लोकपाल बिल है। यदि वाकई में इस देश में सही तरीके से इस बिल को लागू किया जाए तो भ्रष्टाचारियों के मन में भय पैदा होगा और मध्यममार्गी लोगों को ईमानदार बने रहने का कारण मिलेगा। वैसे भी, लोगों की तीन श्रेणियाँ होती हैं, एक अल्पसंख्यक श्रेणी होती है जो चाहे जो भी हो जाए, ईमानदार बनी रहती है, दूसरी अल्पसंख्यक श्रेणी होती है जो चाहे जो भी हो जाए, बेईमानी से मुख नहीं मोड़ती। मगर, बहुसंख्यक श्रेणी ढुलमुल प्रवृत्ति के लोगों की होती है जो हवा का रुख देख अपना रुख बदलते हैं। ऐसी श्रेणी के लिए दंड सबसे कारगर उपाय है। इनके लिए, तुलसीदास का कथन सत्य है कि-"भय बिन होई न प्रीत"।

आशा की इन छिटपुट किरणों से राहत तो मिल सकती है मगर भ्रष्टाचार को भारत से जड़ से मिटाना हो तो बहुआयामी रणनीति की जरूरत पड़ेगी। इसके हर अंग पर एक साथ प्रहार करने पर ही भ्रष्टाचाररूपी रक्तबीज का अंत किया जा सकेगा और इसकी शुरुआत ऊपर से ही करनी होगी अर्थात् राजनीति से।

भ्रष्टाचार का चक्रव्यूह भेद कैसे हो

राजनीतिक भ्रष्टाचार- भारत में राजनीतिक भ्रष्टाचार अन्य भ्रष्टाचार को पोषित करने और प्रश्रय देने का सबसे बड़ा स्रोत है। अगर राजनीतिक आका ही भ्रष्ट हो तो फिर अधिकारियों से क्या उम्मीद की जा सकती है।

भ्रष्टाचार को मिटाने के लिए सबसे पहले चुनावों में खर्च की पारदर्शी व्यवस्था लागू करनी पड़ेगी। राजनीतिक पार्टियाँ चुनावी खर्च हेतु कॉर्पोरेट घरानों से चंदा लिया करती हैं जिसके एवज में उन्हें भी जीतने पर इन घरानों को टैक्स छूट या फिर कुछ अन्य रेवड़ियाँ बाँटनी पड़ती हैं। चुनावों में भारी खर्च की बाध्यता की वजह से ईमानदार और अच्छे लोग राजनीति से कतराते हैं और संसद से लेकर विधान सभाओं तक बाहुबलियों और आपराधिक पृष्ठभूमि वाले अमीर लोगों का कब्जा होता जा रहा है। राजनीतिक वंशवाद की भी एक बड़ी वजह यही है कि मंत्रियों, सांसदों और विधायकों के वंशधरों को न तो पैसे की कमी है, न पहुँच की और न ही उनको कड़ी टक्कर देने के लिए ईमानदार लोग मैदान में आ रहे हैं।

इसका निदान चुनाव सुधारों द्वारा चुनावी खर्च को न्यूनतम स्तर पर रखते हुए चुनावी खर्चों की सरकारी फंडिंग है। यह छोटा-सा कदम भ्रष्टाचार मिटाने के लिए मील का पत्थर सिद्ध हो सकता है। साथ ही पंचायतों के स्तर से भ्रष्टाचार मिटाने के लिए सांसद

एवं विधायकों की तरह पंचायत में चुने गए जनप्रतिनिधियों के लिए भी समुचित मानदेय की व्यवस्था होनी चाहिए।

साथ ही, भ्रष्टाचार की शिकायत मिलने पर उसका समयबद्ध निपटारा होना चाहिये। इससे राजनीतिक स्तर पर भ्रष्टाचार को रोकने में काफी मदद मिलेगी।

प्रशासनिक भ्रष्टाचार- यह भ्रष्टाचार का सबसे दृश्य रूप है जिससे हम सबका पाला हर दिन पड़ता है। प्रशासनिक भ्रष्टाचार से निपटने के लिए मुख्य सतर्कता आयुक्त की संस्था को और भी सशक्त किए जाने, राज्यों में समान संस्थाओं की स्थापना तथा उनका सुचारू रूप से कार्य करना अत्यावश्यक है। हाल में ही सुप्रीम कोर्ट ने सीबीआई को स्वायत्त बनाने के निर्देश दिए हैं। अगर सीबीआई मुख्य सतर्कता आयुक्त के नियंत्रण में बिना किसी सरकारी हस्तक्षेप के कार्य करे तो इस निर्देश का पालन किया जा सकता है। साथ ही एक सशक्त लोकपाल संस्था जिसे प्रधानमंत्री से लेकर हर सरकारी सेवक, सांसद, विधायक और हर उस संस्था की जाँच करने का अधिकार हो जो सरकार से मदद या अनुदान लेती हो तथा मुख्य सतर्कता आयुक्त एवं सीबीआई जिसके नियंत्रणाधीन कार्य करें, भ्रष्टाचार की समस्या को हल करने में काफी कारगर हो सकती है। मगर लोकपाल की संस्था पर भी सम्यक् नियंत्रण एवं संतुलन की आवश्यकता होगी।

जन सेवाओं को ऑनलाइन उपलब्ध करना भी सरकारी भ्रष्टाचार को रोकने में काफी कारगर है। 'सेवा का अधिकार' के द्वारा कई राज्यों ने समयबद्ध सेवा पाने को जनता का मौलिक अधिकार बना दिया है। इससे भी प्रशासनिक भ्रष्टाचार पर नकेल डालने में काफी सहायता मिलेगी।

पुलिस एवं न्याय व्यवस्था- पुलिस विभाग में फैले भ्रष्टाचार को नियंत्रण में लाने के लिए पुलिस सुधारों को सही ढंग से कार्यान्वित करना समय की माँग है। सबसे बड़ा सुधार FIR फाइल करने में पुलिस स्टेशन की मनमानी पर नियंत्रण लगाने का है। अभी देश के कई पिछड़े हिस्सों में पुलिस द्वारा FIR फाइल नहीं करने या फिर फाइल करने के लिए पैसे माँगने की ढेर सारी शिकायतें सामने आती हैं। अगर जनता को ऑनलाइन, मेल द्वारा, SMS द्वारा FIR फाइल करने का विकल्प दिया जाए तो इस पर काबू पाया जा सकता है। इसके दुरुपयोग को रोकने के लिए झूठी FIR फाइल करने पर दंड का प्रावधान किया जा सकता है। इसके अलावा, हर केस के निपटारे के लिए चरणबद्ध समय सीमा बाँधना भी अनिवार्य है। जाँच को स्वतंत्र बनाना भी इस दिशा में अच्छा कदम सिद्ध होगा।

न्याय व्यवस्था में सबसे बड़ा सुधार ब्रिटिश काल में बने कानूनों को वर्तमान युग की वास्तविकताओं के अनुरूप अद्यतन/संशोधित करना है। दीवानी और आपराधिक दंड संहिता की कई धाराओं में दंड की राशि देखकर हँसी आ जाती है। दंड को अपराध

के अनुरूप और अपराधी के मन में भय पैदा करने वाला होना चाहिए। दुरूह और जटिल कानून न्याय पाने की राह में सबसे बड़ी बाधा हैं। साथ ही, हर केस के निपटारे के लिए समय सीमा तय होनी चाहिए। न्याय प्रणाली को पूर्णत: पारदर्शी और प्रभावी बनाए जाने की जरूरत है। समुचित कोर्ट, पर्याप्त न्यायिक एवं गैर-न्यायिक कर्मचारी एवं लंबित मुकदमों का त्वरित निपटारा ही न्यायपालिका में जनता के विश्वास को बरकरार रख सकता है।

भ्रष्टाचार के मुकदमों के लिए विशेष कोर्ट की व्यवस्था एवं भ्रष्टाचार निवारक अधिनियम 1988 को सम्यक् रूप से कार्यान्वित किए जाने की जरूरत है। भ्रष्टाचारियों के मन में सजा का खौफ होना चाहिए। बिहार सरकार ने इस दिशा में भ्रष्टाचारियों की संपत्ति जब्त कर अनुकरणीय पहल की है।

सामाजिक सुधार- समाज और जनता को भी अपनी मानसिकता बदलने की जरूरत है। समाज अगर ईमानदारी की कद्र नहीं करेगा और पैसे को पूजेगा चाहे वह जैसे भी आया हो, तो ऐसे समाज में ईमानदार होना बेमानी हो जाएगा।

समाज को अपनी मानसिकता को ईमानदार बनाना होगा। पैसे की कद्र छोड़ उसे व्यक्ति के गुणों की कद्र फिर से सीखनी होगी। जुगाड़ से हमेशा आगे रहने वाले लोगों को उसे तिरस्कृत करना होगा। समाज द्वारा ईमानदारी को एक आदर्श और वांछनीय मूल्य के तौर पर आदर देना होगा। नहीं तो सामाजिक दवाबों में आकर ईमानदार लोग टूटते-बिखरते रहेंगे और बेईमान लोग ईमान की कीमत सरेआम लगाते रहेंगे।

वाकई, भारत से भ्रष्टाचार को मिटाने के लिए समाज, शासन, साहित्य, मीडिया अर्थात् राष्ट्र के हर अंग को अपने तरीके से लड़ाई लड़नी होगी। मीडिया और साहित्य को भी ईमानदारी के महत्त्व को जनता और समाज के सामने रखना होगा। मीडिया अगर स्वयं सरकारी विज्ञापन और पेड न्यूज के भ्रष्टाचारी मकड़जाल में फँसा रहेगा और साहित्यकार पुरस्कारों-पदों के लोभ में भ्रष्टाचारी सत्ता की चाटुकारिता करते रहेंगे तो समाज को जागरूक करने के महती कार्य के लिए कोई नहीं बचेगा। मीडिया और साहित्य को मशाल बनकर जनता को राह दिखानी होगी।

जनता को भी भ्रष्टाचार के खिलाफ आवाज बुलंद करनी होगी और भ्रष्टाचारियों का सामाजिक बहिष्कार करना होगा। हमें अपने बच्चों में ईमानदारी के संस्कार डालने होंगे। भ्रष्टाचार भारत की जीन में नहीं भारत के परिवेश में है और हमें इस परिवेश को स्वच्छ और ईमानदार बनाने के लिए हरसंभव कदम उठाने होंगे। हमें माहौल की उस असहायता को मिटाना होगा जिसमें ईमानदार लोग यह सोचने पर मजबूर कर दिए जाते हैं कि-"क्या ईमानदार होना गुनाह है?"

इस निबंध का अंत मैं सत्येंद्र दुबे को समर्पित अपनी लिखी एक पुरानी कविता से करना चाहूँगा। मेरा विश्वास है कि अब भी ईमानदारी सर्वोत्तम नीति है और अंत भले ही कितनी भी देर से आए पर अंत में सत्य की ही जीत होगी।

ईमान मर नहीं सकता
आज के इस भयानक दौर में,
जहाँ ईमान की हर जुबान पर
खामोशी का ताला जड़ा है।
चाभी एक दुनाली में भरी
सामने धरी है,

फिर भी मैं कायर न बनूँगा
अपनी आत्मा की निगाह में
फिर भी मैं, रत्ती भर न हिचकूँगा
चलने में ईमान की इस राह पे।

मैं अपनी जुबान खोलूँगा
मैं भेद सारे खोलूँगा-
(बेईमानों-भ्रष्टाचारियों की
काली करतूतों के)
मैं चीख-चीख कर दुनिया भर में बोलूँगा-
ईमानदारी सर्वोत्तम नीति है।

मैं जानता हूँ कि परिणाम क्या होगा-
मेरी जुबान पर पड़ा खामोशी का ताला
बदल जाएगा फाँसी के फंदे में
और फंदा कसता जाएगा-
भिंच जाएँगे जबड़े और मुट्ठियाँ
आँखें निष्फल क्रोध से उबलती
बाहर आ जाएँगी
प्राण फँसेंगे, लोग हँसेंगे
पर संकल्प और कसेंगे।

देह मर जाएगी मगर
आत्मा चीखेगी, अनवरत, अविराम-
"ईमान झुक नहीं सकता,
ईमान मर नहीं सकता,
चाहे हालत जो भी हो जाए,
ईमान मर नहीं सकता,
ईमान मर नहीं सकता।"

– 2004

(स्वर्णिम चतुर्भुज योजना में भ्रष्टाचार को उजागर करने पर जान से हाथ धोने वाले 'यथा नाम तथा गुण' सत्येंद्र दुबे तथा ईमान की हर उस आवाज को समर्पित जिसने झुकना गवारा ना किया बेईमानी के आगे।)

3. सतगुर की महिमा अनंत

भारतीय गुरु पाश्चात्य शिक्षक से बहुत आगे की संकल्पना है। कबीरदास के दोहों में सच्चे गुरु की महिमा बड़े ही रोचक ढंग से और लोक जीवन से उदाहरण देते हुए बताई गई है। सच्चा गुरु मनुष्य को देवता के समान बनाने के प्रयास में लगा रहता है और अनंत ज्ञान को शिष्य को देने का प्रयास करता है। गुरु के बिना ज्ञान नहीं मिल सकता। जब गोविंद कृपा करते हैं तो गुरु की प्राप्ति होती है। अयोग्य गुरु एवं अयोग्य शिष्य एक-दूसरे का उसी प्रकार नुकसान करते हैं जैसे अंधा मनुष्य दूसरे अंधे मनुष्य को रास्ता बतलाने के समय करता है। गुरु शिष्य के संशय का नाश करता है। गुरु के पारस स्पर्श से ही शिष्य लोहे से सोने में बदलता है।

भारतीय परंपरा में गुरु का जो आदर है, वह पाश्चात्य परंपरा के लिए आश्चर्य की वस्तु है। हमारे यहाँ गुरु का दर्जा भगवान के बराबर माना गया है। गुरु-गोविंद दोनों के सामने आने पर शिष्य का यह कर्त्तव्य है कि वह पहले गुरु की वंदना करे जिसने उसे गोविंद का ज्ञान दिया। कृष्ण, बुद्ध, महावीर और गुरु नानक, के व्यक्तित्व का अहम् हिस्सा गुरु के रूप में लोगों के पथप्रदर्शन का है। 'गुरु बिना ज्ञान न होई', यह कहावत लोक मन में यूँ ही नहीं बैठी है।

प्राचीन काल की गुरुकुल पद्धति में गुरु ही शिष्य के अभिभावक और उसके व्यक्तित्व के सर्वांगीण विकास हेतु उत्तरदायी होते थे। शिष्य शिक्षा के पूर्ण होने पर अपनी क्षमता के अनुसार गुरुदक्षिणा देकर गुरु के प्रति अपने कर्त्तव्य का पालन करते थे। द्रोणाचार्य और

एकलव्य की कथा तो हम सब ने सुनी ही है जहाँ गुरु पक्षपात के कारण एकलव्य से, जिसने गुरु को अपने मन में स्थान देकर धनुर्विद्या सीखी थी, उसका अँगूठा गुरुदक्षिणा के तौर पर माँग बैठते हैं और एकलव्य बेहिचक अपनी शस्त्र-विद्या के बलिदान स्वरूप अपना अँगूठा काटकर गुरु के चरणों में रख देता है।

वर्तमान समय में देखें तो गुरु-शिष्य की भारतीय अवधारणा में पाश्चात्य प्रभावों की काफी घुसपैठ हुई है। पहले जैसे गुरु कम हैं, और शिष्य तो और भी कम हैं। कई गुरु तो ऐसे हैं जिनके ज्ञान की गगरी अधजल है और छलकती जा रही है। उनमें ना तो बाल मनोविज्ञान की परख है, ना ही विद्यार्थियों के प्रति समानुभूति और प्रेम, जिसका नतीजा है कि शिक्षा बोझिल होती जा रही है और रचनात्मकता का ह्रास हो रहा है।

सरकारी विद्यालयों के साथ-साथ प्राइवेट शिक्षा संस्थाओं में भी शिक्षकों की गुणवत्ता, ज्ञान और छात्रों को नए जमाने की तकनीकों का इस्तेमाल करते हुए आकर्षक तरीके से पढ़ाने की क्षमता में गिरावट दीख पड़ती है। सरकारी व्यवस्था में आँगनबाड़ी से पूर्व-प्राथमिक शिक्षा तक का सफर काफी धीमा रहा है और अब जाकर वर्तमान शिक्षा नीति में उसकी रूपरेखा सामने आई है। प्राइवेट शिक्षा संस्थाओं में शिक्षा के व्यवसायीकरण ने भी शिक्षक और छात्रों के रिश्ते में दरार डाली है।

एक सशक्त और सकारात्मक शिक्षा व्यवस्था के लिए पूर्णरूपेण प्रशिक्षित एवं संकल्पित शिक्षक अनिवार्य है। शिक्षक की आत्मनिष्ठा शिष्य को सँवारने के हिसाब से महत्त्वपूर्ण है। नई शिक्षा नीति का भी मानना है कि शिक्षा में सकारात्मक बदलाव लाने की धुरी शिक्षक ही है। समाज में शिक्षक का सम्मान एवं स्थान सर्वोच्च आदर का होना चाहिए। इसे सुनिश्चित करने के लिए यह जरूरी है कि शिक्षण को करियर मात्र नहीं वरन् समाज सेवा के तौर पर देखा जाए। शिक्षकों की नियुक्ति, प्रशिक्षण, सतत गुणवत्तावर्धन एवं सेवा शर्तें इस प्रकार की होनी चाहिए ताकि बेहतरीन प्रतिभाओं को शिक्षण क्षेत्र में आकर्षित किया जा सके। नई शिक्षा नीति में 30 छात्रों पर एक शिक्षक(पिछड़े क्षेत्रों में 25 पर एक शिक्षक) का लक्ष्य रखा गया है जो स्वागतयोग्य है। शिक्षकों के लिए साल में 50 घंटे का सतत व्यवसायिक विकास का ऑनलाइन कार्यक्रम भी शिक्षकों के ज्ञान और क्षमता को अद्यतन रखने के उद्देश्य में काफी कारगर रहेगा।

शिक्षक दिवस जिनकी याद में मनाया जाता है, उन डॉ. सर्वपल्ली राधाकृष्णन का जीवन भी अपने आप में एक सीख है। एक सामान्य परिवार से आते हुए अपने ज्ञान के बूते उन्होंने भारत के राष्ट्रपति के पद को सुशोभित किया। मद्रास प्रेसीडेंसी कॉलेज, मैसूर विश्वविद्यालय, ऑक्सफोर्ड यूनिवर्सिटी में दर्शन शास्त्र का अध्यापन, बनारस विश्वविद्यालय के उपकुलपति के रूप में उत्कृष्ट प्रदर्शन और भारतीय दर्शन, सभ्यता-संस्कृति के ऊपर लिखी उनकी पुस्तकें ज्ञान को बाँटने की उनकी लगन को दर्शाती हैं।

शिक्षक दिवस के अवसर पर आज मैं अपने सभी शिक्षकों, विशेषकर अपने गुरु श्री नागेंद्र सिंह और उनके बाल मनोविज्ञान की गहरी समझ के साथ बच्चों को पढ़ाने की उनकी तकनीक आप लोगों के सम्मुख रखना चाहूँगा। खेल-खेल में बच्चों को अंकगणित, भाषा एवं विज्ञान सिखाने की उनकी कला सभी प्राथमिक शिक्षकों के लिए अनुकरणीय है। बच्चों को प्यार के साथ जिज्ञासु बनाते हुए पढ़ाने की शैली उनमें क्या खूब थी।

उदाहरण के लिए, गिनती सीखने के लिए माटी की गोलियाँ बनवाना, उनको आग में पक्का करना और फिर उनसे गिनती सीखना। क्या मजाल कि फिर बच्चा पढ़ने में आनाकानी करे। वैसे ही घन और घनाभ के बारे में पढ़ाते हुए लकड़ी के बक्सों का उदाहरण देते हुए पढ़ाना। ताकि वह स्मृति चित्र बच्चे की स्मृति में बस जाए। भाषा, पठन, श्रुतलेख का नित्य अभ्यास, कविता का सस्वर पाठ और याद करना, शब्दों से वाक्य निर्माण में कल्पना की ऊँची उड़ान को अवसर देना उनकी खूबी थी। भाषा को पढ़ना प्रेमचंद्र की कहानियों और जयशंकर प्रसाद के नाटक, दिनकर की कविताओं से हो तो फिर भाषा पर मजबूत पकड़ सुनिश्चित है। साथ में गीता के एक श्लोक को नित्य याद करना और अर्थ का मनन करना, महापुरुषों की जीवनियों को पढ़ना-लिखना-गुनना, गुरुवार को सुंदरकांड का पाठ, ऐसी कितनी उनकी तकनीकें थीं जिनकी खूबी बच्चों के लिए ऐसे अवसरों के अभाव में ही नजर आती है।

ऐसे ही अपने बलभद्र उच्च विद्यालय, बभनगामा के भूगोल के मौलवी साहब की भी याद आती है। कक्षा में आने के बाद अध्याय का नाम पूछने के बाद पुस्तक बंदकर रख देते थे। फिर जब वे भूगोल की जटिलता को सरस चित्रात्मकता के साथ पढ़ाते थे, तो समाँ बँध जाता था। उनके द्वारा पढ़ाया गया बफर स्टेट का पाठ जब-जब भारत-चीन के संबंधों और सीमा विवाद की चर्चा होती है, आँखों के आगे मूर्तिमान हो जाता है। दो बड़े देशों की सीमा यथासंभव आपस में नहीं मिलनी चाहिए और उनके बीच छोटे-छोटे बफर स्टेट होने चाहिए और उसके बाद उनके द्वारा दिया गया भारत और चीन के बीच के बफर स्टेट्स का विवरण आज तक यादों में चित्र की तरह विद्यमान है। रीगा मध्य विद्यालय के अपने शिक्षकों भुवनेश्वर सर, चंद्रिका सर, जीतेंद्र सर, रामरेखा सर और अन्य सभी गुरुजनों का, बलभद्र उच्च विद्यालय, बभनगामा के अपने गुरुजनों का, एम. पी. उच्च विद्यालय, डुमरा विशेषकर इंदु मैम, प्रभावती मैम, मिलिंद सर, पाठक सर, मंडल सर, पीटी अध्यापक और अन्य गुरुजन, भोलानंद विद्यालय, बैरकपुर से झरना मैम, देवाशीष सर, मुखर्जी सर और अन्य गुरुजन इन सभी आदर्श शिक्षकों के प्रति शिक्षक दिवस के अवसर पर मैं कृतज्ञता ज्ञापित करता हूँ एवं सभी शिक्षकों का समाज के प्रति उनके महती योगदान हेतु अभिनंदन करता हूँ।

बराकर के सरकारी विद्यालय में शिक्षक रहे अपने नानाजी स्वर्गीय श्री उमेश चंद्र ठाकुर को भी इस अवसर पर मैं श्रद्धापूर्वक याद करता हूँ। पुस्तक प्रेम उनका ऐसा था कि घर

पर लगभग 10 अलमारियों में साहित्य, धर्म, अध्यात्म की पुस्तकें भरी रहती थीं। निराला की 'अनामिका', राजेंद्र प्रसाद की आत्मकथा का पहला सजिल्द संस्करण, स्वामी प्रभुपाद की 'भगवद् गीता एज इज' के पहले अमेरिकी संस्करण की पुस्तक, कल्याण के सैकड़ों अंक, वेद-पुराण-उपनिषद् की अनगिन पुस्तकें-ऐसा प्रचुर पुस्तक प्रेम जो एक शिक्षक में होना ही चाहिए, उनसे विरासत में मिला है। गीता या धर्म की जब वो व्याख्या करते थे तो क्या ज्ञानी और क्या आमजन, मंत्रमुग्ध से उनकी वाणी को घंटों सुनते न अघाते थे।

कोरोना संकट के बाद के दौर में छात्रों को ऑनलाइन माध्यम से पढ़ाना एक नई चुनौती के रूप में हमारे शिक्षकों के सामने आया। हालाँकि जिन विद्यालयों में स्मार्ट क्लास की व्यवस्था थी, वो ज्यादा अच्छे से तकनीक का प्रयोग कर पाए। लेकिन इस समस्या से शिक्षकों द्वारा अपने तकनीकी ज्ञान को अद्यतन करने की आवश्यकता भी सामने आई है। कोरोना काल में ऑनलाइन क्लास को रोचक बनाना और अच्छे कंटेंट दे पाना एक बड़ी चुनौती और अवसर के रूप में हमारे शिक्षक समुदाय के सामने आया है। यह सीख उन्हें शिक्षा को और अधिक विद्यार्थी केंद्रित, तकनीकी युक्त और इंटरनेट पर उपलब्ध संसाधनों का उपयोग करते हुए रोचक बनाने में मदद करेगी। साथ ही जब शिक्षक स्वयं नया ज्ञान सीख रहे हों, तो वाकई वे छात्रों से समानुभूति भी रख पाएँगे और उन्हें प्रेरित भी कर पाएँगे। शिक्षक का कार्य छात्रों को जिज्ञासु, नैतिक मूल्य युक्त और मानवीय गुणों से ओतप्रोत बनाने का है। यदि वे इतना कर पाए तो बाकी की राह शिष्य कृतज्ञतापूर्वक स्वयं तय कर लेंगे और जीवन में हमेशा अपने शिक्षक को आदर और प्रेम के साथ याद रखेंगे। कोरोना काल के पूर्व छात्रों द्वारा अपने शिक्षकों की यथासंभव मदद करने की खबरें भी गुरु-शिष्य संबंधों के प्रेम भाव की एक अलग ही बानगी सामने लाती हैं।

साक्षात्कार खंड

सिविल सेवा साक्षात्कार–संपूर्ण व्यक्तित्व का परीक्षण

अध्याय

1

UPSC साक्षात्कार की तैयारी

सिविल सेवा मुख्य परीक्षा के तुरंत बाद इस परीक्षा के अगले चरण में जुट जाना चाहिए। जिन प्रतिभागियों की परीक्षा अच्छी गई है, वे तो पूरे दमखम से साक्षात्कार की तैयारी में लग जाते हैं, मगर जिनकी परीक्षा उतनी अच्छी नहीं गई है, उनसे मैं यही कहना चाहूँगा कि फिर से एक ईमानदार कोशिश करें–स्वविश्लेषण कर अपनी तैयारी की कमजोरियों को दूर करें और याद रखें कि–कोशिश करने वालों की हार नहीं होती। अभी से अगले साल की प्रारंभिक परीक्षा के साथ–साथ साक्षात्कार की तैयारियों में जुट जाएँ।

सिविल सेवा की मुख्य परीक्षा के बाद साक्षात्कार सबसे अहम् चरण है। परिणामों के बाद थोड़े अंतराल में ही साक्षात्कार शुरू होते हैं और इसी थोड़े से समय में आपको अपने व्यक्तित्व को धार देनी है। आपको साक्षात्कार बोर्ड के सामने अपने आपको संपूर्णता में रखना है–अपनी मानवीय खूबियों–खामियों के साथ मेरी सलाह यही है कि चिंता में अपना सर खुजाने की जगह ऊपर वाले का शुक्रिया अदा करते हुए आगे की तैयारियों में जुट जाएँ।

साक्षात्कार की तैयारी के समय सिविल सेवा परीक्षा की नोटिफिकेशन से साक्षात्कार के संबंध में दिए निर्देश को अपने दिशासूचक की तरह प्रयोग करें। ये निर्देश इस प्रकार हैं–

अ)उम्मीदवार का साक्षात्कार एक बोर्ड द्वारा होगा जिसके सामने उम्मीदवार का बायोडाटा होगा। उससे सामान्य रुचि पर आधारित प्रश्न पूछे जाएँगे। साक्षात्कार का उद्देश्य यह जानना है कि उम्मीदवार का व्यक्तित्व लोक सेवा की दृष्टि से उपयुक्त है या नहीं। यह परीक्षा उम्मीदवार की मानसिक क्षमता को जाँचने के अभिप्राय से ली जाती है। मोटे तौर पर इस परीक्षा का प्रयोजन उसके बौद्धिक गुणों, सामाजिक लक्षणों और सामाजिक

घटनाओं में उसकी रुचि का मूल्यांकन करना है। इसमें उम्मीदवार की मानसिक सतर्कता, आलोचनात्मक ग्रहण शक्ति, स्पष्ट और तर्कसंगत प्रतिपादन की शक्ति, संतुलित निर्णय की शक्ति, रुचि की विविधता और गहराई, नेतृत्व और सामाजिक संगठन की योग्यता, बौद्धिक और नैतिक ईमानदारी की भी जाँच की जा सकती है।

आ) साक्षात्कार की प्रणाली में क्रॉस-एग्जामिनेशन की नहीं वरन् स्वाभाविक वार्तालाप की प्रक्रिया द्वारा उम्मीदवार के मानसिक गुणों का पता लगाने का प्रयत्न किया जाता है। परंतु, वह वार्तालाप एक विशेष दिशा में एवं एक विशेष प्रयोजन से होता है।

इ) साक्षात्कार उम्मीदवार के सामान्य या विशेष ज्ञान की परीक्षा के लिए नहीं होता क्योंकि उनकी जाँच लिखित प्रश्न-पत्रों में पहले ही हो जाती है। उम्मीदवारों से आशा की जाती है कि वे न केवल अपने शैक्षणिक विषयों में पारंगत हों बल्कि उन घटनाओं पर भी ध्यान दें जो उनके चारों ओर यानी राज्य या देश के भीतर और बाहर घट रही हैं, तथा आधुनिक विचारधारा और नई-नई खोजों में भी रुचि लें जो कि किसी सुशिक्षित युवा में जिज्ञासा पैदा कर सकती हैं।

साक्षात्कार केवल ज्ञान (सामान्य या किसी विषय में) का परीक्षण नहीं है बल्कि एक ऐसे सक्षम, समर्पित और ईमानदार अधिकारी के रूप में जिसे लोक सेवा के कार्य और उत्तरदायित्व सौंपे जा सकें, की संभावनाओं का पता लगाने का प्रयास है। उम्मीदवारों को उनके समग्र रिकॉर्ड जिसमें शैक्षिक योग्यताएँ, ज्ञान, अनुभव, हॉबीज, गतिविधियाँ शामिल हैं, के माध्यम से बोर्ड द्वारा एकमत होकर साक्षात्कार में प्रदर्शन के आधार पर आँका जाता है। मैं इस अध्याय की शुरुआत साक्षात्कार की औपचारिकताओं से करना चाहूँगा। ये चीजें महत्त्वपूर्ण हैं पर बहुत ज्यादा नहीं। साक्षात्कार बोर्ड के लोग आप सिविल सेवा के लिए कितने उपयुक्त हैं, इसे जाँचने-परखने के लिए ही बैठे हैं। इसलिए आपके अंदर क्या है, यह उनके लिए ज्यादा मायने रखता है। हालाँकि, बाहरी व्यक्तित्व भी गरिमामय हो, इस बात का ध्यान रखना भी जरूरी है।

प्रमुख औपचारिकताएँ

1. सर्टिफिकेट/प्रमाण पत्र

साक्षात्कार के लिए अपनी शैक्षणिक योग्यताओं के सारे सर्टिफिकेट करीने से रखें। जाति प्रमाण पत्र (अगर आप अनुसूचित जाति/जनजाति या अन्य पिछड़ा वर्ग से हैं), अपने नियोक्ता से अनापत्ति प्रमाण पत्र (अगर आप वर्तमान में नौकरी कर रहे हैं) और साक्षात्कार फॉर्म में दिए अन्य निर्दिष्ट प्रमाण पत्र साथ में रखना न भूलें। आपके साक्षात्कार से पहले आपके सर्टिफिकेट वेरीफाई किए जाएँगे।

2. वेशभूषा

आपका पहनावा औपचारिक एवं गरिमापूर्ण होना चाहिए। हाँ, इस बात का ध्यान रखें कि आप मॉडलिंग के लिए नहीं जा रहे हैं। मैंने अपने साक्षात्कार के लिए डार्क ब्लू कलर की पैंट और व्हाइट महीन सोबर डिजाइन वाली शर्ट पहनी थी। टाई का प्रयोग आपकी इच्छा पर है, अगर आप टाई पहनकर आरामदेह महसूस करते हैं तो टाई लगा सकते है। बेल्ट और शू फॉर्मल होने चाहिए। सबसे महत्त्वपूर्ण बात है कि आप अपने साक्षात्कार के दिन की ड्रेस के साथ सहज और विश्वस्त होने चाहिए। साक्षात्कार के पहले ड्रेस को दो-तीन बार पहनें और एक वैकल्पिक जोड़ा भी साथ में रखें।

3. अभिवादन

हिंदी माध्यम से जो छात्र साक्षात्कार देने जाते हैं, उनको इस बात की सबसे ज्यादा उलझन रहती है कि अभिवादन में हिंदी का व्यवहार करें या प्रचलित अंग्रेजी जुमलों का। मेरी अपनी राय है कि जब आप पूरा साक्षात्कार हिंदी में देने जा रहे हैं तो उसकी शुरुआत अंग्रेजी के साथ करना इस बात को दर्शाता है कि आप अपनी भाषा को कमतर मानते हैं। कमरे में प्रवेश के समय अनुमति भी हिंदी में ही माँगें- "क्या मैं अंदर आ सकता हूँ श्रीमान ?"(वैसे बहुत बार इसकी आवश्यकता नहीं पड़ती है, साक्षात्कार बोर्ड गेट खुलते ही आपका नाम पुकारते हुए आपको अंदर आकर बैठने को कह सकता है।) अंदर जाकर आप अपने लिए निर्दिष्ट कुर्सी के पास खड़े हों और चेहरे पर मुस्कुराहट के साथ भारतीय परंपरा में साक्षात्कार बोर्ड के अध्यक्ष/अध्यक्षा एवं अन्य सदस्यों की तरफ देखते हुए हाथ जोड़कर नमस्कार करें। सामान्यत: अध्यक्ष बीच में और चार अन्य सदस्य (दो उनकी दाईं तरफ और दो बाईं तरफ) होते हैं। आप अभिवादन करते हुए एक बार अध्यक्ष को, एक बार दाईं ओर के दो सदस्यों को और एक बार बाईं ओर के दो सदस्यों को देखते हुए नमस्कार करें। सारे सदस्यों को अलग-अलग नमस्कार करने की जरूरत नहीं है। हाँ अगर कोई महिला सदस्य हो तो आप उन्हें अलग से नमस्ते कर सकते हैं।

4. बायोडाटा

आप सब की तरह मुझे भी यह शंका थी कि सर्टिफिकेट और बायोडाटा साक्षात्कार कक्ष में साथ रखना जरूरी है या नहीं? तो आपको बता दूँ कि आपके द्वारा भरे गए विवरण के आधार पर आपका बायोडाटा साक्षात्कारकर्ताओं के पास मौजूद होता है। अत: आप अपने बायोडाटा और सर्टिफिकेट की फाइल एहतियात के तौर पर अपने साथ साक्षात्कार कक्ष में ले जा सकते हैं या कक्ष के बाहर यदि उसे रखने की व्यवस्था हो तो छोड़ भी सकते हैं।

अब बात करते हैं कि साक्षात्कार के दिन क्या पहनें, किस तरह के कपड़े आपके व्यक्तित्व की सही झलक देंगे, प्रमाण पत्र, बायोडाटा जैसी आवश्यक औपचारिकताएँ 3-4 दिन पहले ही निपटा लें। इनके बाद आपको अपने साक्षात्कार के केंद्र बिंदु पर ध्यान देना है।

सबसे पहले आपने प्रारंभिक और मुख्य परीक्षा के फॉर्म को भरने में जो जानकारियाँ भरी हैं, उनकी एक कॉपी लेकर अपनी किसी डायरी या नोटबुक में साक्षात्कार के संभावित मुद्दों एवं प्रश्नों का चयन करें एवं संभावित उत्तरों की तैयारी करें।

कुछ संभावित टॉपिक इस प्रकार हैं-

i) आपकी शैक्षिक पृष्ठभूमि-आपने जिस विषय का स्नातक एवं उससे उच्च कक्षा में अध्ययन किया है उसकी स्तरीय जानकारी होना आपके लिए जरूरी है। वर्तमान में उस विषय से जुड़े मुद्दे जो खबरों में हों उनकी भी जानकारी आपके लिए अनिवार्य है। साक्षात्कार बोर्ड को आप से आपके पढ़े विषयों की गंभीर जानकारी अपेक्षित है, खासकर जब वो आपका वैकल्पिक विषय भी हो।

ii) आपकी पारिवारिक पृष्ठभूमि-आपके माता-पिता, भाई-बहन के कार्यक्षेत्र से जुड़ी महत्त्वपूर्ण बातें। इन बिंदुओं पर बहुधा प्रश्नों की शुरुआत माहौल को अनौपचारिक रखने के लिए साक्षात्कार बोर्ड द्वारा की जा सकती है।

iii) आपका गृह राज्य-उसका इतिहास-भूगोल-राजनीति-कला-संस्कृति और वहाँ वर्तमान में चर्चा में रही खबरें जो राष्ट्रीय स्तर पर भी चर्चा में रही हों। यह ऐसा क्षेत्र है जिसकी आपने प्रारंभिक या मुख्य परीक्षा के लिए तैयारी नहीं की होती है। कुछ बिंदु जिन पर प्रश्न बनते हैं -

- आपके राज्य का इतिहास, स्थापना वर्ष
- राज्य के नाम से जुड़ी बातें
- राज्य की कला, संस्कृति एवं सभ्यता से जुड़ी बातें
- आपके राज्य के आँकड़े यथा-जनसंख्या, क्षेत्रफल, साक्षरता दर, राज्य में दिव्यांगों की संख्या
- राज्य का आधारभूत ढाँचा, रेल एवं सड़क का जुड़ाव,
- राज्य में स्थानीय स्वशासन की अवस्था
- राज्य में होने वाली मुख्य फसलें, सिंचाई व्यवस्था, पशुपालन, दुग्ध उत्पादन
- राज्य की नदियाँ, नहरें एवं अन्य जल स्रोत
- राज्य के प्रमुख उद्योग, राज्य में सेवा क्षेत्र की व्यवस्था

- राज्य की शिक्षा व्यवस्था, आउट ऑफ़ स्कूल चिल्ड्रेन
- राज्य में पर्यटन एवं महत्त्वपूर्ण सांस्कृतिक एवं ऐतिहासिक स्थल
- राज्य के अब तक के महान व्यक्ति
- राज्य की स्वास्थ्य संरचना, स्वास्थ्य के प्रमुख आँकड़े यथा-शिशु मृत्यु दर (IMR), मातृ मृत्यु दर (MMR), कुल प्रजनन दर (TFR), जीवन प्रत्याशा, जीवन शैली, रोगों की अवस्था
- राज्य में आनेवाली प्रमुख आपदाएँ
- राज्य की महत्त्वपूर्ण उपलब्धियाँ, सफलता की स्वर्णिम गाथाएँ
- राज्य के विकास हेतु उपलब्ध महत्त्वपूर्ण संसाधन
- राज्य के विकास के अवरोधक तत्त्व या परिस्थितियाँ या चुनौतियाँ
- राज्य के विकास की संभावनाएँ/प्राथमिकताएँ

iv) आपका गृह जिला-वहाँ की खास बातें, वहाँ का प्रशासन, अगर आपको वहाँ का जिला कलेक्टर या पुलिस कप्तान का कार्यभार दिया जाए तो क्या बदलाव लाएँगे।

यह बात ध्यान रखने की जरूरत है कि आपको आपके अपने जिले से जुड़ी बातें अगर न पता हों तो इसका साक्षात्कार बोर्ड पर काफी नकारात्मक असर हो सकता है। कुछ प्रमुख बिंदु निम्न हैं-

- आपके जिले का इतिहास-गजेटियर, जिले का स्थापना वर्ष
- जिले के नाम से जुड़ी बातें
- आपके जिले के आँकड़े यथा-जनसंख्या, क्षेत्रफल, साक्षरता दर, जिले में दिव्यांगों की संख्या
- जिले में होनेवाली मुख्य फसलें, सिंचाई व्यवस्था, पशुपालन, दुग्ध उत्पादन
- विकास प्रखंड, ग्राम पंचायत एवं नगर निगम की व्यवस्था
- जिले की शिक्षा व्यवस्था, आउट ऑफ़ स्कूल चिल्ड्रेन
- रेल एवं सड़क का जुड़ाव
- जिले में पर्यटन एवं महत्त्वपूर्ण स्थल
- जिले से अब तक हुए महत्त्वपूर्ण व्यक्ति
- जिले की स्वास्थ्य संरचना, स्वास्थ्य के प्रमुख आँकड़े यथा-शिशु मृत्यु दर (IMR), मातृ मृत्यु दर (MMR), कुल प्रजनन दर (TFR)

- जिले की नदियाँ एवं अन्य जल स्रोत
- जिले के विकास हेतु उपलब्ध महत्त्वपूर्ण संसाधन
- जिले के विकास के अवरोधक तत्त्व या परिस्थितियाँ
- जिले के विकास की संभावनाएँ/ प्राथमिकताएँ

v) आपका कर्मक्षेत्र एवं कर्मभूमि–अगर आप किसी नौकरी में हों तो उस नौकरी के कार्य, महत्त्व, आँकड़े, संगठन और अन्य जरूरी बातों को भी तैयार कर लें। किंतु यदि आप दूसरे राज्य में कार्य कर रहे हैं तो उस राज्य और जिले के बारे में भी महत्त्वपूर्ण जानकारियाँ जुटाना जरूरी है। जैसे पश्चिम बंगाल में काम कर रहे लोगों के लिए विवेकानंद एवं रामकृष्ण मिशन, शांतिनिकेतन, नक्सलवाद, बंगाल का विकास, बंगलादेशी शरणार्थियों और आप्रवासियों की समस्या जैसे मुद्दे पर विस्तृत जानकारी जरूरी है। यदि आप राजस्थान में नौकरी कर रहे हैं तो राजपूताने का इतिहास, रेगिस्तान से जुड़ी जानकारियाँ, पर्यटन, वहाँ के किले, जल संरक्षण जैसे बिंदु आपको जानने चाहिए।

vi) भारत के इतिहास, भूगोल, वर्तमान, भविष्य, यहाँ तक कि कला–संस्कृति–सभ्यता–धर्म–साहित्य–प्रशासन–राजनीति जैसे मुद्दों पर आपके पास समुचित जानकारी होनी चाहिए। इन बिंदुओं की तैयारी आपकी मुख्य परीक्षा के दौरान हो जाती है, बस उसे दुहरा लें।

vii) अंतरराष्ट्रीय संबंध–खासकर भारत के विदेश संबंधों के बारे में आपकी स्पष्ट राय होनी चाहिए। इस संबंध में कुछ अहम् मुद्दे निम्न हैं –

- G7 में भारत का प्रवेश कब
- G20 की अध्यक्षता एवं महत्त्व
- संयुक्त राष्ट्र संघ में भारत की भूमिका
- रूस–यूक्रेन युद्ध और रूस–नाटो के तनाव के तृतीय विश्व युद्ध में बदलने की संभावना
- क्या भारत की रूस–यूक्रेन युद्ध में तटस्थता और रूस से पेट्रोलियम खरीदना भारत की विदेश नीति हेतु ठीक है ?
- श्रीलंका का आर्थिक संकट और जन आंदोलन
- गलवान, डोकलाम, अरुणाचल, तिब्बत पर चल रहे विवादों के बीच भारत–चीन संबंध और भारत को चीन के साथ संतुलन हेतु सामरिक, आर्थिक एवं वैश्विक संबंध में क्या करना चाहिए ?
- पाकिस्तान के साथ भारतीय संबंधों की वर्तमान स्थिति

- अफगानिस्तान की वर्तमान तालिबान सरकार के साथ भारत के संबंध
- भारत–नेपाल, भारत– बांग्लादेश, भारत–म्यांमार, भारत–मालदीव, भारत–भूटान, भारत एवं खाड़ी देशों के संबंध

viii) सेवा प्राथमिकता से संबंधित–आपने सेवाओं को जो प्राथमिकता दी है, उसके स्पष्ट और तर्कपूर्ण उत्तर आपके पास होने चाहिए और आपके उत्तरों से ऐसा नहीं लगना चाहिए कि आप किसी सर्विस को कम करके आँक रहे हैं।

उदाहरण के लिए, यदि आपकी पहली प्राथमिकता आईएएस और दूसरी आईएफएस है तो उसका कारण आप से पूछा जा सकता है। अगर आपने कुछ अनोखी प्राथमिकताएँ दी हैं, तो प्रश्न पूछे जाने की संभावनाएँ ज्यादा होती हैं। जैसे किसी की प्रथम चॉइस अगर IRS या आईपीएस हो तो 'क्यों' का आपके पास संतोषजनक उत्तर होना चाहिए।

ix) राज्य की प्राथमिकता से संबंधित–राज्यों की प्राथमिकताओं पर भी प्रश्न हो सकते हैं। ईमानदार उत्तर काफी है। हर किसी के अपने गृह राज्य या नजदीक के राज्य या पसंद के राज्य में जाने के अपने–अपने कारण होते हैं। उन्हें विश्वस्ततापूर्ण रूप में बताना काफी है। हाँ, बोर्ड को यह नहीं लगना चाहिए कि आप समस्याग्रस्त राज्यों से भागने की चेष्टा कर रहे हैं।

x) समसामयिक बजट एवं भारतीय अर्थव्यवस्था–इनके बारे में मुख्य जानकारियाँ आपके पास होनी चाहिए यथा–

- वर्तमान बजट की प्रमुख बातें
- अप्रत्यक्ष एवं प्रत्यक्ष कर सुधार
- भारत में आधारभूत संरचनाओं की वर्तमान स्थिति और सुधारात्मक उपाय
- महँगाई नियंत्रण

xi) समसामयिक एवं सामाजिक सरोकारों से जुड़े मुद्दे

- फुटबॉल को भारत में कैसे बढ़ावा दिया सकता है ताकि विश्व कप फुटबॉल जैसे मुकाबलों में भारत की टीम भी हिस्सा ले सके?
- कोरोना से देश–दुनिया में आए बदलाव
- प्राथमिक स्वास्थ्य को सुदृढ़ किए जाने की आवश्यकता
- जेल में बंद विचाराधीन कैदियों के प्रश्न का क्या समाधान है?
- क्या क्रिप्टो करेंसी को बैन किया जाना चाहिए?

- TB के उन्मूलन की भारत की तैयारी
- प्रशासनिक भ्रष्टाचार की रोकथाम
- महिलाओं के विरुद्ध बढ़ते जघन्य अपराध और उन्हें रोकने की रणनीति
- जनांदोलन का बदलता स्वरूप
- आधुनिक जीवनशैली में बच्चों की समस्याएँ
- दिव्यांगों और बुजुर्गों से जुड़े मुद्दों पर सरकार और समाज के स्तर पर क्या किया जाना चाहिए
- बढ़ती सामाजिक असमानता
- किसान एवं आदिवासी प्रश्न
- जलवायु परिवर्तन एवं कहर बरपाती प्राकृतिक आपदाओं से जुड़े प्रश्न
- भारत और विभिन्न राज्यों में पर्यटन की वर्तमान अवस्था एवं विकास की संभावनाएँ

इन समसामयिक एवं सामाजिक सरोकारों से जुड़े मुद्दों पर आपके पास एक संतुलित और तार्किक राय होनी चाहिए। अति से बचें। हमेशा ध्यान रखें कि विचारों में बुद्ध के मध्यम मार्ग का पालन हमेशा श्रेयस्कर होता है। मूल्यों पर अटल रहें, पर विचारों में लचीलापन बनाए रखें। आपके स्वयं के विचार समय के साथ कैसे बदलते हैं। इसका विश्लेषण करने पर आप इस बात की उपयोगिता समझ पाएँगे। अपने विचारों के साथ दूसरों (बोर्ड के सदस्यों) के विचारों का भी आदर करें और हठधर्मिता से बचें। प्रश्न किसी व्यक्ति, संस्था, देश, अंतरराष्ट्रीय संगठन, NGO के बारे में होने पर सकारात्मक-नकारात्मक पहलुओं के साथ संतुलित विचार रखें।

xii) पाठ्येतर गतिविधियाँ-पाठ्येतर गतिविधियों में अगर आपकी सहभागिता रही है तो उसके बारे में पूरी जानकारी जुटाकर रखें। उदाहरण के लिए, यदि आप स्कूल एवं कॉलेज के स्तर पर स्काउट एंड गाइड, NCC या NSS के सदस्य रहे हैं तो इन संस्थाओं के बारे में और राष्ट्र निर्माण में इनके योगदान के बारे में आपके पास जानकारी होनी चाहिए।

यदि आप किसी खेलकूद, योग, पर्वतारोहण आदि में शामिल हैं तो उस क्षेत्र के बारे में पूरी जानकारी, उस गतिविधि/खेल से जुड़े प्रमुख व्यक्तियों, इवेंट्स के बारे में जानकारी इकट्ठा करें।

xiii) आपने फॉर्म में जो शौक (Hobby) भरे हैं वो आपको शॉक न दें, इसका ख्याल रखें। हॉबी से साक्षात्कार में ढेर सारे प्रश्न पूछे जाने की आशा रख सकते हैं। इसलिए, हॉबी

में आपने जो-जो विषय दिए हैं, उनके बारे में आपके पास पूरी जानकारी होनी चाहिए। जैसे, अगर आपने पुस्तकें पढ़ना अपनी हॉबी में दिया है तो हाल में पढ़ी अच्छी पुस्तकों के बारे में, आपके प्रिय लेखक एवं कवि के बारे में आपको जानकारी होनी चाहिए। आपको साहित्यिक फेस्टिवल एवं पुस्तक मेलों के आयोजन के बारे में भी जानकारी होनी चाहिए।

रुचि (Hobby) खंड से आ सकने वाले सामान्य प्रश्नों की एक झलक देखें-

- सिविल सेवा में सफलता के बाद समयाभाव के कारण आप अपनी हॉबी को कैसे जारी रख पाएँगे?
- समाज सेवा की हॉबी पर-आप प्रशासन में आकर किस तरह समाज सेवा को बढ़ावा देंगे?
- हॉबी की आपके जीवन और व्यक्तित्व के लिए क्या अहमियत है?
- आप अपनी हॉबी को एक महीने या एक साल में कितना समय दे पाते हैं?
- कविता लेखन अगर आपकी हॉबी है तो आप से आपकी कविता या काव्य पंक्तियाँ पूछी जा सकती हैं।
- डायरी लेखन की हॉबी पर-कब से लिखते हैं, क्या लिखते हैं, लिखने हेतु प्रेरणा कैसे मिली, विश्व साहित्य की प्रसिद्ध डायरी कौन-कौन सी है?
- बागवानी की हॉबी पर-अभी के मौसम में लगने वाले फूल-पौधे

xiv) बहुत सारे वर्तमान परिस्थिति से संबंध रखने वाले प्रश्न आपसे पूछे जा सकते हैं जैसे-

- आपके जिले में कोविड के केस तेजी से बढ़ रहे हैं, आप जिला पदाधिकारी के तौर पर क्या कदम उठाएँगे?
- आपके जिले में एक पुराना पुल क्षतिग्रस्त हो गया है और वहाँ कई लोगों के फँसे होने की सूचना है, आप क्या कदम उठाएँगे।
- अगर आप किसी नक्सल प्रभावित जिले में पोस्टेड हों तो नक्सलवाद से निपटने के लिए क्या कदम उठाएँगे?
- आपको ऐसे जिले में पोस्टिंग मिली है जहाँ पेयजल की भारी समस्या है, आप उससे कैसे निपटेंगे?
- आपके जिले में भूकंप या चक्रवात या बाढ़ जैसी कोई प्राकृतिक आपदा आने की चेतावनी मिली है, आप क्या-क्या कदम उठाएँगे?

साक्षात्कार की तैयारी हेतु क्या हो रणनीति

- सभी मुख्य विषयों पर पूछे जा सकने वालों प्रश्नों की स्वयं एक सूची बनाएँ और उनके उत्तर तैयार करें। अपने साथियों के साथ पूरी गंभीरता से छद्‌म साक्षात्कार की तैयारी करें। जरूरत पड़े तो कोचिंग संस्थाओं के छद्‌म साक्षात्कार बोर्ड की सहायता भी ले सकते हैं।

- पत्रिकाओं से सफल प्रतिभागियों के साक्षात्कार पढ़ें। उनसे आपको साक्षात्कार में पूछे जा सकने वाले प्रश्नों की विविधता का अंदाजा लगेगा। साक्षात्कार पर कुछ स्तरीय पुस्तकें भी ले सकते हैं। पत्रिकाओं में कॉम्पिटिशन सक्सेस रिव्यू के साक्षात्कार वाले कॉलम और विश्लेषण से आपको काफी सहायता मिलेगी। इसके 2-3 सालों के अंकों से साक्षात्कार एवं ग्रुप डिस्कशन के कॉलम अच्छे से पढ़ लें।

- राज्य से जुड़े प्रामाणिक आँकड़े जुटाएँ। जनगणना, NFHS, नीति आयोग, राज्य सरकार के बजट, राज्य द्वारा प्रकाशित आँकड़ों से आपको मदद मिलेगी। आपके राज्य से जुड़ा हर वह मुद्दा जो राष्ट्रीय या राज्य स्तर पर या संसद में या राज्य विधायिका में चर्चा में हो, उसके बारे में जानकारी जुटाएँ। अपने राज्य के ऊपर लिखी कोई एक अद्यतन और स्तरीय पुस्तक लेकर उससे तैयारी करें।

- अपने जिले के बारे में भी समग्रता से तैयारी करें। जनगणना, NFHS, नीति आयोग की ASPIRATIONAL DISTRICT से संबंधित रैंकिंग (यदि आपका जिला इस लिस्ट में शामिल है), जिले की वेबसाइट पर उपलब्ध जानकारी आदि इसके लिए उपयोगी होंगे।

- यदि आप नौकरी कर रहे हैं, तो अपनी नौकरी के क्षेत्र के बारे में पूर्ण जानकारी जुटाएँ। साक्षात्कार बोर्ड को लगना चाहिए कि आप अपनी वर्तमान नौकरी को भी पूरी ईमानदारी के साथ कर रहे हैं।

- सामान्य अध्ययन के चतुर्थ प्रश्न-पत्र से जुड़ी सारी सामग्री यथा-भारतीय तथा पाश्चात्य चिंतक, ARC की सभी पंद्रह रिपोर्ट्स, सक्षमता शब्दकोश आदि को पुन: पढ़ लें। यह पूरी सामग्री साक्षात्कार के उत्तरों की दिशा और आदर्श सोच के संबंध में आपका मार्गदर्शन करती है।

साक्षात्कार कक्ष में ध्यान देने योग्य कुछ अन्य बातें

- साक्षात्कार में नपे-तुले शब्दों में उत्तर देना श्रेयस्कर है। जितना पूछा जाए, उतना ही उत्तर दें। साक्षात्कार बोर्ड के सभी सदस्यों की ओर देखते हुए उत्तर दें तथा उत्तर देते हुए नजरें न चुराएँ बल्कि आई कॉन्टैक्ट बनाए रखते हुए उत्तर दें।

- चेहरे पर सहज स्वाभाविक मुस्कान बनाए रखें। चिंता या घबराहट को चेहरे पर नहीं झलकने दें। काफी सहजता से साक्षात्कार के सहज प्रवाह में बहते चलें।
- न तो काफी तेज बोलें, न ही काफी धीमे। उत्तर देने के पहले 5–7 मिनट सोच-विचार कर अपने विचारों को व्यवस्थित कर सकते हैं, खासकर उन प्रश्नों में जहाँ उत्तर जटिल है और आपको आपके उत्तर में 2–3 बिंदु रखने हैं। इस बात का ध्यान रखें कि महत्त्वपूर्ण बिंदु को शुरू में ही कवर कर लें।
- जिस प्रश्न का उत्तर न आता हो, ईमानदारी के साथ बोर्ड को बता दें कि आपको उस प्रश्न का उत्तर पता नहीं है और आप उस बारे में जानकारी हासिल करेंगे। (सभी प्रश्नों के उत्तर तो गूगल को भी पता नहीं हैं।)
- यथार्थोन्मुख आदर्शवाद पर चलें, ऐसे उत्तर न दें जिन्हें अमली जामा नहीं पहनाया जा सकता।
- मानवतावाद, संविधान और नैतिक मूल्यों से प्रेरित हो उनके दायरे में उत्तर दें।

साक्षात्कार में हॉबी एक ऐसा क्षेत्र है जो कभी-कभी आपकी सफलता या विफलता का फैसला कर सकता है। मैं वर्ष 2008 में हुए अपने साक्षात्कार का उदाहरण आप लोगों के सामने रखना चाहूँगा। मैंने अपने फॉर्म में सात हॉबी दी थीं-डायरी लिखना, कविता लिखना, ध्यान, अन्यों को प्रेरित करना, समाज सेवा, प्रकृति का आनंद लेना, वाद-विवाद-संवाद में सहभागिता। मेरे साक्षात्कार की शुरुआत हॉबी से हुई और आखिरी प्रश्न भी हॉबी पर ही था। लगभग पच्चीस मिनट चले साक्षात्कार का एक तिहाई हिस्सा मेरी हॉबी पर केंद्रित रहा। और, इस साक्षात्कार ने मुझे 300 में से 210 अंक दिलाए जो कि पहले प्रयत्न के हिसाब से बड़ी उपलब्धि थी।

श्रीमती परवीन तल्हा के बोर्ड में चले मेरे इंटरव्यू का पहला प्रश्न था कि आप डायरी में क्या लिखते हैं? मैंने नपा-तुला संतुलित उत्तर दिया। फिर प्रश्न आया कि किसी एक प्रसिद्ध डायरी का नाम बताएँ। मैंने हिंदी में एक-दो लेखकों के नाम लिए पर उन्होंने मुझे टोकते हुए कहा कि विश्व भर में प्रसिद्ध डायरी...एकाएक मुझे एन फ्रैंक की डायरी का ख्याल आया और मैंने उत्तर दिया। शायद इसी उत्तर की वो अपेक्षा कर रही थीं, इसलिए उनके चेहरे पर संतोष की मुस्कान आ गई। फिर उस डायरी से जुड़े कुछ प्रश्न उन्होंने पूछे-किसने लिखी, कब लिखी, कहाँ लिखी, विषय क्या है? मैंने इस डायरी को बड़े लगाव से वर्ष 2006 में पढ़ा था और अपनी डायरी में नोट भी लिए थे, इसलिए मैंने उन सारे प्रश्नों के संतुष्टिप्रद उत्तर दिए।

इसके बाद मैम मेरी अगली हॉबी की ओर मुड़ीं और मुझसे कहा कि आप कविता लिखते हैं... अपनी किसी कविता की चार पंक्तियाँ सुनाएँ।

मैंने दृढ़ता से कहा कि मैं अपनी एक छोटी सी कविता पूरी सुनाना चाहूँगा क्योंकि चार पंक्तियों में मेरी कविता पूरी तरह से आप लोगों के सामने नहीं आ पाएगी। मैम ने मुस्कुराहट के साथ अनुमति दी। फिर मैंने अपनी हिंदी कविता –'मजबूरी का नाम महात्मा गाँधी' सुनाई। कविता आप लोगों के साथ भी साझा कर रहा हूँ–

मजबूरी का नाम महात्मा गाँधी
पता नहीं कब से मजबूरी का
नाम महात्मा गाँधी है,
हर मुश्किल में हर बेबस की
ढाल महात्मा गाँधी है।
अक्सर इस जुमले को सुनते–
सुनते मन में आता है –
गाँधी जी का मजबूरी से
ऐसा भी क्या नाता है ?
ऑफिस की दीवारों पर
गाँधी की फोटो टँगी–टँगी,
बाबुओं का घूस माँगना
देखा करती घड़ी–घड़ी।
चौराहों–मैदानों में
बापू की प्रतिमा खड़ी–खड़ी,
नेताओं के झूठे वादे
सुनती विवश हो घड़ी–घड़ी।
गाँधी का चरखा, गाँधी की
खादी आज अतीत हुई,
गाँधी के घर में ही देखो
गोडसे की जीत हुई।
गाँधी जी की हिंदुस्तानी
पड़ी आज भी कोने में,
गाँधी के प्यारे गाँवों में
कमी न आई रोने में।
नोटों पर छप, छुपकर गाँधी
सब कुछ देखा करते हैं
हर कुकर्म का, अपराधों का
मन में लेखा करते हैं।

गाँधी भारत का बापू था,
इंडिया में उसका काम नहीं,
मजबूरी के सिवा यहाँ होठों पर
गाँधी नाम नहीं।
इतना कुछ गुन-कह-सुन मैंने
बात गाँठ यह बाँधी है-
गाँधी होने की मजबूरी का ही
नाम महात्मा गाँधी है।

जब मैं कविता सुना रहा था, तब कमरे में पूर्ण शांति थी और सारे बोर्ड मेंबर बड़ी गंभीरता से इसे सुन रहे थे। जब मैंने कविता खत्म की तब मैम ने मेरी कविता से संदर्भ लेते हुए सरकारी दफ्तरों में भ्रष्टाचार पर प्रश्न पूछा। प्रश्न था कि आप व्यवस्था के यथार्थ को जानते हैं, फिर भी आप इस व्यवस्था का हिस्सा क्यों बनना चाहते हैं? मैंने मुस्कान के साथ उत्तर दिया-इस व्यवस्था को बदलने के लिए। फिर अगला प्रश्न था-कैसे?

मैंने विस्तार में उस प्रश्न का उत्तर दिया।

इसके बाद कुछ प्रश्न बीरभूम जिले (पश्चिम बंगाल) के बारे में थे, जहाँ मैं रेलवे में बुकिंग क्लर्क की नौकरी कर रहा था। अंतरराष्ट्रीय संबंधों पर भी प्रश्न आए (राजनीति विज्ञान एवं अंतरराष्ट्रीय संबंध वैकल्पिक विषय), भारत का स्वतंत्रता संग्राम और भारत के विकास के मुद्दों पर भी प्रश्न पूछे गए। सबसे अंत में फिर हॉबी पर प्रश्न आया। एक बोर्ड मेंबर ने पूछा कि समाज सेवा आपकी हॉबी में कैसे शामिल है?

दरअसल, मैं बीरभूम जिले में तितली नाम के एक समाजसेवी संगठन से जुड़ा था जो बाल मजदूर और सेक्स वर्कर के बच्चों की शिक्षा और कल्याण के लिए काम करती है। मैंने उन्हें इस संगठन से अपने जुड़ाव के बारे में बताया और वे इससे काफी प्रभावित भी हुए। फिर एक बोर्ड मेंबर ने पूछा कि आप समाज सेवा की हॉबी को प्रशासन में आने के बाद कैसे जारी रखेंगे? मैंने उत्तर दिया कि अगर एक प्रशासक सारी सरकारी कल्याणकारी योजनाओं का प्रभावी एवं ईमानदार निष्पादन सुनिश्चित कर सके तो वह सबसे बड़ी समाज सेवा होगी। मेरे दिए गए उत्तर से इंटरव्यू बोर्ड के सारे सदस्य संतुष्ट और सहमत दिखे।

मेरा सुझाव है कि आपने अपने फॉर्म में जो हॉबी या पाठ्येतर गतिविधियाँ दी हैं, उनके बारे में गंभीर होकर तैयारी करें। आप अपनी हॉबी के बारे में, उस हॉबी से जुड़े अन्य प्रधान व्यक्तियों के बारे में, आपको उस हॉबी से क्या मिलता है जैसे सभी संभावित प्रश्न और उनके उत्तर तैयार करें। इस बात का ख्याल रखें कि जब आप अपनी हॉबी के बारे में बात कर रहे हों तो आपके चेहरे पर खुशी और चमक हो।

XV) साक्षात्कार में कैसा हो आपका सेंस ऑफ़ ह्यूमर–अपने साक्षात्कार से एक लोटपोट करने वाला अनुभव भी सम्मुख रखना चाहूँगा। साक्षात्कार में आपको बिल्कुल गंभीर या नीरस बनने की भी जरूरत नहीं है। हास्य-विनोद भी आपके व्यक्तित्व का एक अहम् हिस्सा है।

एक बोर्ड मेंबर ने मुझसे पूछा कि क्या आपने स्वर्णिम चतुर्भुज योजना का नाम सुना है ? मैंने उत्तर दिया–जी हाँ, सुना है, और फिर चुप हो गया। मेंबर आशा कर रहे थे कि मैं उत्तर में अपने सारे ज्ञान की गंगा एक बार में ही बहा दूँगा, पर इस एक शब्द के उत्तर से वो थोड़े हतप्रभ हो गए। फिर उन्होंने इससे जुड़े दो-तीन छोटे प्रश्न जैसे कब शुरू हुआ, किसने शुरू किया, क्या योजना है, आदि पूछे जिनका मैंने नपा-तुला उत्तर दिया। अंत में एक प्रश्न आया–इस योजना की वर्तमान में क्या स्थिति/प्रगति है ? मुझे इस प्रश्न का उत्तर अच्छे से नहीं पता था। हम लोगों ने बहुत बार सड़क या पुल बनते हुए बोर्ड लगा देखा होगा–कार्य प्रगति पर है/Work in Progress. अत: मैंने सदस्य महोदय को वही उत्तर दिया–"सर, कार्य तेजी से प्रगति पर है।" बोर्ड में ठहाका गूँज उठा। कुछ लोग खुलकर हँस रहे थे तो कुछ हँसी दबाने में लगे थे। वाकई, इस उत्तर की किसी ने आशा नहीं की होगी, पर यह उत्तर मेरे अनुमान में मेरे लिए सकारात्मक ही रहा।

पूरे साक्षात्कार के संबंध में यह ध्यान रखें कि कोई भी व्यक्ति अपने व्यक्तित्व का निर्माण कुछ दिनों या कुछ महीनों में नहीं करता। व्यक्तित्व निर्माण की प्रक्रिया आपके गर्भ में आने से लेकर वर्तमान तक हर पल चलती रहती है। आप अपने व्यक्तित्व को एक झटके में नहीं बदल सकते। हाँ, निरंतर छोटे-छोटे बदलावों से आप अपने व्यक्तित्व को सतत रूप से निखार सकते हैं।

विविध खंड

सिविल सेवा की तैयारी में प्रासंगिक अन्य मुद्दे

अध्याय

1

सृजनात्मक बनें

सृजनात्मक लोग ही दुनिया को बदलते हैं, बदलाव लाते हैं, जिंदगी को और बेहतर और सुंदर बनाते हैं।

पूरे भारत को सृजनात्मक बना सकते हैं, यदि एक अरब चालीस करोड़ विशिष्ट व्यक्ति देश में हों, यदि एक अरब चालीस करोड़ मानस नई चेतना से सोचें, कल्पना करें; यदि एक अरब चालीस करोड़ लोगों के सृजन का रंगमंच बन सके यह देश, तो सारा विश्व विस्मित और नतमस्तक हो उठेगा।

अपने आपको पहचानो–अपनी क्षमता, अपनी सीमा, अपने सपनों, अपनी विशिष्टताओं को जानो; तुममें जो सृजनात्मकता है, उसे पहचानो। द्रष्टा भी बनो, स्रष्टा भी बनो।

यह सही है कि समाज सृजनात्मकता के कुछ ही रूपों को सम्मान और मान्यता देता है, जैसे गायन, कविता लेखन, चित्रकारी, संगीत सृजन, नृत्य, साहित्य सृजन, चिंतन–मनन–दर्शन आदि। पर इसका यह मतलब नहीं कि आप अपनी विशिष्टता को छोड़ सृजन की इन्हीं मान्यताप्राप्त राहों पर चल पड़ें। आप अपनी विशिष्टता को, अपने सृजन को पल्लवित–पुष्पित होने दीजिए–फिर देखिए, आपके सृजन को मान्यता देने को पूरी दुनिया मजबूर होगी।

भारत रत्न बिस्मिल्ला खाँ को ही लीजिए। शादी तथा अन्य मांगलिक अवसरों पर बजाई जानेवाली शहनाई को, जिसे संगीत की दुनिया में दोयम दर्जे का समझा जाता था, उन्होंने दिव्य संगीत की ऊँचाइयों पर बिठा दिया।

केन्या की वांगारी मथाई को देखिए। पेड़ों के प्रति अपने प्रेम को उन्होंने पेड़ लगाने के आंदोलन में बदल दिया और विश्व का सबसे बड़ा सम्मान नोबेल पुरस्कार उन्हें मिला। पूरी दुनिया ने उनके जुनून और लगन का लोहा माना।

भारत की लोक कलाओं, लोक संगीत, लोक नृत्य, लोक साहित्य, मूर्ति कला, काष्ठ कला को ही देखिए। अनजान लोगों की पीढ़ियों द्वारा सृजित ये धरोहरें पूरे देश और मानवता की धरोहर बन चुकी हैं।

सच्चा सृजन अपने आप में सबसे बड़ा पुरस्कार है। सृजन के बाद जो आंतरिक हर्ष और पुलक होती है न, वह बड़े-से-बड़े सम्मान से भी बड़ी है। प्रसव के बाद माँ जब पहली बार अपने नवजात शिशु को देखती है तो उसकी पुलक, उसके हर्ष का अंदाजा लगा सकते हैं आप, वह बार-बार अपने नवजात शिशु को देखती है, चूमती है, अपने सृजन का निरीक्षण करती है कि उसमें कोई कमी तो न रह गई और फिर संतुष्ट हो हर्ष से भरी अपने सृजन को देखती ही रहती है। यही स्रष्टा का सुख है-सृष्टि का सबसे बड़ा सुख सृजन का सुख है।

हम हर बात में सृजनात्मक हो सकते हैं-अपने व्यक्तित्व के हर पहलू में सृजनात्मक हो सकते हैं। हर व्यक्ति में कुछ-न-कुछ ऐसा होता ही है जो उसे सृजनात्मक बनाता है, विशिष्ट बनाता है। जरूरत है खोज की, अपने आप का अनुसंधान करने की।

लोकतंत्र को सफल बनाने में सृजनात्मक व्यक्तियों का बड़ा अहम् योगदान होता है। यदि देश के अधिकांश सिविल सेवक सृजनात्मक हों तो नए-नए विचारों, नवाचारों के माध्यम से जनता की समस्याओं के समाधान में, देश-दुनिया को और बेहतर और सुंदर बनाने में बहुत मदद मिलेगी।

❑❑❑

अध्याय

2

सिविल सेवा का भारत की बहुभाषिकता में योगदान

सिविल सेवा में चयन के बाद खासकर भारतीय प्रशासनिक सेवा, भारतीय विदेश सेवा, भारतीय पुलिस सेवा एवं भारतीय वन सेवा में आपको विदेशी भाषा (आईएफएस हेतु) या फिर आपने कैडर की भाषा सीखनी होती है। मसूरी अकादमी के फेज I प्रशिक्षण के उद्देश्य में ही यह वर्णित है कि आवंटित राज्य के प्रशासनिक एवं सांस्कृतिक मूल्यों को जानने-समझने हेतु प्रशिक्षु को वहाँ की भाषा में प्रवीणता प्राप्त करनी है। अगर आपने अपने राज्य की भाषा को अच्छे से नहीं सीखा और आप जनता से उनकी भाषा में संवाद बनाने में सक्षम नहीं हैं तो फिर आप भी बस एक अधिकारी बनकर रह जाएँगे, जनता को जानकर जनहित करने में कुछ कमी जरूर रह जाएगी।

साथ ही, सिविल सेवा में अंग्रेजी का अच्छा ज्ञान न होना आपको पग-पग पर परेशान करेगा। आपकी लिखित व मौखिक अंग्रेजी पर अच्छी पकड़ होनी चाहिए। किसी भी भाषा का कोई हौआ नहीं होना चाहिए और न ही किसी भाषा के प्रति कोई पूर्वाग्रह। मैं तो यह मानता हूँ कि आप जितनी भाषाएँ सीख सकते हैं, सीखिए और इस पूरे ज्ञान के साथ गर्व से अपनी भाषा बोलिए।

मैंने अपने विद्यार्थी जीवन में हिंदी, अंग्रेजी के अलावा बांग्ला, गुजराती एवं मलयालम भाषा सीखी। बिहार बोर्ड में हिंदी माध्यम से दसवीं तक पढ़ने के बाद 11वीं कक्षा में अंग्रेजी माध्यम में आने का तनाव झेला। टैगोर की भूमि वीरभूम में बांग्ला सीखकर बांग्ला साहित्य का मूल रूप में थोड़ा रसास्वादन भी किया और फिर केरल के थालास्सेरी का सब-कलेक्टर

रहते हुए आरलम फार्म के प्रबंध निदेशक के अतिरिक्त प्रभार में वहाँ के ट्रेड यूनियन नेताओं के साथ निरंतर संवाद में मलयालम सीखी। महाकवि कुमारन आशान, वैकोम मुहम्मद बशीर और एम. टी. वासुदेवन नायर जैसे प्रख्यात मलयालम साहित्यकारों की रचनाओं को धीरे-धीरे मलयालम में पढ़ने का आनंद ले रहा हूँ। हर भाषा से गुजरना एक अनछुए भारत के अनुभव से गुजरने जैसा है। भारत की विविध भाषाओं के इन्हीं अनुभवों को मैंने 'कितनी भाषाओं से कितनी बार' कविता में बाँधने की कोशिश की है-

कितनी भाषाओं से कितनी बार
गुजरते हुए मैंने जाना है कि
हर भाषा सँजोए होती है
एक अलग इतिहास, संस्कृति और सभ्यता
कि हर भाषा में उसके बोलने वालों की हर
खुशी और गम का सारा हिसाब-किताब मौजूद होता है।

हर वो भाषा जो और भाषाओं को मानती है बहन
और नहीं रखती उनकी प्रगति से कोई डाह-द्वेष
उनको आकर छलती है कोई साम्राज्यवादी भाषा
कहती है कि अब इस भाषा में नए समय को
व्यक्त नहीं कर सकते, पर चिंता क्यूँ है, मैं हूँ ना!

और धीरे-धीरे इक भाषा दूसरी भाषा को
अपनी गुलामी करने को मजबूर करती है
उनको छोड़ देती है उन लोगों के लिए
जिनके मुख से अपना बोला जाना उसे नागवार है
आखिर मजदूरों, भिखारियों, आदिवासियों,
बेघरों, वेश्याओं, यतीमों, अनपढ़ों या एक शब्द में कहें
तो हाशिये पर जीने वालों के लिए भी तो कोई
भाषा होनी चाहिए ना?

कितनी भाषाओं से कितनी बार गुजरते हुए महसूसा है मैंने
कितनी ममता होती है हर एक भाषा में
कितनी आतुर स्नेहाकुलता से अपनाती है
वो हर उस बच्चे को जो उसकी गोदी में
आ पहुँचा है बाँहें पसारे, बच्चा-
जिसे अभी तक तुतलाना तक नहीं आता नई भाषा में।

कितनी भाषाओं से कितनी बार गुजरते हुए
मैंने महसूसा है कि भाषा कभी भी
थोपकर नहीं सिखाई जा सकती,
जब तक अंदर से प्रेम नहीं जागा हो,
भाषा जुबान पर भले चढ़े, दिल पर नहीं चढ़ेगी।

कितनी भाषाओं से कितनी बार गुजरते हुए
देखा है मैंने कि सत्ता और बाजार ने
हर बार कोशिश की है, और अब भी कर रहे हैं
भाषा को अपना मोहरा बनाने की
पर भाषा है कि हर बार आम आदमी के पक्ष में
खड़ी हो गई इस बात की परवाह किए बिना
कि कौन खड़ा है सामने।

कितनी भाषाओं से कितनी बार गुजरते हुए
जाना है कि संवाद चाहती हैं भाषाएँ
भाषाओं को बोलनेवाले लोग
भाषाओं में लिखने वाले साहित्यकार
एक-दूसरे से
पर भाषा की राजनीति करने वाले
नहीं चाहते ऐसा और खड़ा कर देते हैं
सगी बहन जैसी भाषाओं को एक-दूसरे के विरुद्ध
उनकी मर्जी के खिलाफ।

भाषाओं के साथ दिक्कत यही है
कि हर भाषा में चीखता हुआ इंसान
सबसे दूर तक सुना जाता है
और अच्छे इंसानों की खामोशी बस उन्हीं तक
सिमट कर रह जाती है।
भाषा को बचाए रखने के लिए
भाषा में अच्छे इंसानों की चीख अब बहुत जरूरी है।

❑❑❑

अध्याय

3

जड़ों से जुड़े रहें

विनम्रता एवं जड़ों से जुड़े रहना, अपनी मिट्टी, अपने समाज, अपनी जड़ों का आदर करना एक लोक सेवक के लिए वांछनीय आचरण है। व्यवहार के साथ विनम्रता वह दृढ़ कर्म गुण है जो लोक सेवक को ऊँचाइयों तक पहुँचाता है। जड़ों से जुड़े रहना उसे जनप्रिय बनाने के साथ उसे मजबूत आधार प्रदान करता है। इस संदर्भ में अपनी एक पुरानी कविता आप लोगों के सम्मुख रखना चाहूंगा–

मानव और बरगद

बरगद–
चाहे जितना भी आकाश चूमें–
मगर व्याकुल रहता है
अपनी जड़ों के आलिंगन को
सैकड़ों बाँहें पसारे।

और इंसान को तो देखो !
जरा–सा जो पा लेता है ऊँचाई,
पाँव जमीं पर नहीं पड़ते ;
अपनी जड़ें, अपनी मिट्टी,
भूली–बिसरी यादें बन जाती है।

माना कि अनजाना, अनदेखा आकाश,
लुभाता-ललचाता है इंसान को;
पर जिस मिट्टी से जन्म हुआ,
जिसने खून-पसीना एक कर पाला-पोसा,
जिसकी छाती का पी दूध,
पुष्ट हुई हैं हमारी जड़ें-

उसकी उपेक्षा भूल भारी है।
मानव को तो सदा
अपनी जड़ों पर ही
कुल्हाड़ी चलाने की बीमारी है।

मानव! मूर्ख मानव!
सीखता है क्यों नहीं यह बरगद से
कि बिना मजबूत जड़ों के, आधार के
लगाई हर छलाँग औंधे मुँह गिराती है।
कि अगर पानी है क्षणिक नहीं
वरन्, शाश्वत सफलता;
तो छुएँ आकाश जड़ों से जुड़ के।

जनवरी, 2004

❑❑❑

अध्याय

4

कुछ प्रशासकीय सूक्तियाँ/ सुभाषित/सिद्ध वचन

• सत्यता

सत्यमेव जयते।

– भारत के राजचिन्ह पर अंकित सूत्र वाक्य

झूठ वाले कहीं-से-कहीं बढ़ गए,
और मैं था कि सच बोलता रह गया।

– वसीम बरेलवी

दुःख हमें कंचन बनाता, सुख बनाता काँच।
आँच पर तपता वही, हो जिसके मन में साँच।।

– अज्ञात

वक्त की बाग हाथों में उनकी रही।
तेज धारों की आगोश में जो जिए।

– जुबैर रिजवी

जिंदगी जब कभी आसान हुई।
हमने कुछ मुश्किलें उधार लीं।।

–स्वयं

होने को इस दुनिया में क्या-क्या नहीं होता।
मेहनत का फल मगर कभी खट्टा नहीं होता।।

-स्वयं

• मौलिकता -

अपने सहज गुणों, प्रवृत्तियों एवं मौलिकता की रक्षा करें। नकल की बोनसाई की जगह असल के छतनार बरगद बनो।

असतो मा सद्गमय।
तमसो मा ज्योतिर्गमय।
मृत्योर्मामृतं गमय।।

अर्थात् लोक सेवक को हमेशा असत् से सत् की ओर, अंधकार से प्रकाश की ओर और मृत्यु से अमृत की ओर यात्रा करनी चाहिए।

-बृहदारण्यक उपनिषद्

सर्वे भवन्तु सुखिनः सर्वे सन्तु निरामयाः।
सर्वे भद्राणि पश्यन्तु मा कश्चिद् दुःखभाग भवेत्।।

-बृहदारण्यक उपनिषद्

क्षमा शोभती उस भुजंग को, जिसके पास गरल हो।
उसको क्या जो दंतहीन, विषरहित, विनीत, सरल हो।

-दिनकर

अकृत्यं नैव कर्तव्यं प्राणत्यागेऽपि संस्थिते।

अर्थात् प्राण जाने की स्थिति आने पर भी मनुष्य को अनुचित कर्म नहीं करना चाहिए।

- पंचतंत्र

मनसा चिन्तितं कार्यं वाचा नैव न प्रकाशयेत।
अन्यलक्षितकार्यस्य यतः सिद्धिर्न जायते।।

अर्थात् मन में सोचे कार्य को उसके पूरा होने तक कहकर प्रकट न करें। अन्यों की नजरों में आए अपूर्ण कार्य की सिद्धि बहुधा नहीं होती। बहुधा प्रचार के बाद कर्ता की प्रेरणा भी शिथिल पड़ जाती है।

-चाणक्य नीति

उसूलों पर जहाँ आँच आए, टकराना जरूरी है।
जो जिंदा हो, तो फिर जिंदा नजर आना जरूरी है।।
जहाँ रहेगा, वहीं रौशनी लुटाएगा।
किसी चराग का अपना मकां नहीं होता।।

–वसीम बरेलवी

न हि प्रियं प्रवक्तुमिच्छन्ति मृषा हितैषिण:।

अर्थात् सर्वमंगल या सबका हित चाहने वाले लोग प्रिय किंतु मिथ्या बोलने से परहेज करते हैं। लोक सेवक के लिए यह काफी महत्त्वपूर्ण आचरण है। उन्हें सत्य बोलना है, प्रिय बोलना है और जनहित में सही जगह विनम्रता के साथ कटु सत्य बोलने में जरा भी नहीं हिचकना है। साथ ही, सुनने में मीठा पर जन अहितकारी झूठ या मिथ्या बात नहीं बोलनी है।

–किरातार्जुनीयम्

अधजल गगरी छलकत जाए।
भरी गगरिया चुप्पे जाए।

–लोकोक्ति

दंतभंगो हि नागानां श्लाघ्यो गिरिविदारणे।

अर्थात् जिस तरह पहाड़ तोड़ने में हाथियों का दंत टूटना श्लाघनीय होता है वैसे ही जनता के महान हित के कार्य में लोक सेवक की थोड़ी–बहुत व्यक्तिगत क्षति भी प्रशंसनीय है।

मानुस मानुसेर जोन्ने, जीवन जीवनेर जोन्ने।
एकटु सहानुभूति की मानुस पेते पारे ना ओ बंधु।

नृपे मूढ़े कुतो नय:।

अर्थात् मूढ़मति राजा होने पर न्याय की आशा व्यर्थ है।

यौवनं धनसंपत्तिः प्रभुत्वमविवेकता।
एकैकमप्यनर्थाय किमु यत्र चतुष्ट्यम।।

अर्थात् यौवन, धनसंपत्ति, प्रभुत्व, अविवेक–ये सभी अकेले भी अनर्थ करने में सक्षम हैं, लेकिन जहाँ ये चारों साथ हो वहाँ की क्या स्थिति होगी उसकी कल्पना ही की जा सकती है। लोक सेवकों के हेतु सीख है कि ज्ञानी बनें और किसी भी प्रकार के मद/अहंकार से बचें।

–हितोपदेश

यथा चतुर्भिः कनकः परीक्ष्यते निघर्षणछेदनतापताडनैः।
तथा चतुर्भिः पुरुषः परीक्ष्यते, त्यागेन शीलेन, गुणेन कर्मणा।।

अर्थात् जैसे सोने की परीक्षा घिसकर, छेदकर, आग में डालकर और पीटकर होती है, वैसे ही सच्चे व्यक्ति (औरत/पुरुष) की परीक्षा त्याग, शील आदि गुण और कर्म से होती है।

–चाणक्य नीति

वज्रादपि कठोराणि, मृदूनि कुसुमादपि।

अर्थात् लोकहित में वज्र से भी कठोर और पुष्प से भी कोमल बनें।

–उत्तररामचरित

मृदु भावे, दृढ़कृत्ये।

विनम्रतापूर्वक महान कर्म करें।

–केरल पुलिस का सूत्र वाक्य

परोक्षे कार्यहन्तारं प्रत्यक्षे प्रियवादिनम्।
वर्जयेत त्तादृशं मित्रं विषकुंभम पयोमुखं।।

अर्थात् पीठ पीछे जो काम बिगाड़े और सामने मीठी वाणी बोले, ऐसे मित्र को ऊपर से दूध भरे और अंदर से जहर भरे घड़े की तरह त्याग दें।

–चाणक्य नीति/हितोपदेश

एकस्य बान्धवो धर्मो न जाति पदात्पदम।

अर्थात् धर्म ही एकमात्र बंधु/मित्र है जो कभी साथ नहीं छोड़ता।

–कथासरित्सागर

सार्वभौम कल्याण की भावना रखें।

–ऋत की संकल्पना

धर्म एव हतो हन्ति धर्मो रक्षति रक्षितः।
तस्माद् धर्मो न हन्तव्यो मा नो धर्मो हतोऽवधीत।।

अर्थात् पालन न करने पर धर्म नाश करता है, पालन करने पर वही धर्म रक्षा करता है। अतः स्वधर्म की रक्षा करनी चाहिए ताकि धर्मनाश से स्वयं का नाश न हो। सामान्य सीख है कि लोक सेवक को लोक सेवा के अपने धर्म की सदैव रक्षा करनी चाहिए।

–मनुस्मृति

यतो अभ्युदय निःश्रेयस सिद्धिः स धर्मः।

अर्थात् जिससे अभ्युदय (सांसारिक प्रगति) एवं निःश्रेयस (सर्वोत्तम कल्याण) की प्राप्ति हो, वही धर्म है।

–वैशेषिक

यस्य कीर्ति स जीवति।

अर्थात् जिसकी कीर्ति है, वही जीवित है। यश से विहीन जीना मरने के समान है।

–सुभाषित रत्न भंडागारम

अयं निजः परो वेति गणना लघुचेतसाम।
उदारचरितानान्तु वसुधैव कुटुंबकम्।।

–हितोपदेश/पंचतंत्र

नमन्ति फलिनो वृक्षाः, नमन्ति गुणिनो जनाः।
शुष्क काष्ठाश्च मूर्खाश्च न नमन्ति कदाचन।।

अर्थात् फलदार वृक्ष और गुणी लोग विनम्र होते हैं जबकि सूखी लकड़ी और मूर्ख लोगों में अकड़ होती है

आत्मवत् सर्वभूतेषु यः पश्यति स पण्डितः।

अर्थात् अंतरात्मा सबसे बड़ा ईश्वर है जो हर व्यक्ति के लिए विशिष्ट है और उसे उपयुक्त राह दिखाती है। अतः दुविधा की स्थिति में अंतरात्मा से मार्गदर्शन लें।

–हितोपदेश

सहसा विदधीत न क्रियामविवेकः परमापदां पदं।

–किरातार्जुनीयम भारवि

या

बिना विचारे जो करें, सो पाछे पछताय।
काम बिगाड़े आपना, जग में होत हंसाय।।
अर्थात्, सम्यक् रूप में विचार कर ही कार्य करें। अविचारित कार्य न करें।

चरैवेति, चरैवेति।

अर्थात् चलते रहो, चलते रहो।

–ऐतरेय ब्राह्मण

सर्वः पदस्थस्य सुहृद बन्धुरापदि दुर्लभः

अर्थात्, उच्च पद पर आसीन व्यक्ति के सभी बंधु-बांधव-मित्र हो जाते हैं, विपत्ति में पड़े लोगों के मित्र दुर्लभ होते हैं।

सुख–सुविधा–विश्राम, नहीं कुछ और ध्येय है।
कभी–कभी लगता है जीवन अपरिमेय है।

– कुँवर नारायण

मैं हूँ उनके साथ, खड़ी जो सीधी रखते अपनी रीढ़।
नहीं झुका करते जो दुनिया से करने समझौता
ऊँचे–से–ऊँचे सपनों को देते रहते जो न्यौता
दूर देखती जिनकी पैनी आँख, भविष्यत का तम चीर,
मैं हूँ उनके साथ, खड़ी जो सीधी रखते अपनी रीढ़।

– हरिवंश राय बच्चन

अब घिस गईं समाज की तमाम नीतियाँ,
अब घिस गई मनुष्य की अतीत रीतियाँ,
हैं दे रही चुनौतियाँ तुम्हें कुरीतियाँ;
निज राष्ट्र के शरीर के शृंगार के लिए,
तुम कल्पना करो, नवीन कल्पना करो।
तुम कल्पना करो।

– गोपाल सिंह नेपाली

सिंह के पौरुष से युक्त, परमात्मा के प्रति अटूट निष्ठा की भावना से उद्‌दीप्त सहस्त्रों नर–नारी दरिद्रों एवं उपेक्षितों के प्रति हार्दिक सहानुभूति लेकर देश के एक कोने से दूसरे कोने तक भ्रमण करते हुए मुक्ति का, सामाजिक पुनरुत्थान का, सहयोग और समता का संदेश देंगे।

–विवेकानंद

अजेय ही अड़े रहो
मेरे तन तने रहो
आँधी में–आह में
दृढ़–से–दृढ़ बने रहो
शाप से प्रताड़ित भी
व्यंग्य से विदारित भी

मेरे तन खड़े रहो
आफत में आँच से
अजेय ही अड़े रहो।

–केदारनाथ अग्रवाल

जो नहीं हो सके पूर्ण काम।
मैं करता हूँ उनको प्रणाम।

–नागार्जुन

तुम सा लहरों में बह लेता,
तो मैं भी सत्ता गह लेता;
ईमान बेचता चलता तो,
मैं भी महलों में रह लेता।
हर दिल पर झुकती चली मगर आँसू वाली नमकीन कलम;
मेरा धन है स्वाधीन कलम।

– गोपाल सिंह नेपाली

अति का भला न बोलना, अति की भली न चुप।
अति का भला न बरसना, अति की भली न धूप।।

– कबीरदास

चंदन के वन में आग लगी,
खुशबू उड़कर पहले चल दी।
दुर्दिन में अपनों के जाने में,
होती है कितनी जल्दी।

– रमानाथ अवस्थी

आँख में हो स्वर्ग लेकिन
पाँव पृथ्वी पर टिके हों
कंटकों की इस अनोखी
सीख का सम्मान कर ले।
पूर्व चलने के बटोही,
बाट की पहचान कर ले।

–हरिवंश राय बच्चन

सत्य के लिए सब कुछ छोड़ा जा सकता है लेकिन किसी भी अन्य चीज के लिए सत्य को नहीं छोड़ना चाहिए।

–स्वामी विवेकानंद

न धन से काम होता है, न नाम यश से होता है। विद्या से भी नहीं होता,
प्रेम से ही सब कुछ होता है–चरित्र ही बाधा–विघ्न की वज्र कठोर दीवारों
के बीच से रास्ता बना सकता है।

–स्वामी विवेकानंद

कंटकों की सेज जिसकी, आँसुओं का ताज।
सुभग उठ, हँस, उस प्रफुल्ल गुलाब–सा ही आज।

–महादेवी वर्मा

हम उतने ही युवा हैं जितना हमारा विश्वास और उतने पुराने हैं जितना हमारा संदेह। हम
उतने युवा हैं जितना हमारा आत्मविश्वास और उतने बुजुर्ग हैं जितना हमारा डर। हम
अपनी आशाओं जितने युवा हैं और निराशाओं जितने बुजुर्ग।

–स्वामी विवेकानंद

सच्चा स्वराज्य चंद लोगों के द्वारा सत्ता प्राप्त कर लेने से नहीं, बल्कि जब सत्ता का
दुरुपयोग होता हो तो सब लोगों द्वारा उसका प्रतिकार करने की क्षमता
प्राप्त करके हासिल किया जा सकता है। दूसरे शब्दों में, स्वराज्य जनता में
इस बात का ज्ञान पैदा करके प्राप्त किया जा सकता है कि सत्ता पर
नियंत्रण और उसका नियमन करने की क्षमता उसमें है।

–महात्मा गाँधी

□□□

अध्याय

5

प्रशासकों के योग्य आचरण /आप कैसे लोक सेवक बनना चाहेंगे

जिंदगी में कुछ प्रतिष्ठा पद से मिलती है जबकि कुछ प्रतिष्ठा आपके व्यवहार से मिलती है। अगर आपका व्यवहार घमंड और अकड़ का है, तो आपकी प्रतिष्ठा पद रहने तक है।

लेकिन अगर आपका व्यवहार सद्मनुष्यों, प्राणियों, पेड़-पौधों तक के लिए अपनत्व, स्नेह और प्रेम से परिपूर्ण है, तो आपकी प्रतिष्ठा भूमंडल पर सर्वत्र होगी।

उदाहरण के लिए, आपके दो बॉस में से उनके रिटायरमेंट के बाद आप किस से मिलना पसंद करेंगे- जिसका व्यवहार कार्यक्षम होते हुए भी आपके प्रति बहुत औपचारिक था और जिन्होंने आपको किसी और के सामने आवेश में डाँटा हो या वो जो आपसे प्यार-आत्मीयता रखते थे और आपकी गलती होने पर भी प्यार से अकेले में समझाते थे। आपका उत्तर ही आपको किस ढंग का बॉस बनना है, बता देगा।

जनता पर विश्वास करें। अधिकांश समय वह सही होती है। शासन तब स्वशासन बन जाता है जब जनता को यह महसूस हो कि वो निर्णय लेने में भागीदार है। जैसा कि अरस्तू ने कहा है कि -"यदि आजादी और समानता मुख्यत: प्रजातंत्र में पाई जानी है, तो वह तभी प्राप्त की जा सकती है जब सभी लोग समान रूप से सरकार में अधिकतम हिस्सा लें।"

जनता से भरपूर मिलें। क्षेत्र का नियमित भ्रमण करें। आप जनता की समस्याओं एवं उनके समाधान के बारे में ज्यादा आत्मविश्वासपूर्वक काम कर पाएँगे।

**सम्भावना ह्यधिकृतस्य तनोति तेजः।*

-(किरातार्जुनीयम-भारवि)

जिनको अधिकार देकर जनहित के कार्यों में लगाया गया है उनकी सही प्रशंसा उनकी कार्यक्षमता और तेज में वृद्धि करती है।

लोगों/अपने टीम के सदस्यों की प्रशंसा सब के सामने करें, लेकिन उनकी व्यक्तिगत आलोचना/आवश्यक डाँट-फटकार हमेशा एकांत में करें। टीम को प्रेरित रखने हेतु यह एक मूलभूत मंत्र है।

- ✦ संदेह होने पर कि क्या करणीय है क्या अकरणीय, अपने अंतःकरण का मार्गदर्शन लेते हुए निर्णय लें।
- ✦ सब कुछ दूसरे के वश में होना दुःख है, और सब कुछ अपने वश में होना सुख। अतः स्वर्णिम मध्यम मार्ग पर चलते हुए अपनी शक्ति/अधिकार को अपनी टीम में डेलिगेट/प्रत्यायोजित करें।
- ✦ घमंड कैंसर की भाँति है। आरंभिक अवस्था में आप इसे नियंत्रित कर सकते हैं, द्वितीय चरण में इसे नियंत्रित करना काफी श्रमसाध्य काम है और अगर यह तीसरे चरण में हो तो लाजवाब ही है। स्वाभिमानी बनें, घमंडी नहीं।
- ✦ संघ में बड़ी शक्ति है। तिनके की एक साथ रस्सी बन जाने पर गजराज भी उससे बाँध लिया जाता है। अपनी टीम को एकजुट कर शक्तिवान बनाएँ ताकि लोकरंजन हो सके, जनकल्याण हो सके।
- ✦ आत्ममंथन, आत्मालोचन अकेले भी करें/टीम के साथ मिलकर भी करें। दोषों का परिहार और गुणों की अभिवृद्धि होगी।
- ✦ सेवा, प्रशासनिक कार्यकुशलता एवं नीतिगत कार्यकुशलता लाने की कोशिश करें।
- ✦ उत्साही व्यक्ति के लिए कुछ भी दुर्लभ नहीं।

आत्मनो मोक्षार्थम् जगत् हिताय च।

-विवेकानंद

- ✦ सिविल सेवा में अपनी संतुष्टि एवं जनहित/जगत् हित हेतु कार्य करें।

समुद्रमंथनाल्लेभे हरिर्लक्ष्मीं हरो विषं।

लोक सेवा के समुद्रमंथन में जनता जनार्दन के लिए कल्याणरूपी लक्ष्मी को रहने दें और बाधारूपी हलाहल को अपने तक सीमित रखें।

निश्चयात्मिका बुद्धि रखें, संशयात्मिका नहीं। अपनी शक्तियों का प्रयोग जनहित में करें और दबाव या परिणाम की चिंता न करें। सच पर अडिग रहने का हौसला रखें। संघर्षों से न भागें। सिविल सेवा एक निरंतर संघर्ष है और यही चुनौती इसका सौंदर्य है।

मुहूर्तं ज्वलितं श्रेयो न च धूमायितं चिरं।

–महाभारत

अर्थात् क्षणभर के लिए भी ज्वलंत प्रकाशमान होना लंबे समय तक धुँधुआने से श्रेयस्कर है।

(सिविल सेवक हेतु यह सूक्ति सार्थक और सारगर्भित है।)

- सिविल सेवक को अनिवार्य रूप से समाज सेवक होना चाहिए। आपको यह सोचना चाहिए कि आप सरकारी नौकरी की निश्चिंतता के साथ अपनी जिंदगी को वंचित या दुखी बनाए बिना, अपने पारिवारिक दायित्वों का निर्वाह करने के साथ समाज सेवा कर रहे हैं। सच्चे समाज सेवक के जोश और समर्पण से जब काम करेंगे तो आत्मसंतुष्टि का अहसास होगा।
- कुछ लोग चिंतक भी होते हैं और क्रियाशील भी होते हैं–यानी उनमें चिंतन और क्रियाशीलता का समन्वय होता है। ऐसे ही व्यक्ति शीर्ष पर पहुँचते हैं। एक अच्छे सिविल सेवक के रूप में आप में भी चिंतन और क्रियाशीलता का सम्मिश्रण होना चाहिए।
- सिविल सेवक से नागरिकों की स्वतंत्रता की रक्षा की आशा की जाती है। आपके निर्णयों से बहुत हद तक जनता के भविष्य का निर्धारण होता है। अतः बुद्धिमत्ता एवं परिपक्वता के साथ जनहित एवं राष्ट्रहित में सही निर्णय लें।

चित्र संग्रह

प्रतियोगिता 'दर्पण'
हिन्दी मासिक
शिक्षित युवा वर्ग के स्वर्णिम भविष्य के लिये
For e-magazine
http://emagazine.pdgroup.in
केशवेन्द्र कुमार, डिस्ट्रिक्ट मजिस्ट्रेट
के अनुभव एवं विचार
पद्‌म अलंकरण
• आस्ट्रेलियाई ओपन-2016 : सानिया मिर्जा व मार्टिना हिंगिस की जोड़ी को खिताब
• पीएसएलवी सी-31 की उड़ान : आईआरएनएसएस-1ई का प्रक्षेपण
• देश में बागवानी फसलों का रिकॉर्ड उत्पादन
• सिक्किम देश का पहला पूर्णत: जैविक राज्य
• प्रधानमंत्री फसल बीमा योजना-2016
• स्टार्ट अप इण्डिया-स्टैण्ड अप इण्डिया
• प्रीमियर बैडमिंटन लीग-2016
• सैफ कप फुटबाल : भारत सातवीं बार विजेता
• 2015-16 की अंतिम द्वैमासिक मौद्रिक एवं साख नीति
• आईएमएफ में 14वीं सामान्य कोटा समीक्षा लागू : भारत के कोटे में वृद्धि
हल प्रश्न-पत्र
• आर.ए.एस./आर.टी.एस. (प्रा.), 13
• उत्तर प्रदेश राजस्व निरीक्षक, 14
• यू.जी.सी.-नेट/जे.आर.एफ., 15
• नेशनल इंश्योरेन्स कं. लि. प्रशासनिक अधिकारी, 15
• नाबार्ड सहायक प्रबन्धक, 15
• आईबीपीएस बैंक पी.ओ., 15

careergraph

THE TELEGRAPH THURSDAY 7 AUGUST 2008

SHOP FLOOR FUNDAS PAGE 2

FELLOWSHIPS FOR SCRIBES PAGE 4

Distance learning works

More and more students are looking at educational avenues in open universities, says SMITHA VERMA

BOOKING CLERKS BOOKED TICKETS FOR SELF TO IAS

* Shri N.K. Goel, GM, E.Railway with Shri Kumar Ravikant Singh and Shri Keshavendra Kumar

While they were counting money and issuing tickets inside the booking counters, their dreams were soaring high, and by dint of sheer merit and ability, they emerged with flying colours to bag high ranks in the most elite Civil Service Examination. That is the story of success of Shri Keshavendra Kumar and Kumar Ravikant Singh both booking clerks posted at Siuri and Ukhra stations respectively under Asansol Division of Eastern Railway.

Shri Keshavendra Kumar, a graduate in Hindi from IGNOU entered Railway service through vocational course in 2004. His subjects in the Civil Service Examination were Political Science, International Relations and Hindi Literature. After a day's hard work in such remote area of posting he concentrated on studies that enabled him to bag rank 45. It was his first attempt. Since the attempt was deliberate and sustained, he was successful.

Keshavendra uses to spend his pass time writing diary and poems and involving himself in social service. He is involved with an NGO 'TITLI' which conducts night school for children of sex workers and labourers. He also represented Bihar in 1998 in the National Child Service Congress held at Madras (now Chennai).

Though the story of Shri Kumar Ravikant Singh is more or less similar to that of Keshavendra Kumar, all was not hunky-dori with him since his childhood. He emerged from a poor family and lost his mother in his childhood. His family condition did not permit him to aspire to be an engineer or a doctor. For Ravikant poverty was not barrier but a continuous source of inspiration. The stringent circumstances motivated him to compete in this toughest and most prestigious examination with full vigour and dynamism. A graduate from IGNOU, he entered Railway Service through Vocational Course in Railway in 1999 and is presently posted at Ukhra. He bagged 77 rank in the Civil Service with History and Hindi Literature as subjects.

Kumar Ravikant Singh spends his pass time reading history books, poetry, writing diary and listening to music. He achieved best essay writing award in the "Pratiyogita Darpan".

Shri N.K. Goel, General Manager, Eastern Railway specially congratulated both Shri Keshavendra Kumar and Kumar Ravikant Singh for their spectacular success in the Civil Service Examination. Shri B. Deva Singh, Divisional Railway Manager, Asansol, Eastern Railway also congratulated them.

On behalf of Lifeline, we convey our best wishes to both the Kumars and expect to see many more railwaymen emerging victorious in this talent examination in the forthcoming days. ■

सिविल सर्विसेज परीक्षा में

दो रेलकर्मियों ने गाड़े झंडे

■ 45वां और 77वां रैंक पाया

संवाददाता आसनसोल

केशवेन्द्र कुमार व कुमार रविकांत सिंह

आसनसोल रेल मंडल के सिउड़ी व उखड़ा में कार्यरत बुकिंग क्लर्क केशवेन्द्र कुमार व कुमार रविकांत सिंह ने आईएएस की परीक्षा में क्रमशः 45वां और 77वां रैंक पाकर यह साबित कर दिया है कि कड़ी मेहनत और आत्मविश्वास से किसी भी लक्ष्य को पाया जा सकता है।

बिहार के सीतामढ़ी निवासी डा. आर झा के पुत्र केशवेन्द्र कुमार ने आईएएस में 45वां स्थान पाया है। उनका कहना है कि उन्होंने इस मिथक को तोड़ने का प्रयास किया है कि बिना दिल्ली गये या कोचिंग किये सिविल सेवा की परीक्षा पास करना असंभव है। उन्होंने रेलवे में नौकरी के दौरान बिना कोचिंग किये कड़ी मेहनत से यह रैंक पाया। प्रतिदिन 5 से 6 घंटे की पढ़ाई करने पर भी इन परीक्षाओं में बेहतर प्रदर्शन किया जा सकता है। उन्होंने माध्यमिक परीक्षा सीतामढ़ी एमपी हाई स्कूल दौरा से, इंटर की परीक्षा भोलानंदा नेशनल विद्यालय बैखनपुर से पास किया। स्नातक 'इग्नू' से किया। स्नातक में हिन्दी

(शेष पेज 13 पर)

Distance education too can give IAS officers

Swaha Sahoo
New Delhi, July 1

IF YOU thought distance learning was only for losers, here's a reality check. Two IGNOU graduates have cleared this year's civil services, and are set to become IAS officers.

The Indira Gandhi National Open University or IGNOU today has 18 lakh students. In Delhi, for every student enrolled in a regular Delhi University college, there are two enrolled in DU's School of Open Learning.

Although the number of students is high, the general view is that distance education is for those not good enough for regular colleges. But IGNOU graduates Keshvendra Kumar and Kumar Ravikant Singh, both from Bihar, have proved that view wrong.

Keshvendra, 22, cracked the exams on his very first attempt, and is among the youngest in his batch. After school in Sitamarhi, Keshvendra did a railways vocational course, as "job was a priority since my family did not have the resources to fund my education". While working as a railways booking clerk, the son of an Ayurvedic doctor enrolled for Hindi (Hons) in IGNOU. And then came civil services.

Ravikant, 23, the son of a milkman, said: "Since my father couldn't afford my tuition fees, I took up a job and then enrolled in IGNOU." He secured 77th rank — not bad at all for someone who got 69 per cent in his Class X boards. "In Class XII, I got 84.4 per cent. With these marks, I could never have got into a good regular college."

He's happy he did IGNOU. "The regular college tag may increase your brand value but not having it does not decrease your value in any way," he said.

IGNOU spokesperson Ravi Mohan said, "Our study material is excellent. And the number of classes is only a little less than regular colleges."

Rly booking clerks crack IAS from Bengal

Keshavendra Kumar and Ravikant Singh

TIMES NEWS NETWORK

Suri: As they sat behind the railway booking counters, few would have spared them a second glance. Crouched over the desk, furiously counting money and issuing tickets to impatient passengers — that's what 'office' was for the two of them. Surely one of the most monotonous jobs possible, you'd think.

But now the names of Ravikant Singh and Keshavendra Kumar are on one of the most elite merit lists in the country. Both have cleared the civil service examination this year. Keshavendra bagged rank 45 and Ravikant 77.

Till the two friends join the IAS academy in Dehradun, Kumar will serve as the railway booking clerk at Suri station in Birbhum. Singh works at the same post at Ukhra station in the neighbouring district of Burdwan. Their theme for a dream can be traced back to their first meeting in Barrackpore. Both of them had seen struggle in childhood, and could relate to each other. As they were both employed with the railways, they vowed to pursue better careers together.

The going was far from easy. Though Singh and Kumar had graduated from the Indira Gandhi National Open University (IGNOU), they did not have the family support to study further. Singh, who hails from the Akhilitolla village in Bihar's Ara district, lost his mother in childhood. He and his five siblings were brought up by their father, a milkman.

"We were extremely poor and looked down on in our village. I wanted to prove myself and the only way to do that was to work hard. I knew that my father was in no position to send me to a good school or pay for private tuitions. What I needed was a job — any job to support my family," Singh said. After completing schooling from Ara, Singh joined a Barrackpore college. He cleared the Railway Recruitment Board (RRB) examination and joined Eastern Railway as a commercial clerk in 2002. "I could not dream of becoming and engineer or a doctor. But I knew that becoming an IAS officer was within reach as I would not require much money to prepare for the exam," Singh added.

Kumar was a bit better off. His father was an ayurvedic doctor in their village hospital in Bihar's Sitamarhi district. One of his brothers is a bank officer, another with the CRPF. "In school, I used to take part in science quizzes, debates and essay competitions. Sometimes, I would receive prizes from the district magistrate or deputy commissioner. Ever since, I have dreamt of becoming an IAS officer. When I got the railway job in 2004, I grabbed the opportunity as it would give me a chance to prepare," Kumar said.

EASTERN INDIA 5

Struggle wins tickets to IAS dream

Railway Booking Clerks Fight Adversity To Crack Civil Services; Bag Ranks 45 & 77

TIMES NEWS NETWORK

Suri: As they sat behind the railway booking counters, few would have spared them a second glance. Crouched over the desk, furiously counting money and issuing tickets to impatient passengers — that's what 'office' was for the two of them. Surely one of the most monotonous jobs possible, you'd think.

But now the names of Ravikant Singh and Keshavendra Kumar are on one of the most elite merit lists in the country. Both have cleared the civil service examination this year. Keshavendra bagged rank 45 and Ravikant 77.

Till the two friends join the IAS academy in Dehradun, Kumar will serve as the railway booking clerk at Suri station in Birbhum. Singh works at the same post at Ukhra station in the neighbouring district of Burdwan.

Their theme for a dream can be traced back to their first meeting in Barrackpore. Both of them had seen struggle in childhood, and could relate to each other. As they were both employed with the railways, they vowed to pursue better careers together.

The going was far from easy. Though Singh and Kumar had graduated from the Indira Gandhi National Open University (IGNOU), they did not have the family support to study further. Singh, who hails from the Akhilitolla village in Bihar's Ara district, lost his mother in childhood. He and his five siblings were brought up by their father, a milkman.

"We were extremely poor and looked down on in our village. I wanted to prove myself and the only way to do that was to work hard. I knew that my father was in no position to send me to a good school or pay for private tuitions. What I needed was a job — any job to support my family," Singh said.

Ravikant Singh — Keshavendra Kumar

Though Singh and Kumar had graduated from the Indira Gandhi National Open University (IGNOU), they did not have the family support to study further. Singh, who hails from Bihar's Ara district, is the son of a milkman. Kumar father is an ayurvedic doctor at his village in Sitamarhi

After completing schooling from Ara, Singh joined a Barrackpore college. He cleared the Railway Recruitment Board (RRB) examination and joined Eastern Railway as a commercial clerk in 2002. "I could not dream of becoming and engineer or a doctor. But I knew that becoming an IAS officer was within reach as I would not require much money to prepare for the exam," Singh added.

Kumar was a bit better off. His father was an ayurvedic doctor in their village hospital in Bihar's Sitamarhi district. One of his brothers is a bank officer, another with the CRPF. "In school, I used to take part in science quizzes, debates and essay competitions. Sometimes, I would receive prizes from the district magistrate or deputy commissioner. Ever since, I have dreamt of becoming an IAS officer. When I got the railway job in 2004, I grabbed the opportunity as it would give me a chance to prepare," Kumar said.

Together, the friends planned for the exam. Neither could afford specialised coaching or study material. Kumar was slightly better off, as he could spend his spare evenings at the Suri Vivekananda Granthagar, poring over books and periodicals. Posted at far-flung Ukhra, Singh had no such luck. As Kumar occasionally contributed stories or features to Hindi journals, he chose Hindi literature as his main paper. In Singh's case, it was history.

Now having cleared the elite exam, both have chosen to serve in Bihar. "I know the condition of people at the grassroots level. I will work for them," Singh said. Kumar, his friend, couldn't agree more.

বুকিং ক্লার্ক থেকে আইএএস, সাফল্যেও জুটি অটুট

অরুণ মুখোপাধ্যায় ● সিউড়ি

দুই বন্ধুর যত মিল, তত অমিল।

দু'জনের জন্ম ১৯৮৫-তে। দু'জনেই আসলে বিহারের ছেলে। দু'জনেই মাধ্যমিকের পরে পশ্চিমবঙ্গে এসেছেন। দু'জনেই ব্যারাকপুর ভোলানন্দ স্কুল থেকে উচ্চ মাধ্যমিক পাশ। দু'জনেরই অন্যতম বিষয় ছিল রেলওয়ে কমার্স। এবং দু'জনেই রেলের বুকিং ক্লার্ক।

তো? এ তো কেরানির ইতিবৃত্ত!

একটু বাকি আছে। দু'জনেই [illegible] টিকিট বিক্রি করেছেন। দু'জনেই গালাগাল শুনেছেন। কিন্তু এখন চাকা ঘুরেছে। দু'জনেই এখন আইএএস!

কাণ্ড দেখে আসানসোলের ডিআরএম [illegible] দেব সিংহ ওঁদের বলেছেন, "যত দিন আছেন, রেলের স্কুলগুলোয় ঘুরে একটু গাইড করুন। কাউন্টারে বসতে হবে না।" ডিআরএম যেটা বলেননি, সেটা হল, "আপনারা তো সাংঘাতিক লোক মশাই!"

এক জন কেশবেন্দ্র কুমার। বীরভূমের সিউড়ি স্টেশনের বুকিং ক্লার্ক। আইএএস পরীক্ষায় র‍্যাঙ্ক ৬৫। অন্য জন রবিকান্ত, বর্ধমানের উখড়া স্টেশনের বুকিং ক্লার্ক। আইএএসে র‍্যাঙ্ক ৭৭। কোচিং সেন্টার নয়, টিউশন নয়, স্রেফ ঘাড় গুঁজে পড়েই ওঁরা কেরানি থেকে আমলা।

সিউড়িতে কেশবেন্দ্র কুমার

উখড়ায় রবিকান্ত

মিলটুকু থাক। এ বার অমিল। রবিকান্তের বাবা [illegible] ব্যবসায়ী। কেশবেন্দ্রর বাবা সরকারি হাসপাতালের আয়ুর্বেদিক চিকিৎসক। রবিকান্ত গরিব। ছয় ভাইবোনের মধ্যে পঞ্চম। বিহারের আরা থেকে ১৪ কিমি দূরে আলেশিটোলা নামে এক গণ্ডগ্রামে জন্ম। নড়বড়ে সংসার। এগারো বছরেই মাতৃহারা। দিদিমার কাছে মানুষ। ছোটবেলা থেকে দু'টো স্বপ্ন। ছোট স্বপ্ন, রেলের চাকরি। বড় স্বপ্ন: আইএএস হওয়া। রবিকান্তের ঘরটাই বড় [illegible] কোলাজ। আয়নার কাচ থেকে দেওয়াল— সর্বত্র লেখা 'আইএএস'।

কেন? জড়িয়ে বললেন রবিকান্ত। বললেন, "সেগুলো দেখতাম, আর নতুন করে জেগে উঠতাম। বুড়ো বাজপাখি যেমন নিজের পালক ছিঁড়ে নতুন হয়ে ওঠে, আমিও তা-ই করেছি। [illegible]" তাঁর যুক্তি "ডাক্তার-ইঞ্জিনিয়ার হতে গেলে সায়েন্স পড়তে হয়। কিন্তু টাকা কোথায়? তাই আর্টস। উচ্চ মাধ্যমিক পাশ করে দেখলাম, ঘুষ না-দিলে চাকরি পাওয়া শক্ত। একমাত্র ডিফেন্সে ঘুষ নেই। তাই ঠিক করলাম, বায়ুসেনায় যাব। তার আগেই অবশ্য রেলের চাকরিটা পেয়ে গেলাম। ঘুষ না-দিয়েই।"

এর পর এগারোর পাতায়

barbed wire fencings on village roads leading to the agitation hotbed in Karwadi as the security top brass met to find fresh ways to break the fortnight-long deadlock.

CBI raids Victoria Memorial: CBI economic offences wing sleuths raided Victoria Memorial on Wednesday to probe corruption charges against some officials of the museum. There have been complaints about senior museum officials, including the curator, allegedly being involved in misappropriating funds.

TVS Motors signs MoU: TVS Motors has signed an MoU with Mahabharat Motors to market their products in eastern India. The 100 cc bikes will be called TVS Star, not 'Arjun' as chief minister Buddhadeb Bhattacharjee had announced when Salim group pledged to invest Rs 250 crore in the motorcycle facility at Uluberia.

SBI defers nationwide strike: State Bank employees on Thursday deferred indefinitely the one-day strike called for Friday following the agreements reached with the bank's management. The demands of employees include review of SBI's existing pension scheme, termination of the contract system and regulated working hours for officers.

RBI bans Sahara Financial: The Reserve Bank of India has banned Sahara India Financial Corporation Ltd from accepting public deposits, blaming it for violating various rules.

indiatimes.com Poll

Yesterday's Result: Obama beats Hillary to win the White House

Agree 65% Disagree 30% Can't say 5%

Today's Poll: Will rising oil prices benefit the environment?

Vote on indiatimes.com or SMS 'Poll' to 58888

WEATHER

Rainfall likely at many places in Arunachal Pradesh, Assam, Meghalaya, Nagaland, Manipur, Mizoram, Tripura, West Bengal, Sikkim, Orissa, Jharkhand, Chhattisgarh, south Konkan and Goa, south madhya Maharashtra, Rayalaseema, Karnataka, Kerala and Lakshadweep; at a few places in UP, Haryana, Punjab, HP, Bihar, Vidarbha, north madhya Maharashtra, Marathwada, coastal Andhra, Telangana, Andaman & Nicobar; at isolated places in Uttaranchal, J&K, Rajasthan, MP, south Gujarat and Tamil Nadu.

JD(U) workers make donkeys pull a car in protest against hike in petro prices in Patna on Thursday

But Dilip Singh — who led the passengers — was arrested soon after the train crossed the Mahananda Bridge ahead of the New Jalpaiguri Station, close to the minister's domain.

rived at the station. The much relieved minister got down from the train and had walked a few paces down the platform when he was surrounded by fellow passengers. "Your party has called this bandh and now

train, "misbehaved" with him. "These two men abused me," an upset Bhattacharya said. He also also claimed that that the passengers held him back arguing that the train won't start if he left.

custom duty on other petroleum products has been reduced from 10% to 5%. This is the second price hike in a period of four months. It was last increased on February 14. PTI

Asif carried hashish: Report

Dubai/Karachi: In what can put Pakistani pacer Mohammad Asif's cricketing career in jeopardy, forensic tests proved that Asif was carrying a small amount of hashish and the authorities may not refer the case to court and deport the player, media reports in Dubai said on Thursday.

Asif

The Dubai General Department of Forensic Science had submitted its report on the substance which Asif was carrying and it turned out to be hashish, said the reports, quoting sources in the police and attorney-general's office. "The Dubai Attorney General is expected to sign administrative deportation orders, thereby ensuring that the case is not referred to the Dubai courts," *Khaleej Times* quoted the sources as saying.

Senior Pakistan Cricket Board official Nadeem Akram, who is in Dubai to bail out the pacer, confirmed that the laboratory test result had been out and authorities have not pressed any charges against Asif.

"Any decision in this regard is likely to be taken only on Thursday," he said. AGENCIES

HC says overweight air hostesses can't fly

New Delhi: Hopes of a legal reprieve for overweight air hostesses of the erstwhile Indian Airlines, were dashed on Wednesday when the Delhi high court upheld the policy of the carrier, which has since merged with Air India, to ground obese cabin crew.

Five air hostesses, who were grounded for crossing the weight limit set by the airline, had moved the court alleging the action was arbitrary and illegal.

Dismissing their petition, a bench headed by Justice A K Sikri said there was "no unreasonableness or arbitrariness" in the airline's decision. The rules prescribe different weight limits according to their height and age.

WEIGHT AND WATCH

For an 18-year-old air hostess with a height of 152cm, the maximum permissible weight is 50kg. For air hostesses in the 26-30 age group and a height of 163cm, the limit is 56kg.

"Grace and concessions are not matters of legal right. They are matter of policy and we do not find any illegality" in the decision, the court said.

The court had on May 5 reserved its judgment on a bunch of petitions of Indian Airlines' air hostesses. They had also opposed the airlines' circular of withdrawing permissible overweight limit of 5kg over and above the upper limit.

Advocate Arvind Sharma, appearing for the petitioners, contended that the carrier's action was "arbitrary" and "illegal". He argued: "There is no connection between weight and performance of duty when one is medically fit. Weight is not a criteria of fitness." PTI

One ragpicker killed, another injured in blast

Gopalganj: A 16-year-old boy was killed while another sustained serious splinter injuries when a crude bomb kept in a polythene bag exploded here on Thursday morning. Naseeruddin was killed instantly when he picked up the bag lying in a bush in Hariyapur locality on the outskirts of the town and close to the National Highway 28. As he opened the bag, the bomb inside went off, blowing him to pieces. Another ragpicker, Aanshu Ali, who was with him then, got injured. He has been admitted to Gopalganj Sadar Hospital in a serious condition. Gopalganj SDPO (Sadar) Anil Kumar said that police recovered a live bomb from the spot which was defused. He said that the place is very isolated and it seems that some criminals might have hid the bombs there. The entire area reverberated with the blast sound, creating panic among the residents.

Gopalganj SP Amrit Raj along with Sadar SDPO Anil Kumar and Town Inspector Mahesh Singh reached the spot and started investigation into the case. TNN

Rly booking clerks crack IAS from Bengal

Keshavendra Kumar and Ravikant Singh

TIMES NEWS NETWORK

Suri: As they sat behind the railway booking counters, few would have spared them a second glance. Crouched over the desk, furiously counting money and issuing tickets to impatient passengers — that's what 'office' was for the two of them. Surely one of the most monotonous jobs possible, you'd think.

But now the names of Ravikant Singh and Keshavendra Kumar are on one of the most elite merit lists in the country. Both have cleared the civil service examination this year. Keshavendra bagged rank 45 and Ravikant 77.

Till the two friends join the IAS academy in Dehradun, Kumar will serve as the railway booking clerk at Suri station in Birbhum. Singh works at the same post at Ukhra station in the neighbouring district of Burdwan. Their theme for a dream can be traced back to their first meeting in Barrackpore. Both of them had seen struggle in childhood, and could relate to each other. As they were both employed with the railways, they vowed to pursue better careers together.

The going was far from easy. Though Singh and Kumar had graduated from the Indira Gandhi National Open University (IGNOU), they did not have the family support to study further. Singh, who hails from the Akhilitolla village in Bihar's Ara district, lost his mother in childhood. He and his five siblings were brought up by their father, a milkman.

"We were extremely poor and looked down on in our village. I wanted to prove myself and the only way to do that was to work hard. I knew that my father was in no position to send me to a good school or pay for private tuitions. What I needed was a job — any job to support my family," Singh said. After completing schooling from Ara, Singh joined a Barrackpore college. He cleared the Railway Recruitment Board (RRB) examination and joined Eastern Railway as a commercial clerk in 2002. "I could not dream of becoming and engineer or a doctor. But I knew that becoming an IAS officer was within reach as I would not require much money to prepare for the exam," Singh added.

Kumar was a bit better off. His father was an ayurvedic doctor in their village hospital in Bihar's Sitamarhi district. One of his brothers is a bank officer, another with the CRPF. "In school, I used to take part in science quizzes, debates and essay competitions. Sometimes, I would receive prizes from the district magistrate or deputy commissioner. Ever since, I have dreamt of becoming an IAS officer. When I got the railway job in 2004, I grabbed the opportunity as it would give me a chance to prepare," Kumar said.

Sad tale: IIT topper a victim of success

Hemali Chhapia | TNN

Mumbai: For the painfully shy Shitikanth, topping the fiercely competitive IIT entrance exam has been akin to wearing a crown of thorns.

Ever since the results were declared, the 18-year-old's life has been turned upside down. So much so he fled his house in Patna and arrived in Mumbai on Monday a little past midnight to escape the long line of politicians, touts, coaching class tutors and other opportunists who had given him no rest since the Indian Institutes of Technology (IIT) declared him the topper on May 30. Unable to deal with the constant badgering and cajoling — "please endorse our class", "please appear in this ad", "please be the chief guest" — the teen did the only thing he could think of to retain his sanity. He cut and ran.

Sitting in a faculty room on the TIFR campus in Mankhurd, Shitikanth refused to lift his eyes from a book. "My house is no longer the normal place I lived in all these years," he said.

After landing in the city, Shitikanth, who is preparing for the International Physics Olympiad in Vietnam, phoned his mentor Prof Vijay Singh, and asked if he could arrange accommodation for him in Mumbai. Like the other four students representing India in the Olympiad, Shitikanth was scheduled to arrive in the city in the first week of July. He put his "unscheduled" arrival down to "too many disturbances" back home. "He is keen on bringing back the gold medal this year," said Singh. Shitikanth's father told Prof Singh, the national co-ordinator for the Science Olympiad, that politicians had given them no peace, phoning his son and landing up at Patna home. "A party wants to give him an award, some local politician wants to felicitate him," his father told Singh, who taught at IIT-Kanpur before joining TIFR's Homi Bhabha Centre for Science Education, Mankhurd.

TROUBLED GENIUS: Shitikanth has fled his Patna home and taken shelter in Mumbai with mentor Prof Vijay Singh of TIFR

Shitikanth said that representatives from two or three coaching classes even showed up at his doorstep. "They wanted me to allow them to use my name for their advertisements," said the soft-spoken topper who has chosen to study at IIT-Kanpur. An endorsement by him was seen to be all the more desirable because he had topped every one of the exams conducted in the run-up to the IIT-JEE. Even before the results, several coaching classes had their eye on the boy, said a coaching class owner from Mumbai.